KB204210

여리고
가는 길

비탈지고 안전하지 않은 인생길

Ministries of Mercy: The Call of the Jericho Road
by Timothy Keller

Copyright © 1989, 1997, 2015 by Timothy Keller
Third edition 2015

This Korean translation copyright © 2017 by Viator, Paju-si, Gyeoggi-do, Republic of Korea.
This translation published by arrangement with P&R Publishing Company, New Jersey, USA, through rMaeng2, Seoul, Republic of Korea.

MeRcy

선한 사마리아인의 비유에서 배우는 자비 사역

팀 켈러 지음 | 이지혜 옮김

제3판

여리고
가는 길

비탈지고 안전하지 않은 인생길

 비아토르
viator

일러두기

1. 이 책은 1988년에 미국 장로교회(PCA) 연구 프로젝트의 일환으로 쓰였다. 이후 많은 통계 수치가 바뀌었지만, 근본 원리와 필요에는 변함이 없다. 우리의 바람은 이 책과 여기서 논의된 자비 사역 원리들이 여러분의 교회와 도시의 섬김 사역에 도움이 되는 것이다. 초판이 출간된 이후로 훌륭한 자료가 많이 나왔기에, 이 책(3판) 뒷부분의 '추천도서' 목록에 그중 일부를 수록했다.

2. 본문에 인용한 성경은 대한성서공회에서 발행한 '개정개역'을 기본으로 했다.

—

나보다 먼저 사회적 양심을 지녔던

아내에게 바칩니다.

차 례

제1부_

왜 우리는 선한 이웃이 되어야 하는가

자비 사역의 성경적 원리

Contents

제2부_

어떻게 우리는 선한 이웃이 될 수 있는가

자비 사역의 실천

자비를 베푼
사람

어떤 율법교사가 일어나 예수를 시험하여 이르되 선생님 내가 무엇을 하여야 영생을 얻

으리이까?

예수께서 이르시되 율법에 무엇이라 기록되었으며 네가 어떻게 읽느냐?

대답하여 이르되 네 마음을 다하며 목숨을 다하며 힘을 다하며 뜻을 다하여 주 너의 하

나님을 사랑하고 또한 네 이웃을 네 자신같이 사랑하라 하였나이다.

예수께서 이르시되 네 대답이 옳도다 이를 행하라 그러면 살리라 하시니

그 사람이 자기를 옳게 보이려고 예수께 여짜오되 그러면 내 이웃이 누구니이까?

예수께서 대답하여 이르시되 어떤 사람이 예루살렘에서 여리고로 내려가다가 강도를 만

나매 강도들이 그 옷을 벗기고 때려 거의 죽은 것을 버리고 갔더라. 마침 한 제사장이 그

길로 내려가다가 그를 보고 피하여 지나가고 또 이와 같이 한 레위인도 그 곳에 이르러

그를 보고 피하여 지나가되 어떤 사마리아 사람은 여행하는 중 거기 이르러 그를 보고

불쌍히 여겨 가까이 가서 기름과 포도주를 그 상처에 붓고 싸매고 자기 짐승에 태워 주

막으로 데리고 가서 돌보아주니라. 그 이튿날 그가 주막 주인에게 데나리온 둘을 내어주며 이르되 이 사람을 돌보아주라 비용이 더 들면 내가 돌아올 때에 갚으리라 하였으니 네 생각에는 이 세 사람 중에 누가 강도 만난 자의 이웃이 되겠느냐?

이르되 자비를 베푼 자니이다.

예수께서 이르시되 가서 너도 이와 같이 하라 하시니라.

_누가복음 10장 25-37절

위험한 길

여리고로 가는 길은 가파르고 위험했다. 얼마나 위험했는지, 사람들은 그 길을 '피의 길'이라고 불렀다. 예루살렘은 해발 900미터에 위치한 반면, 거기서 27킬로미터밖에 떨어져 있지 않은 여리고는 해수면 아래 300미터에 위치해 있다. 두 도시를 잇는 길은 급경사를 이루는 산악 지대로 험한 바위와 동굴이 많아서 강도들이 숨어 있다가 해코지를 하고 쉽게 도망갈 수 있었다. 당시에 여리고 길을 지나가는 것은, 요즘 도시에서 가장 위험한 구역의 후미진 골목을 걷는 것과 마찬가지였다. 다른 점이 있다면, 당시에는 길거리의 조명이 훨씬 드물었다는 것이다.

이 '후미진 골목'에서 한 사내가 사회 문제, 곧 범죄의 희생자가 되었다. "어떤 사람이 … 강도를 만나매 강도들이 그 옷을 벗기고 때려 거의 죽은 것을 버리고 갔더라"(30절).

지나가던 두 사람

얼마 안 있어 제사장과 레위인이 차례로 나타났지만, 강도 만난 사람과 얽히기 싫어 멀찍이 피해서 지나가버렸다.

우리는 쉽사리 이 사람들을 경멸해서는 안 된다. 그랬다가는 당신 스스로를 정죄하게 될지도 모른다. 당신이 어둑한 골목길을 전전긍긍하며 가고 있을 때, 길바닥에 누워 신음하고 있는 한 남자를 보았다면 어떻게 반응할지 생각해보라. 사냥감을 찾는 폭력배가 근처에서 당신을 지켜보고 있다는 결정적 증거가 아닌가! 서둘러 안전한 곳으로 피한 다음에 경찰을 불러 불쌍한 희생자를 돕도록 하는 게 현명한 처사일 것이다. 그래서 당신은 내뺀다.

제사장과 레위인이 강도 만난 사람을 피한 이유 중에는 다른 '종교적' 이유도 있을 수 있다. 레위 율법은 시체를 만진 사람은 의식적으로 "부정해진다"고 선언했다(민 19:11-16). 그렇게 되면 이레 동안 제사 의식에 참여할 수 없었다. 이 사람이 이미 죽었거나 곧 죽으면 어떻게 되겠는가? 이 직업 종교인들은 얼마든지 이렇게 생각했을 수 있다. '이 사람을 도우면 더 큰 소명을 감당하는 데 방해가 될 거야.'

그래서 이들은 그 남자를 피해 지나갔다. 그런데 그 과정에서 성경의 분명한 가르침, 곧 도움이 필요한 경우에는 거류민에게도 자비를 베풀어야 한다는 가르침(레 19:34)까지 피해갔다. 역설적이게도, 하나님의 백성 중에서도 제사장과 레위인은 어려움에 빠진 사람들을 도와야 할 의무를 가진 요직에 있는 사람들이었다. 제사장은 다른 의무와 더불어 공중위생 관리 역할을 했고, 레위인은 가난한 사람들에게 구호품을 나누어주는 책임을 맡았다. 성직으로 부름 받은 이들이 마땅히 감당해야 할 일이었지만, 두 사람의 (의식과 기타 종교적 의무로 꽉 찬) 일정은 이들의 목적에 배치되었다. 순종이 제사보다 낫다(삼상 15:22)는 원리를 무시한 셈이다.

자비를 베푼 사람

마지막으로, 길을 가던 사마리아인이 도착했다. 사마리아인은 피범벅이 된 채 누워 있는 유대인의 대천지원수였다. 사마리아인 역시 제사장, 레위인과 똑같은 위험을 느꼈다. 그뿐이 아니다. 그동안 그가 받은 교육과 경험에 충실하자면, 강도 만난 사람을 그저 지나치는 것이 아니라 무참히 밟고 지나가야 마땅했다! 사마리아인과 유대인은 최악의 원수지간이었기 때문이다. 유대인들은 예수님에 대해 불같이 화가 났을 때 그분을 '사마리아 사람'(요 8:48)이라고 불렀다. 그것이 그들이 생각할 수 있는 가장 심한 말이었기 때문이다! 그런데 이 모든 압력에도 불구하고, 사마리아인은 그 사람을 '불쌍히' 여겼다(33절). 자비로운 마음이 넘쳐서 강도 만난 사람의 여러 필요를 채워주었다. 우정과 지지, 응급 의료 처치, 교통편, 넉넉한 재정을 지원했을 뿐 아니라, 다시 찾아오겠다는 약속까지 했다.

예수님은 우리에게 거처와 재정, 의료, 우정이 부족한 사람들에게 필요한 것을 주라고 명령하신다. 우리에게 "가서 너도 이와 같이 하라!"고 단호하게 말씀하신다. 자신의 안전을 내놓고, 자기 일정을 깨뜨리며, 피로 손을 더럽히면서까지 다른 인종 다른 계층의 사람을 도와준 사마리아인이 가장 전형적인 예다. 그렇다면, 우리 그리스도인들은 이 명령에 개인적으로 순종하고 있는가? 우리 교회는 이 명령에 공동체적으로 순종하고 있는가?

제기되는 질문

선한 사마리아인의 비유는 매우 도발적이다. 시작부터 반전의 함정이 있다. 율법교사는 예수님을 시험하려고 율법을 비판하는 내용을 언급하지만, 예수님은 그에게 유대 지도자들이야말로 율법을 잘 지키지 않는 이들임을 보여주셨다. 우리 주님은, 다른 사람들의 필요에 눈을 감고 스스로를 보호하는 종교인들의 편리한 안일주의를 공격하신다. 그분 주장의 핵심은 오늘날 우리에게도 똑같이 충격을 주고, 그분의 가르침은 수많은 질문들을 불러일으킨다.

먼저, 우리가 그리스도인으로 살아가는 데 자비가 꼭 필요하냐는 질문이 생긴다. 이 비유가 "내가 무엇을 하여야 영생을 얻으리이까?"라는 질문의 대답이라는 점을 놓쳐서는 안 된다. 예수님은 율법교사의 질문에 대한 대답으로 선한 사마리아인의 예를 보여주신 것이다. 사마리아인은 길에 쓰러진 사람의 신체적·경제적 필요를 돌보았다. 마가복음 10장 17절에서 예수님이 젊은 부자 관원으로부터 똑같은 질문을 받으셨던 것에 주목하라. 그때도 예수님은 "가서 네게 있는 것을 다 팔아 가난한 자들에게 주라"(21절)고 결론 내리신다. 예수님은 가난한 자들을 돌보는 것을 그리스도인 존재의 핵심으로 보신 것 같다.

어떻게 그럴 수 있을까? 마태복음 25장 31절 이하를 보면 예수님은 가난한 사람, 헐벗은 사람, 집 없는 사람, 아픈 사람, 갇힌 사람들을 어떻게 대했는지를 근거로 사람들을 심판하신다. 그러면 사회복지사들만 천국에 간다는 뜻인가? 우리는 그리스도를 믿는 믿음만으로 구원받는 것이 아니었던가? 그러면 자비를 베푸는 것이 그리스도인 됨에서 핵심인 이유는 무엇인가?

둘째로 자비 사역의 범위와 차원을 묻는 질문이 있다. 율법교사는 어려움에 빠진 사람들을 돌보아야 한다는 필요성을 부인하지는 않았다. 사실상 세상 모든 사람이 그 점은 인정한다! 그럼에도 율법교사는 "내 이웃이 누구니이까?"라고 여쭈었다. 요즘으로 치면, 이런 말을 하는 사람이 아닐까.

"아이고, 주님, 좀 합리적으로 생각해봅시다. 우리도 어려운 사람들을 도와야 한다는 건 아는데, 도대체 어디까지 도와야 하는 겁니까?"

"아무한테나 다 퍼부어주라는 말씀은 아니시겠죠! 원래 자선이라는 게 가정에서 시작되는 것 아닙니까?"

"모든 그리스도인이 상처 받고 어려운 사람들 일에 깊숙이 개입해야 한다는 말씀은 아니시겠죠. 나는 그런 종류의 일에는 재주가 없어서요. 내 은사는 아니랍니다."

"나는 굉장히 바쁜데다 교회에서도 열심히 활동하고 있습니다. 그런 건 정부가 해야 하는 일 아닙니까?"

"나 혼자 먹고살기도 힘들어요!"

"가난한 사람들은 죄다 무책임한 사람들 아닙니까?"

예수님은 무심한 제사장과 레위인을 보여주시면서, 종교적인 사람들이 "네 이웃을 사랑하라"는 명령에 덮어씌운 수많은 거짓 제약의 가면을 벗기신다. 예수님은 사마리아인 비유를 통해, 원수를 포함하여 도움이 필요한 사람이라면 그 누구라도 우리가 도와야 할 이웃이라는 것을 보여주신다. 이 비유를 읽는 사람은 그 논리에 발목 잡힌 기분과 함께 여러 생각이 들기 시작한다. '이건 비현실적이지 않은가? 온 세상 가난한 사람들의 필요는 너무 크지 않은가? 예수님은, 우리 모두가 자발적인 가난을 실천하고 탄압 받는 사람들과 함께 살아야 한다고 말씀하시는 것일까? 우리는 도움 받을 자격이 있는 가난한 사람과 그럴 자격이 없는 가난한 사람을 차별하지 않을 준비가 되어 있는가?'

셋째, 자비 사역의 동기를 묻는 질문이 있다. 이스라엘에는 이웃에게 자비를 베풀라고 명령하시는 확실한 하나님의 율법이 있었다. 하지만 예수님은 율법교사가 그 율법의 기본 목적을 무시하는 방식으로 율법을 해석했음을 보여주신다. 의무를 그저 아는 것만으로는 불충분하다. 제사장과 레위인은 성경 지식이나 윤리 원칙에 부족함이 없었고, 강도 만난 사람과 같은 민족이기도 했다. 그런데 그것만으로는 부족했다. 사마리아인에게는 이런 것들이 하나도 없었지만 불쌍히 여기는 마음이 있었고, 그것으로 충분했다! 어떻게 하면 교회를 자비가 넘치는 곳으로 만들 수 있는가? 교인들에게 자신들이 '부자'라는 죄책감을 심어주는 것만으로는 부족하다. 어떻게 해야 교회가 깊은 상처를 치유하고 수많은 필요를 채워주며 주변 사회를 변화시키는 능력을 갖출 수 있을까?

복음주의자들은 선한 사마리아인 비유가 가르치는 근본적인 본질을 오랫동안 애써 외면했다. 기껏 해야 성탄절에 가난한 사람들을 위해 과일 바구니를 마련하거나, 먼 외국에 가뭄 또는 지진이 발생했을 때 구호 기관에 기부하라는 뜻으로 알아들었다. 하지만 이제는 좀 더 귀 기울여 들어야 할 때다. 이전에도 절대 '안전하지' 않았던 세상이지만 점점 더 위험해지고 있기 때문이다. 드디어 우리는, 왜 갑자기 우리가 사는 도심 길거리에 "벗기고 … 거의 죽은" 사람들이 이리도 많은지 궁금해지기 시작했다.

세계 역사를 보면 극소수만이 비교적 '안전한' 환경에서 살았다. 전쟁, 불의, 압제, 기근, 자연재해, 가족 붕괴, 질병, 정신 질환, 장애, 인종차별, 범죄, 자원 부족, 계층 갈등 같은 '사회 문제들'은 우리가 하나님과 멀어진 결과이다. 이런 것들이 인류 대부분의 삶에 깊은 슬픔과 폭력을 가져온다. 하지만 이 책을 읽는 대부분의 독자들은, 하나님의 인애로 이런 문제들로부터 어느 정도 자유로운 삶을 사는 소수 집단에 속할 것이다.

이런 상대적 평안이, 고통을 찾기 힘든 허구의 세상 안으로 우리를 고립시킬 수 있다. 하지만 고통은 늘 우리를 둘러싸고 있기에 이런 고립은 쉽게 깨진다. 우리에게는 우리가 살고 있는 이 세상을 바라보는 정확한 시각이 필요하다. 어쩌면 우리는 평화로운 섬에 살고 있는 것이 아니라, 여리고로 가는 길에 살고 있다는 사실을 직면하게 될지도 모른다.

누가
나의 이웃인가?

언젠가 어떤 사람이 '세계를 품은 그리스도인'은 성경과 함께 신문을 읽어야 한다고 말했다. 어떤 의미에서, 선한 사마리아인 비유는 우리를 그렇게 하도록 이끈다. 율법교사는 '이웃'의 개념을 제한하려 했지만, 예수님은 도움이 필요한 사람은 누구라도 우리 이웃임을 보여주심으로써 그 개념을 확장하신다. 길에서 강도 만난 사내를 피하여 지나간 제사장과 레위인은, 도움이 필요한 사람들을 자세히 살피기 꺼려하는 우리를 대표한다. 주님은 길에 쓰러져 있는 우리의 이웃들을 알아보라고 가르치신다. 중산층인 우리는 궁핍한 이웃을 얼마나 알고 또 그들의 필요를 알아차리고 있는가?

안젤라라는 노숙자를 예로 들어보자. 1980년대 중반, 노숙자 위기가 최고조에 달했을 때 어느 이상주의자 신학생이 안젤라에게 접근하려고 시도했다. 그 과정에서 그는 예상 밖의 현실을 발견했다. 두 사람의 만남을 신랄하게 묘사한 다음 내용을 보자.

한때는 아름다웠을 안젤라는 우리 대학 도서관 앞에서 시들어가고 있다. 그녀는 옷을 겹겹이 껴입고 있다. 갈라져서 껍질이 벗겨지기 시작한 페인트처럼 그 옷들은 가녀린 몸에 덕지덕지 덧입혀져 있다. 날은 춥고 바람은 점점 더 매서워지는데, 그녀는 맨발 차림이다. 내가 음식을 건넸지만 퉁명스럽게 거절했다. 말을 걸려고 하자 획 하고 돌아서 가버린다. 나는 크게 한 방 먹고 움찔한다. 그제야 나는 가난한 사람들에 대한 우리의 편견이 얼마나 심각한지를 조금씩 깨닫기 시작했다. 감사를 기대한 내 오만함이 선한 의도를 지워버린다. 그녀는 굶주리고 약하고 아프다. 그런데도 나는 그녀에게 선뜻 다가가지 못한다. 그녀가 나를 반갑게 대하지 않을 수도 있기 때문이다. 우리 두 사람 중 정말로 아픈 사람은 누구일까? 안젤라, 당신은 우리 앞에 던져진 거울입니다. 그런데 우리가 그 모습을 감당할 수 있을까요?[1]

당신도 안젤라 같은 사람과 마주친 적이 있는가? 대부분은 그럴 것이다. 지난 20-30년 사이, 가난한 사람들이 더 많이 눈에 보이기 시작했기 때문이다. 가난한 사람들의 존재는, 대다수 사람들로 하여금 가난한 이들을 알거나 이해하지 못한다는 사실을 깨달을 수밖에 없게 만든다. 빈곤층에 관한 냉정하고 엄연한 사실들은, 평균적인 중산층 그리스도인들에게 충격으로 다가온다.

하지만 예수님은 우리에게 보고 듣고 배우라고 말씀하신다. 먼저, 어려운 사람들의 '단면'을 살펴보자. 이 과정에서 수많은 숫자와 통계를 접하겠지만, 우리 목표는 큰 원을 그리며 이웃 주변을 돌기보다는 그들의 얼굴을 정면으로 바라보는 것이다.

빈곤의 성장

케이시는 평범한 유대인 중산층 가정의 주부였다. 사고로 아들을 잃었고 술에 빠져 사는 남편과는 점점 멀어졌다. 부부는 결국 이혼했고, 케이시는 마흔세 살에 이렇다 할 기술이나 경력, 이혼 수당도 없이(쌍방의 책임을 묻지 않는 이혼이었다) 혼자가 되었다. 그녀는 한 달에 900달러씩 받고 웨이트리스로 일하기 시작했다. 이 돈으로는 자신이 사는 원룸의 월세와 식비를 감당하기도 버거웠다. 그러나 전 남편은 얼마 후 알코올의존증을 극복하고 재혼하여 연봉 65,000달러를 벌어들이게 되었다. 케이시는 술을 마시기 시작했고 정신과 의사와 상담을 했지만, 의사는 신경안정제를 처방해주는 것 외에는 아무런 도움이 되지 못했다. 결국 케이시는 국가에서 제공하는 임시 숙소에 머물다가, 지금은 빈곤 여성을 위한 재활센터에서 생활하고 있다.[2]

케이시는 우리가 '가난하다'고 말하는 수많은 사람들 중의 한 예에 불과하다. 미국인 일곱 명 중 한 명은 가난하다. 42퍼센트에 가까운 아동이 저소득층 가정에서 성장하고, 거의 네 명 중 한 명 꼴로(약 23퍼센트) 가난한 환경에서 자란다.[3] 우리가 이 장에서 더 이상 다른 통계를 제시할 필요도 없이, 이 통계만으로도 그리스도인들은 마음에 부담을 느껴야 마땅하다.

1950년에서 1970년대 중반에 이르는 호황기에, 빈곤 상태의 인구는 30퍼센트에서 11퍼센트로 떨어졌다. 하지만 1970년과 1995년 사이에 미국의 빈곤 인구는 2,540만 명에서 3,640만 명으로 늘어나, 인구의 14퍼센트에 육박했다.[4] (연방 정부는 4인 가족의 총 연소득이 14,800달러 이하일 경우 빈곤층으로 간주한다. 만약 4인 가족의 연소득이 27,380달러라면 저소득층이다.)[5]

뿐만 아니라, (어느 유행가 가사처럼) 가난한 사람들은 점점 더 가난해지고 있다. 미국 통계국에 따르면, 임금 노동자의 상위 5퍼센트가 사회 전체의 부를 점차 더 많이 소유하게 됐음에도 불구하고, 1995년에 중산층 소득은 1989년보다 3.8퍼센트 떨어졌다. 따라서 더욱 많은 미국인들이, 노동을 가난에서 벗어나기 위한 수단으로 여기지 않게 되었다.[6] 많은 전문가들은, 1996년의 복지개혁법Welfare Reform Act에 의해 구호품과 직업 훈련 등 여러 도움을 제공하는 민간 기관의 원조가 끊어질 것이라고 예상했다. 260만 명이나 이 기관들의 도움을 받고 있었는데 말이다. 엄밀히 따져보면, 이 법안은 자녀를 둔 가족들의 빈곤 격차를 40억 달러 혹은 20퍼센트 이상 증가시킬 것이었다. 부모가 실직(이거나 일이 부족한) 상태로 정부 보조를 받는 가정들은, 이미 수입이 빈곤층 이하인 경우가 많다. 이 법안은 이런 가정들의 경제 상황을 더욱 악화시킬 가능성이 높았다.[7]

1990년대 중반에는 '빈곤과의 전쟁'에서 몇몇 승리를 거두기도 했지만, 자세히 들여다보면 어두운 미래를 예견하는 불길한 동향들이 엿보인다. 그 동향들을 살펴보자.

노숙자

조지는 스물여덟 살이다(일부 조사에 따르면, 노숙자의 평균 연령은 서른넷이라고 한다). 그는 고등학교 때는 유명 야구 선수였고, 공사 현장에서 일한 적도 있다. 1년 전쯤 직장을 잃은 그에게 아내는 집을 나가달라고 했다. 그는 친구네 거실 소파에서 지내다가 사이가 나빠지면 다른 친구를 찾아가곤 했다. 그렇게 친구들 집을 전전하다가 결국 길거리 생활을 시작하게 됐다. 그는 술은 거의 입에 대지 않는다. 담갈색 코듀로이 바지에 빨간색 체크무늬 셔츠를 늘 깔끔하게 받쳐 입는다. 지난 가을에는 피자 가게에서 6주 동안 일하기도 했는데, 아무도 그가 노숙자인 줄 몰랐다. 알람시계도 없이 지하철이나 버려진 집에서 지내며 잠을 제대로 못 자던 그는, 며칠이나 일을 나가지 못했고 결국 해고당했다. "집이 없으면 직장을 못 구하고, 직장이 없으면 집을 못 구해요."

전문가들은 미국의 노숙자가 얼마나 되는지 정확한 수치를 얻는 게 거의 불가능하다는 데 동의한다. 50만 명이 족히 넘는다는 사람도 있고, 그보다는 적게 계산하는 사람도 있다. 하지만 다음 두 이유로 지난 10년간 노숙자가 엄청나게 증가한 것은 분명하다고 말한다. 적당한 임대 주택 부족과 그에 따른 빈곤층의 증가다.[8] 그리고 노동 시장의 기회가 줄어든 것과 공익이라는 가치와 그 가용성이 하락한 것, 이 두 요소가 빈곤 증가 추세를 잘 설명해준다.[9] 다시 말해, "집이 없으면 직장을 못 구하고, 직장이 없으면 집을 못 구해요"라는 조지의 생각은 대부분의 노숙자들에게 해당한다.

노숙자는 어떤 사람들인가? 흔히들 술고래 노인이나 예산 삭감으로 기관에서 강제로 쫓겨난 정신 질환자를 떠올린다. 1980년대에는 이런 사람들이 노숙자의 다수를 차지했지만, 이제는 그 추세가 변하고 있다. 예전에는 노동자 계층이 대부분이었지만, 지금은 제조업/산업의 대량 일자리 상실과 첨단 기술(고숙련) 직업에 대한 수요로 실직한 사람들이 '새로운 빈곤층'으로 대두하고 있다. 더 심란한 것은, 값싼 주택가가 전문직 종사자들을 위한 고급 주택가로 바뀌는 도심 '젠트리피케이션(Gentrification, 고급 주택화)' 현상 때문에 쫓겨난 가족들이 많다는 것이다. 지난 10년 동안 집 없는 가족의 숫자는 크게 늘었다. 노숙자 인구 중에서 가장 급속히 증가하는 집단은 자녀가 있는 가족으로, 대략 40퍼센트에 해당한다.[10] 노숙 여성과 아동의 35퍼센트는 학대를 피해 가출한 이들이고, 혼자 사는 성인 노숙자의 25퍼센트는 치료 가능한 정신 질환을 앓고 있다. 전체 노숙자 인구의 22퍼센트는 약물남용 장애에 시달리는 것으로 나타난다.[11]

이런 통계들에 따르면, '새로운' 노숙자의 전형은 실직하고 구직 중인 30대 부모로 볼 수 있다. 이들은 자신에게 불리한 사회 구조와 개인적인 어려움에 맞서 싸우고 있다.

우리가 날마다 만나는 대부분의 사람들은 중산층의 변두리로 밀려난 이들이다. 많은 이들이 실직하기 전에는 집을 갖고 있었다. 하나같이 전에는 부족함을 모르던 사람들이다. 우리는 미국 사회의 구조 변화를 목격하고 있는데, 너무도 근본적인 이 변화에 영향 받지 않을 사람은 아무도 없다.[12]

_뉴올리언스의 노숙인 쉼터 운영자

고등학교 졸업장도 없고 네 아이의 엄마인 스무 살짜리를 누가 고용하겠
는가? 자녀를 부양해야 하는 이들이 직업의식을 준비하는 데 있어서 우리
사회는 무엇을 하고 있는가? 일하기 싫다는 고객은 만나본 적이 없다. 대
부분은 변화를 추구할 수 있는 기회나 자신감이 없을 뿐이다.

_로렌 마이너 (미주리 주 캔자스시티, 시티유니온미션City Union Mission 상담 책임자)

가난한 노동자

가난한 사람들은 일할 의향이 없어서 가난하다고 믿는 사람들이 많
다. 하지만 이런 근거 없는 믿음은 사실과 다르다. 산업 노동 시장이
전산화된 국제 시장으로 변하면서 임금, 일자리, 공공 혜택이 크게 축
소되었고, 가난한 노동자들에게 점점 더 힘든 환경이 되었다. 1973년
에서 1993년 사이에 빈곤선 이하 급여를 받는 노동자는 23.9퍼센트에
서 26.9퍼센트로 증가한 반면, 빈곤선의 75퍼센트보다 못 버는 노동자
들은 두 배로 뛰었다. 한 가족이 방 2개짜리 아파트 월세를 부담하려
면 아무리 못해도 정규직 최소 임금의 두 배는 벌어야 한다. 전국 노숙
자 쉼터의 현황을 살펴보면 가난한 노동자와 노숙자의 상관관계를 알
수 있다. 대부분 쉼터에는 상당수의 정규직 (최저) 임금 노동자들이 머
물고 있다. 실제로 1996년의 한 조사는 노숙인 다섯 명 중 한 명은 전
임이나 시간제로 고용된 노동자라는 것을 보여준다.[13]
세부 내용은 좀 다르지만, 미국의 가난한 사람들은 대체로 다음과
같이 분류할 수 있다. 가난한 사람들의 1/3은 아동이다. 나머지 1/3은

일하는 성인이지만 가난에서 벗어날 정도로 벌지는 못하는 근로자이다. 또 다른 1/6은 노인층과 신체장애나 정신장애가 있는 사람들이다. 나머지 1/6만이 "논란의 여지가 있는" 사람들, 즉 자녀를 둔 한부모나 신체가 건강하면서도 일하지 않는 사람들이다. 이 모두를 싸잡아 "게으르다"고 치부하는 것은 공평하지 않다. 이들 중 다수가 사회적·정서적 문제로 고통 받고 있다. 그럼에도 여전히 우리가 이 집단의 다수를 흔히 상상하는 "의욕 없는" 가난한 사람들로 계산한다 해도, 세상의 도움이 필요한 거대 집단의 극히 일부에 불과하다.

가난의 아이들

빈곤 아동에 대한 통계는 끔찍한 현실을 드러낸다. 1979년-1994년 동안 미국의 6세 이하 빈곤 아동 수는 350만 명에서 610만 명으로 증가했다.[14] 컬럼비아대학교 보건대학원 빈곤아동센터National Center for Children in Poverty에서 실시한 연구에 따르면, 6세 이하 아동의 빈곤율도 18퍼센트에서 25퍼센트로 급속히 늘어났다. 컬럼비아대학교에서 내놓은 "네 명 중 한 명"이라는 제목의 연구 보고서는 다음과 같이 시작한다. "막대한 부로 유명한 미국에는 남들은 잘 모르지만 가족만 아는 가난한 사람들이 600만 명에 달한다. 이들은 투표도 못 하고 일도 못 하고 대부분은 학교에도 가지 않는다. 이들은 바로 미국의 가장 어린 가난한 사람들, 6세 이하 아이들이다."

이러한 가난은 특히 대도시에 사는 아프리카계 미국인과 라틴계 아이들에게 편중되게 나타났는데, 같은 기간 백인 아동 빈곤율도 흑인 아동 빈곤율보다 두 배로 뛰었다. 컬럼비아대학교 연구 보고서는 미국의 백인 아동 빈곤율이 "다른 서양 민주국가들에 비해 대체로 높다"고도 밝혔다. 이 아동들의 대다수(62퍼센트)는 노동자 가정에서 살고 있고, 1/3 이하만 공공부조 제도에 전적으로 의존하는 가정에 살고 있다. 36퍼센트는 도심 지역에, 17퍼센트가 교외 지역에, 27퍼센트가 시골에 살고 있다.[15]

빈곤 아동에 대한 통계 수치가 증가하는 사이, 가족 결합은 악화되었다. 이는 사회적 혜택을 받지 못하고 방치되고 학대당하는 아동이 증가하는 주원인이 되었다. 한 연구에 따르면, 1986년부터 1993년 사이에 방치되고 학대당하는 아동의 수가 105퍼센트나 증가했다. 심각한 부상을 당한 아이들은 143,000명에서 572,000명이 넘어, 네 배로 증가했다.[16]

1996년에 전미시장협의회U.S. Conference of Mayors가 29개 주요 도시의 노숙자들을 조사한 내용에 따르면, 18세 이하 아동이 노숙자 인구의 27퍼센트를 차지했다. 자녀가 있는 가정은 노숙자 집단에서 가장 급속히 늘어나고 있다.[17] 이는 아이들이 거리를 헤매고 다니고, 직장을 잃은 부모와 함께 복지 기관 앞에 (지원이 끊긴 혜택을 받으려고) 줄을 서고, 다리 밑과 철길에서 논다는 뜻이다. 악몽, 소아 야뇨증, 몽유병, 극심한 감정 기복, 심각한 우울증 등의 증상도 노숙 아동들에게는 흔하다. 대부분의 아이들이 학교에 다닌다 하더라도 어쩌다 한 번씩 갈 뿐이다.

(노숙 아동들은) 필사적으로 관심을 받으려 하거나 완전히 내향적이거나 둘

중 하나다. 당신을 물어뜯고 발로 차다가도 껴안거나, 아니면 입을 꾹 다물고 있다. 이런 아동들이 세상은 안전한 곳이라는 확신을 얻지 못하면, 12세가 될 즈음에는 범죄자가 될 가능성이 높다. 14세가 되면 살인을 저지를지도 모른다.[18]

_노숙자 가정을 돌보는 소아과 의사

가난한 청년

빈곤 인구의 절반은 노인과 아동이다.[19] 1959년에는 노인 인구의 35퍼센트가 가난했던 반면, 1994년에는 그 수치가 11.7퍼센트밖에 되지 않았다.[20] 하지만 새로운 복지법 도입으로 정부 지원이 삭감되면서 노인, 저소득층 장애 아동, 가난한 노동자 가정에 대한 혜택은 줄어들었다.[21] 복지 혜택이 줄면, 그 수혜자들은 줄어든 만큼 채우기 위해 직업을 찾기 시작한다. 그러면, 현재 수입으로는 입에 풀칠하기도 힘든 가난한 노동자들이 이들의 가장 큰 경쟁 상대가 되고 만다. 게다가 전체 빈곤 가정의 35퍼센트 이상은 젊은 싱글맘이 가장이기 때문에, 미래가 그리 밝지 않다. 싱글 여성이 주 경제활동자인 가정이 이렇게 많아진 이유는 무엇인가?

바로 이혼 혁명이다. 보도에 따르면, 전체 결혼 생활의 절반이 이혼으로 끝난다. 또한 한부모와 사는 18세 이하 아동이 한 세대 전보다 훨씬 더 많아지고 있다. 1970년에는 전체 아동의 12퍼센트만이 한부모와 살았는데, 1995년에는 그 수치가 27퍼센트에 달했다. 미국 통계국에 의하면 이혼율 증가와 함께, 아이를 먼저 낳고 나중에 결혼하는 경향이 증가하고 있다고 한다. 1995년에는 한부모 가정 중에서 35퍼센트가 결혼한 적이 없고, 38퍼센트는 이혼, 23퍼센트가 별거, 4퍼센트가 사별이었다. 1970년에는 백인 아동의 8.7퍼센트와 흑인 아동의 31.8퍼센트가 한부모와 살았는데, 그 이후로 이 수치는 점점 증가하여 (히스패닉 아동을 대상으로 한 조사는 1980년부터 기록이 있는데, 그 당시에는 20.5퍼센트로 나타났다), 한부모와 사는 백인 아동이 21퍼센트, 히스패닉 아동이 33퍼센트, 흑인 아동이 56퍼센트에 달했다.[22]

출간된 지 10년이 넘었지만, 레오노레 웨이츠맨Leonore J. Weitzman의 《이혼 혁명The Divorce Revolution》은 이혼무책주의의 영향에 대해 유용한 시각을 제시한다. 저자는 이혼무책주의가 여성들에게 돌파구가 되었다고 전제하면서 연구를 시작하지만, 파괴적 영향을 끼쳤다는 결론을 내렸다. 웨이츠맨의 가장 충격적인 발견은, 이혼한 다음해에 여성의 생활수준은 이혼수당과 자녀 양육비를 다 합쳐도 73퍼센트 하락한 반면 남성의 생활수준은 42퍼센트나 상승했다는 점이었다.

소피아는 두 자녀를 둔 흑인 싱글맘이다. 한 달 생활비로 187달러의 보조금과 식권을 받는다. 소피아가 지낼 수 있는 곳은 연방 정부의 지원으로 지어진 저소득층 주택단지가 있는 남부 필라델피아 지역이 유일하다. (소피아는 운이 좋다. 미국에서 저소득층 주택단지에 들어가려면 5년 정도 대기해야 한다.) 이 주택단지에서는 약물 관련 폭력 사고가 흔히 발생한다. 한번은 아들 친구 녀석이 한 달 치 식권을 훔쳐가는 바람에 동네 교회에 도움을 요청할 수밖에 없었다. 또 여덟 살짜리 딸이 생일 파티에 친구들을 초대하고 싶어 해서

케이크 재료를 사느라 돈을 빌려야 했다. 매달 여러 일터를 돌아다니며 일자리를 찾아보지만, 글을 잘 읽지도 못하고 셈도 느린 소피아에게 직장 문턱은 높기만 하다.[23]

의회에서 삭감한 기초 지원 프로그램 내역을 보면, 가난한 젊은이들이 가난한 노인들보다 지원을 받지 못할 것이다. 이 법안을 시행하면 경제적 어려움으로 벌금을 면제받는 20퍼센트를 고려하고 나서도, 5년 내에 250-350만 명의 아동이 영향을 받을 수 있다고 일부 전문가들은 지적한다.[24] 가난한 노인들과 달리, 최근에 등장한 가난한 사람들은 더 젊은 축에 속하고 자녀는 훨씬 더 많으며 교육을 거의 받지 못한 이들이다. 이들은 범죄와 중독에 빠지기 쉬워서, 영구적이고 고정된 최하층 청년 계급이 탄생할 가능성이 높다.

새로운 민족 집단

많은 미국인들이 인종과 사회 문제에 대한 두 가지 오해에 시달리고 있다. 많은 이들이 "대부분의 빈곤층은 흑인"이라고 생각한다. 그러나 빈곤 인구 중에 2,530만 명이 백인, 1,010만 명이 흑인, 840만 명이 히스패닉이다.[25] 또한 미국에 들어오는 새로운 이민자들의 다수가 급속히 빈곤층으로 편입되고 있다. 통계국의 보고서 "미국의 인구 통계"에 따르면, 2020년부터는 흑인과 아시아계 미국인, 아메리칸 인디언을 다 합친 것보다도 더 많은 히스패닉계 사람들이 매년 인구에 편입될 것이 예상된다. 또한 2019년부터는 비교적 젊은 히스패닉계 미국인들이 미국에서 가장 낮은 사망률을 나타낼 것이라고 보고하고 있다.[26]

"미국인들은 전형적으로 백인이다"라는 것도 또 다른 흔한 미신이다. 그 말도 여전히 사실이지만, 인구 통계는 사람들의 생각보다 훨씬 더 빠르게 변하고 있다. 1995년에 외국에서 출생한 2,300만 미국인들 중 46퍼센트는 히스패닉 출신이었다. 거의 700만 명에 육박하는 인구가 멕시코에서 이민을 옴으로써, 멕시코는 미국에 가장 많은 사람을 보내는 나라가 되었다(필리핀이 2위였다). 매년 합법적인 이민자만 80만 명에 달한다.[27]

이민자들 중에는 수입이 안정적인 사람도 있지만, 새로운 민족 집단의 대다수는 심각한 경제 문제를 안고 있다. 증가하는 이민 인구는 정부나 종교 공동체의 막대한 지원이 필요함을 암시한다.

가난한 육체노동자

1980년대에 제조업이 쇠락하고 1990년대 들어 기업들이 인원을 줄이기 시작하면서, 가난한 육체노동자가 새로운 빈곤층으로 나타난다. 고등학교를 졸업하고 제조업에 종사하던 이들은 과거에는 25,000달러가 넘는 연봉을 받던 노동자들이었다. 그런데 기술 혁명이 일어나면서 제조업이 축소되고, 첨단 기술 곧 지식이나 서비스 기반 사업이 새로운 산업으로 자리 잡기 시작했다. 이런 산업은 고액 연봉을 받는 고도로 숙련된 기술자 아니면 저임금 단순직으로 구성된다. 한때는 한 가정을 넉넉히 부양할 수 있었던 '노동 계층'의 일이 사라지고 있다.

1979년에서 1994년 사이에, 미국 제조업에서 높은 보수의 일자리들 300만 개 이상이 인건비가 싼 해외로 이동되었다.[28] 미숙련 노동자들 입장에서는 20년 넘게 경기 하향세가 이어졌고, 대부분의 가난한 노동자들은 거기서 빠져나올 수 없었다. 앞으로도 빠져나오기 힘들 것이다.[29] 과거 두어 해 동안 50만에 달하는 노동자들이 일을 그만두었는데, 그중 다수가 은행과 전기통신 산업 종사자였다.

노동통계국에 따르면, 미래의 직업은 주로 서비스 분야(예를 들면, 가게 점원, 간호사, 계산원, 트럭 운전사, 웨이터/웨이트리스, 수위 등)에 집중될 것이다. 이런 직업군은 상당한 증가세가 나타날 것이다.[30] 하지만 이들의 임금 수준으로는 이보다 훨씬 비싼 대학 등록금을 감당하기 어렵고, 생활비도 꾸준히 증가하면서 가족을 부양하기는 더더욱 어려워진다. 그러는 사이, 부자와 가난한 사람의 수입 격차는 점점 더 커지고 있다. 1967년에서 1995년 사이에 미국에서 가장 부유한 1/5가구의 평균 소득은 45퍼센트 증가했다. 반면 가장 가난한 가구의 소득 증가율은 19퍼센트에 그쳤다.[31] 간단히 말해, 평범한 근로자에게 이제 '고용 안정' 같은 것은 없다.

고령 사회

미국의 노인 인구 비율은 꾸준히 증가 추세이다. 통계국 보고서 "미국 인구 통계"는 다음 세기 중반에 이르면 85세 이상 인구가 가장 급속히 증가하는 인구층이 되리라고 예측한다. 이는 건강관리 산업과 사회보장 정책에 광범위한 영향을 미칠 것이다. 1995년에는 85세 이상 인구가 약 400만 명으로 전체 인구의 1.4퍼센트를 차지했다. 보고서에 따르면, 2050년이 되면 85세 이상 인구가 1,800만 명으로 늘어나 전체 인구의 4.6퍼센트를 차지하게 된다. 그때가 되면 65세 이상 인구는 전체 인구의 20퍼센트에 달하게 된다.[32]

현재 노인들은 우리 문화에서 '성공 사례'라 할 수 있다. 대부분의 노인층이, 최근까지도 많은 사람들의 운명이었던 저소득과 열악한 생활환경으로부터 벗어났다. 하지만 향후 30년간 노인 인구의 엄청난 증가는 현재의 사회 지원 시스템을 무용지물로 만들어버릴 것이다. 많은 전문가들이 사회보장제도가 무너지거나 소용없게 될 거라고 예상한다. 엄청난 노인 인구를 지원하는 데 드는 비용 때문에 다음 세대의 저항과 그들과의 치열한 경제 전쟁이 일어날 수 있다.

환자

에이즈 감염자의 비율은 미국 대중의 관심(과 우려)을 모았다. 여러 주장과 예상이 제기되고 있는데, 에이즈는 더 이상 동성애자들에게만 국한되지 않는다. 이제 에이즈는 젊은이와 가난한 사람, 이성애자들에게도 예외가 아니다. 인구 통계가 어떠하든, 에이즈 환자의 치료 비용이 천문학적이라는 데는 모든 사람이 동의한다.

비단 에이즈의 유령이 아니더라도, 가난한 사람들을 위한 의료 시스템은 최악의 위기 상황에 처해 있다. 돈과 상관없이 모든 환자를 받아주는 비영리 병원은 급속히 문을 닫고 있다. 의료비와 보험료는 나날이 솟구치는데 이 분야의 정부 예산은 점점 줄고 있다. 병원들은 시장 조사와 "손익 계산에 따른"(수익에 따른) 의사결정에 점점 더 의존해야 하는 현실이다. 내일의 병원은 더 이상 사회복지 기관이 아니다. 누가 (혹은 무엇이) 이 간극을 메워줄 것인가?

재소자

1990년대에는 범죄율이 꾸준히 증가하면서 법을 준수하는 많은 시민들이 불안을 느끼고 있다. 부정적인 민심이 커지고("저들을 가두고 열쇠는 던져버려!") 정부 지원은 줄어들면서 가난한 사람들은 진퇴양난에 빠졌다고 느낀다. 절망감에 범죄로 눈을 돌리는 사람도 있을 것이다. 그렇게 해서 이들이 (대중의 요구대로) 비폭력 범죄자로 수감되면, 얼마 뒤 기존 재소자들에게서 더 폭력적인 생활 방식을 배우게 될 것이다. 찰스 콜슨Charles Colson은 앨라배마 주 연방 교도소에서 만난 젊은 재소자 칼의 이야기를 들려준다.

그는 절도죄로 18개월 징역형을 선고받았었다. 현명한 판사는 초범인 이 젊은이를 교도소로 보내는 대신 집행유예를 선고했다. 칼은 집행유예 중에도 모범 죄수였다. 그는 매주 보호관찰관에게 신고를 했고, 직장을 다니며 별 탈 없이 지냈다. 그런데 그만 실수를 저지르고 말았다. 허가 없이 주

경계를 넘어간 것이다. 집행유예 중인 사람이 해서는 안 될 일이었다. 그는 결혼을 앞두고 있었기에 충분한 여행 사유가 된다고 생각했지만, 이 사실을 안 판사는 그를 교도소로 보내 18개월 형을 살게 했다. 거기서 그는 거친 선생들에게 "가르침을 받고" 범죄 기술을 익혔다. … 그의 눈에서 고통과 분노가 솟구치는 듯했다. 그는 내 눈을 똑바로 쳐다보면서 으르렁거리듯 말했다. "나한테는 한 가지 생각밖에 없습니다. 다 갚아줄 거예요. … 여기서 나가면, 다시는 날 잡지 못할 겁니다."[33]

이 한 가지 예만 보더라도, 교도소가 범죄와 가난의 해결책이 아니라 오히려 문제의 일부임을 알 수 있다. 1995년에 재소자 인구는 160만 명에 근접했는데, 10년 사이에 투옥률이 거의 두 배로 증가한 셈이다. 재소자 외에 가석방이나 집행유예 중인 사람도 400만 명이었다.[34] 1992년에 미국은 교도 행정에 310억 달러를 사용했는데, 1975년에 비해 800퍼센트나 증가한 액수이다.[35] 많은 전문가들은 "교도소를 들락거리는 미국인들의 비율은 경이적이다. … 사회경제적 단계를 내려가다 보면, 그 비율은 점점 더 높아진다"[36]고 믿는다. 요컨대 범죄율(과 교도소 산업)은 치명적인 재정 부담을 낳았다.

결론

사실, 이런 개관만으로도 감당하기 힘들다. 하지만 이것이 바로 도움이 필요한 사람은 누구나 우리 이웃이라고 말씀하시는 그리스도의 관점이다. 우리는 이런 현실을 어떻게 소화할 것인가? 어떤 결론을 내릴 수 있을까?

1. 우리는 정말로 여리고로 가는 길에 살고 있다. 앞서 언급한 모든 자료는 도움이 필요한 사람이 얼마나 많은지 보여준다. 이들의 필요는 갈수록 심화되고 있고, 도움이 필요한 집단도 다양하다. 대부분의 복음주의자들이 익히 아는 것보다 훨씬 더 심각할 것이다.

미국은 점점 더 다양한 집단이 살아가는 모자이크처럼 되어가고 있는데, 집단마다 독특하면서도 복잡한 필요가 있다. 대부분의 교회 주변에는 실직자와 일이 부족한 사람, 새로운 이민자, 독신자, 이혼한 사람, 미혼모, 노인, 재소자, 죽어가는 사람과 환자가 점점 더 늘어간다. 빈곤층이 점점 증가하고, 노인 인구가 폭발적으로 늘어나며, 수백만 명에 달하는 이민자가 쏟아진다. 그런데 구호단체와 병원을 비롯한 기관들을 지원하는 연방 정부의 돈은 점점 말라가고 있다. 이 새로운 이웃들에게 복음으로 다가가기 원하는가? 그렇다면 전도와 제자 훈련과 더불어 자비 행위를 통해 우리 신앙을 적극적으로 표현해야 한다.

복음주의자들은 한때 자비 사역을 선택 사항으로 보았지만, 시대가 변하면서 우리에게는 대답이 요구되고 있다.

2. 예수 그리스도의 교회는 길가에 쓰러진 이웃에 대한 책임을 정면으로 응시해야 한다. 노인 인구의 폭발적 증가만으로도 현 복지 제도가 붕괴될 수 있다. 그런데 거기에 에이즈 망령과 노동 계층의 빈곤화, 저소득 이주민과 싱글맘 가정의 증가까지 얹는다고 생각해보라.

현 정부의 프로그램은 이 문제들을 따라잡지 못할 것이다. 어떤 사회 기관도 이 무거운 사회 문제의 영향력을 벗어날 수 없다. 더군다나 새로운 복지 개혁 하에서는 말이다. 정치적 관점과 상관없이, 한때는 정부를 바라보던 수많은 사람들에게 이제는 교회를 비롯한 다른 기관의 봉사와 도움이 필요하다는 데 반론의 여지가 없다. 이러한 인구통계학적 자료들에 의해 교회는 성경에서 계속 말하고 있는 사실을 직면하게 될 것이다. 바로, 사랑은 말로만이 아니라 말과 행위로 표현해야 한다(요일 3:17)는 사실 말이다.

프랜시스 쉐퍼는, 그리스도인들이 이 과제를 완수하는 동안 때로는 좌파나 우파와 "함께 싸워야" 할 수도 있지만 동맹국은 될 수 없다고 말했다. "사회 정의가 있다면 사회 정의가 있다고 말하라. 질서가 필요하다면 질서가 필요하다고 말하라. … 하지만 당신이 양쪽 진영 모두에 속한 것처럼 동조하지는 말라. 당신은 어느 쪽의 동맹국도 아니다. 주 예수 그리스도의 교회는 좌파나 우파와는 전혀 다르다."[37]

좌파 이데올로기는 큰 정부와 사회 개혁이 사회악을 해결해준다고 믿는 반면, 우파는 대기업과 경제성장이 사회악을 해결해준다고 믿는다. 좌파는 시민이 자신의 재산 사용을 책임질 수는 있지만, 성 윤리 같은 다른 영역에서는 전적으로 자율적일 것을 기대한다. 우파는 시민이 개인 도덕의 영역에서는 법적으로 책임 있게 행동하지만, 재물 사용에서는 전적으로 자율적일 것을 기대한다. 이 두 이데올로기의 배후에 미국의 '우상'인 철저한 개인주의가 자리하고 있다. 그리스도인은 양쪽 '해결책'이 모두 철저하게 인본주의적이고 지나치게 단순하다고 본다.

악화되는 사회 문제들의 원인은 우파나 좌파의 세속주의자들이 이해하는 것보다 훨씬 더 복잡하다. 우리의 씨름은 혈과 육을 상대하는 것이 아니라 통치자들과 권세들을 상대하는 것이다! 우리는 이 나라에서 큰 부를 가진 사람들(과 슬프게도 복음주의 교회 안에서도)이 저지르는 사회 불의, 곧 인종 편견과 탐욕을 목격했다. 동시에 가족과 국가의 도덕 질서도 전반적으로 무너지고 있다. 혼전 성관계(와 미혼모)가 늘어나고, 이혼과 아동 방치와 학대, 범죄도 늘어난다. 단순한 부의 재분배나 경제성장으로는 깨진 가정을 회복할 수 없다. 그런 것들이 미숙련자 어머니들을 기술자로 둔갑시킬 수도 없다.

3. 교회의 사역과 수많은 '작은 교회'(그리스도인 가정)만이 사회 문제의 뿌리를 공격할 수 있다. 교회만이 전인격을 섬길 수 있다. 죄가 개개인과 사회를 망가뜨렸다는 것을 복음으로써만 이해할 수 있다. 우리는 사람을 (자본주의자들처럼) 개인으로만 보거나 (공산주의자들처럼) 공동체로만 보아서는 안 되고, 하나님과의 관계에서 보아야 한다. 말씀과 영으로 무장하고, 하나님나라와 그리스도의 의를 전하기 위해 계획하고 실천하는 그리스도인들만이 깨진 마음과 이웃과 나라를 바꿀 수 있다. 이것이 이 책의 나머지 부분에서 다루려는 내용이다.

Ministries of Mercy The Call of the Jericho Road

제1부

왜 우리는
선한 이웃이 되어야 하는가

자비 사역의 성경적 원리

Principles

민감한 사회적 양심과 궁핍한 사람들을 향한 자비 행위에 헌신한 삶.

이 두 가지는 하나님의 은혜의 교리를 이해한 사람에게 반드시 나타나는 표식이다.

자비를
요구하시는 하나님

그 사람이 자기를 옳게 보이려고 예수께 여짜오되 그러면 내 이웃이 누구니이까

_눅 10:29

개요 인간의 모든 필요에 자비를 베푸는 것은 그리스도인에게 반드시 나타나야 할 표시이기에 참된 믿음을 시험하는 도구로 사용될 수 있다. 자비는 그리스도인에게 선택 사항이거나, 있어도 되고 없어도 되는 부가물이 아니다. 오히려 자비 행위에 헌신한 삶은 참된 믿음을 소유한 사람에게서 나타날 수밖에 없는 표지이다.

사랑의 정수

율법교사는 예수님을 "시험하려고", 즉 그분을 함정에 빠뜨리려고 찾아왔다(눅 10:25). 아마도 그는 예수님으로 하여금 율법에 대해 부정

적으로 발언하거나 구원에 있어서 율법의 역할을 축소하게 만들려는 심산이었을 것이다. 그런데 예수님은 오히려 율법교사에게 덫을 놓으신다. 하지만 그것은 사랑의 덫이다.

주님은 그에게 율법의 내용을 물으셨고, 그는 많은 유대인 서기관과 선생들이 믿는 내용, 곧 모든 율법은 두 가지 원리에 달려 있다는 점을 확실하게 말했다. 첫째, 율법은 마음과 목숨을 다하여 하나님 한 분께만 복종하고 집중하라고 요구한다(신 6:5). 둘째, 율법은 우리가 스스로의 필요를 위해 일할 때와 같은 속도와 열의와 힘과 기쁨으로 다른 사람들의 필요를 채워주어야 한다고 말한다(레 19:18). 이 원리들은 얼마나 충격적인가! 이 원리들은 하나님의 거룩하심, 그리고 우리에게 모든 것을 주신 분께 우리가 얼마나 근원적인 빚을 지고 있는지 보여준다. 우리의 모든 소유를 그분이 주셨기에, 우리의 존재 전부를 그분께 드려야 한다.

율법교사가 온전한 사랑과 의라고 요약하여 답하자 예수님은 "이를 행하라, 그러면 살리라"라고 말씀하셨다. 예수님의 전략은 무엇이었는가? 왜 예수님은 "나를 네 구세주로 받아들여라"라고 말씀하시거나 그와 비슷한 말씀을 하시지 않았을까? 정말 그분은 율법교사에게 선행으로 구원을 얻을 수 있다고 말씀하신 것일까? 물론, 그렇지 않다.

오히려 예수님은 불리한 형국을 역전하셨다. 구약성경의 규율들을 하나씩 살펴보면, 그중 많은 것을 우리가 지킬 수 있다는 것을 알 수 있다. 하지만 구체적인 규율들 이면의 원리와 율법이 정말로 추구하는 삶이 어떤 삶인지 알게 되면, 우리가 그에 훨씬 미치지 못한다는 것을 알 수 있다. 예수님은 율법교사에게 율법이 요구하는 온전한 의를 보여주심으로써 그가 율법을 성취할 수 없는 연약한 존재임을, 자신의 죄를 깨닫게 하시려 했다. 예수님은 사실상 이렇게 말씀하신 것이다.

친구, 나는 율법을 정말 진지하게 생각합니다. 당신보다 훨씬 더 진지하게 생각하죠. 맞습니다. 율법에 온전히 순종하면 하나님이 당신을 받아주실 수 있습니다만, 율법을 한번 보세요! 율법이 정말로 추구하는 삶이 어떤 삶인지 보십시오. 그렇게 할 수 있으면, 당신은 살 것입니다. 하지만 제대로 본다면, 당신은 율법이 요구하는 의는 다른 방식으로 충족되어야만 한다는 사실을 깨달을 것입니다.

예수님이 젊은 부자 관원과의 대화에서 염두에 두셨던 목적도 같았다(막 10:17-22). 그분은 "그를 보시고 사랑"하시면서도 그가 죄를 깨닫기를 바라셨다.

네가 계명을 아나니 살인하지 말라, 간음하지 말라, 도둑질하지 말라, 거짓 증언 하지 말라, 속여 빼앗지 말라, 네 부모를 공경하라 하였느니라. 그가 여짜오되 선생님이여 이것은 내가 어려서부터 다 지켰나이다. 예수께서 그를 보시고 사랑하사 이르시되 네게 아직도 한 가지 부족한 것이 있으니 가서 네게 있는 것을 다 팔아 가난한 자들에게 주라. 그리하면 하늘에서 보화가 네게 있으리라 그리고 와서 나를 따르라 하시니 그 사람은 재물이 많은 고로 이 말씀으로 인하여 슬픈 기색을 띠고 근심하며 가니라(막 10:19-22).

젊은 부자 관원은 율법에 순종했다고 주장했다. 예수님이 재산을 다

포기하고 그분을 따르라고 말씀하시기 전까지는. 이 말씀은 첫 번째 큰 계명에 대한 해설이나 다름없었다. 예수님은 이렇게 물으신 것이다. "나와 교제하는 데 꼭 필요하다면, 기꺼이 모든 것을 포기할 수 있겠니? 정말로 '내 앞에 다른 신을 두지' 않을 거니?" 젊은 부자 관원은 슬퍼하며 떠났다. 예수님이 필요 이상으로 부담스럽고 무리한 요구를 하신 것인가? 전혀 아니다. 복음은 하나님나라 복음이다. 우리가 예수님을 왕으로 모시지 않는다면, 그분께 마음을 드렸다고 할 수 없다. 자비 사역은 값비싼 대가를 치러야 하기에, 그것을 실천하겠다는 의지는 우리가 그리스도의 주되심에 복종했다는 중요한 표시이다.

하나님의 부와 가난

누가복음 10장에서 예수님은 율법교사에게 개인적 노력으로는 구원을 얻지 못한다는 사실도 보여주려 하신다. 이번에는 첫 번째 큰 계명이 아니라 두 번째 큰 계명을 해설해주신다. 예수님은 왜 이 일이 필요하다고 생각하시는가? 하나님의 자비를 받으려면, 먼저 자신의 윤리적 노력에 대해 절망하는 지점에 도달해야 하기 때문이다. 1740년대에 개종한 코네티컷 농부 네이선 콜은, 조지 휫필드George Whitefield의 설교를 듣고 자신에게 일어난 일을 묘사하면서 이 점을 분명히 설명했다. "… 설교를 들으면서 마음에 상처를 입었다. 하나님의 은혜로, 내 옛 기반이 무너졌고 내 의가 나를 구하지 못하리라는 사실을 깨달았다."[1]

율법교사도 그렇게 반응했어야 했다. 그가 "그렇군요! 그러면 사람은 하나님 앞에서 어떻게 의로워질 수 있습니까?"라고 물었다면 예수님은 이렇게 대답해주셨을 것이다. "하나님의 자비로만 가능하네." 하나님의 자비는 단순하다. 모든 사람이 하나님 앞에서 가난하고 영적 파산 상태임을 아는 것이다(마 5:3). 하나님을 위해 도덕적으로 최선을 다했을 때조차 우리는 더러운 옷을 입은 거지 같은 존재에 지나지 않는다(사 64:6). 그러나 하나님은 예수 그리스도 안에서 우리에게 의를 허락하셨다(롬 3:21-22). 이는 우리가 그 의를 받을 수 있도록 고난과 죽음을 통해 스스로 가난해지신 하나님의 아들로부터 흘러나온 부요함이다(고후 8:9).

존 버니언은 자신의 회심을 다음과 같이 묘사했는데, 그보다 더 이것을 확실히 이해한 사람은 없었다.

그러던 어느 날 … 갑자기 "네 의는 하늘에 있느니라"는 음성이 마음에 울려 퍼졌다. 그러면서 예수 그리스도가 하나님 우편에 계신 것이 영혼의 눈으로 보였다. 내가 어떤 처지에 있든 무엇을 하든, 하나님께서는 내게 의가 부족하다고 말씀하지 않으셨다. 그 의는 항상 하나님께 있기 때문이다. 더 나아가, 기분이 유쾌하거나 평안하다고 해서 내 의가 더 많아지는 것도, 우울하고 고뇌에 빠져 있다고 해서 의가 적어지는 것도 아니라는 사실을 알게 되었다. 나의 의는 어제나 오늘이나 영원토록 동일하신 예수 그리스도 자신이셨기 때문이다.

이제는 정말로 내 발목에서 사슬이 벗겨졌다. … 온종일 '아, 그리스도가 이런 분이시구나' 하고 감탄했고, 그리스도 외에는 아무것도 보이지 않았다. … 이제는 나 자신으로부터 눈을 돌려 그리스도를 바라볼 수 있게 되었다. 하나님이 내게 지금 입혀주신 이 은혜는 아주 작은 것에 불과하다. 마치 집 금궤 안에 황금을 갖고 있는 부자들이 지갑에는 갈라진 은화와 동전들만 갖고 다니는 것처럼. 아, 나는 내 금들이 내 집의 금궤 안에, 즉 나의 주이시며 구주이신 그리스도 안에 있는 것을 보았다. 이제 그리스도께서 나의 전부가 되셨다. 그분이 나의 모든 의요 나의 모든 거룩함이요 나의 모든 구속이다.[2]

하지만 율법교사는 주님을 거부했다. 자신이 가난하고 영적 파산 상태라는 것을 인정하고 싶지 않았다. 그는 예수님의 말씀에 압박감을 느낀 것이 틀림없다. 왜냐하면 곧바로 '자기를 옳게 보이려고' 예수님께 "내 이웃이 누구니까"라고 물었기 때문이다.

그는 무슨 속셈이었을까? 예수님이 두 번째 계명을, 자신이 실천할 수 있는 요구 사항으로 정의해주시기를 바랐던 것 같다. 예수님은 두 번째 계명을 해설하는 비유를 말씀하시면서 하나님이 요구하시는 사랑의 범위와 핵심을 보여주신다.

우리는, 선한 사마리아인 비유의 전체 맥락을 기억하지 않으면 도덕주의의 함정에 빠지기 쉽다. 예수님은 선한 사마리아인의 모범을 따르라고 권면하시지만, 그를 흉내 내면 구원받을 수 있다고 말씀하시는 것은 아니다. 오히려 하나님이 요구하시는 사랑으로 우리를 겸손하게 만드시고, 우리가 하나님이 주시는 사랑을 기꺼이 받아들이게 하시려는 것이다.

자비는 선택 사항이 아니다

이 비유는 강도당한 사람을 우연히 만난 사마리아인 이야기이다. 그는 강도 만난 사람의 몸을 보호하고(또 다른 공격을 받지 않도록) 의료 조치를 하고 교통편과 재정을 제공했다. 간단히 말해, 사마리아인은 그 사람의 신체적·경제적 필요 전반을 채워줬다. 율법교사는 이 모든 행위를 가리켜 "자비" 사역이라고 했다(37절). 우리는 이 이야기의 목적을 염두에 두어야만 이야기의 효과를 제대로 느낄 수 있다. 이 비유는 이웃을 향한 그리스도인의 사랑을 묘사하기 위해 기록되었다. 예수님은 오늘날 '사회 복지'라고 불리는 일을 실천한 사람을 보여주시려고 이 말씀을 하신다.

요즘 그리스도인들도 어렵고 아픈 사람들을 돕는 일에 반대하지 않는다. 하지만 '사회 구호 활동'은 흔히 부차적인 의무로 여긴다. 교육과 전도 사역 등을 충분히 한 후에, 게다가 시간과 예산에 여유가 있을 때 하는 일이라고 생각한다.

사마리아인 비유는 이 우선순위를 무너뜨린다. 예수님은 자비 사역을 통해 하나님이 우리 관계에 요구하시는 의의 정수를 보여주신다. 이것은 누가복음 10장에만 딱 한 번 등장하는 예가 아니다. 야고보서 2장 15-16절과 요한일서 3장 17-18절은 형제자매의 신체적·경제적 필요를 채우라고 권면한다. 이것은 선택 사항이 아니다. 그리스도인이라 공언하는 이들이 그리하지 않는다면, '하나님의 사랑이 어찌 그 속에 거'한다 할 수 있겠는가? 자비 사역이 그리스도인 됨의 근본이라는 것은 확실한 진리다.

자비는 시험이다

야고보와 요한은 자비 사역을 일종의 테스트로 활용한다. 사도 요한은 요한일서에서 진정한 그리스도인인지 확인할 수 있는 테스트를 알려준다. 이들이 말한, 그리스도인의 사랑을 시험하는 한 방법이 바로 자비 사역이다. 그리스도인들 간의 교제의 특징은 신체적 필요를 채워주는 것이다.

누가 이 세상의 재물을 가지고 형제의 궁핍함을 보고도 도와줄 마음을 닫으면 하나님의 사랑이 어찌 그 속에 거하겠느냐. 자녀들아, 우리가 말과 혀로만 사랑하지 말고 행함과 진실함으로 하자(요일 3:17-18).

진짜 사랑은 말뿐 아니라 행동으로도 표현된다.

야고보는 자비 행위를 동반하지 않는 믿음의 고백은 '죽은' 믿음이라고, 진정한 믿음과는 거리가 멀다고 결론 내린다.

긍휼을 행하지 아니하는 자에게는 긍휼 없는 심판이 있으리라. 긍휼은 심판을 이기고 자랑하느니라. 내 형제들아, 만일 사람이 믿음이 있노라 하고 행함이 없으면 무슨 유익이 있으리요. 그 믿음이 능히 자기를 구원하겠느냐? 만일 형제나 자매가 헐벗고 일용할 양식이 없는데 너희 중에 누구든지 그에게 이르되 평안히 가라, 덥게 하라, 배부르게 하라 하며 그 몸에 쓸 것을 주지 아니하면 무슨 유익이 있으리요. 이와 같이 행함이 없는 믿음은 그 자체가 죽은 것이라(약 2:13-17).

잠언 14장 31절과 19장 17절은, 가난한 사람의 필요를 무시하면 여호와께 죄를 짓는 것이라고 말한다. 그래서 가난하고 궁핍한 사람들은 우리에게 테스트가 된다. 우리가 그들에게 보이는 반응이 하나님을 향한 믿음의 진정성을 시험한다.

마태복음 25장 31-46절은 이 점을 가장 확실히 보여주는 본문이다. 이 본문은 예수님이 최후의 심판 날에 인류를 평가하시는 장면을 묘사한다. 예수님은 사람들의 열매, 곧 가난한 사람과 노숙자, 병든 자와 갇힌 자에 대한 그들의 관심을 보시고 진정한 믿음을 가진 사람과 그렇지 못한 사람을 구분하신다.

어떻게 그럴 수 있을까? "너희가 여기 내 형제 중에 지극히 작은 자 하나에게 한 것이 곧 내게 한 것이니라"는 예수님 말씀은 잠언 19장 17절("가난한 자를 불쌍히 여기는 것은 여호와께 꾸어드리는 것이니")을 확장하고 계신 것이다. 또한 그분은 궁핍한 자들에게 자비를 베푸는 삶과 민감한 사회적 양심은 진정한 믿음의 불가피한 결과이자 표시라고 말씀하신다. 야고보와 요한과 이사야(참고. 사 1:10-17)에 동의하시는 것이다. 하나님은 이런 행동들을 통해 진정한 사랑인지, 립 서비스인지 판단하실 수 있다.

어느 부자 노파가 있다고 하자. 그의 유일한 상속자는 늘 친절하게 대해주는 조카다. 그런데 이 노파는 조카의 친절이 가식이 아니라는 것을 어떻게 알 수 있을까? 조카의 진짜 속내를 어떻게 알 수 있을까? 노파가 노숙자로 변장하고 조카네 집 계단참에 앉아 있다고 상상해보라. 그런데 밖으로 나온 조카가 노파에게 욕을 하고 겁을 준다면, 조카의 진짜 성품이 드러난 셈 아닌가! 하나님도 우리가 그분과 이웃에게 각기 다른 얼굴을 할 때 분노하신다. "너희가 손을 펼 때에 내가 내 눈을 너희에게서 가리고 … 정의를 구하며 학대 받는 자를 도와주며 고아를 위하여 신원하며 과부를 위하여 변호하라"(사 1:15, 17). 예수님도 사실상 이렇게 말씀하신 바나 다름없다. "나는 너희 집 계단에 앉아 있는 노숙자란다. 그를 어떻게 대접하는지 보면 진짜 네 모습을 알 수 있지." 위대한 설교자 로버트 머리 맥체인은 150여 년 전에 자기 성도들에게 마태복음 25장을 다음과 같이 해석해주었다.

여러분 중에 마태복음 25장 34절에 나오는 "… 복 받을 자들이여 나아와 … 예비된 나라를 상속받으라"라는 그리스도의 말씀에 해당되지 않는 분들이 있을까 두렵습니다. 몸을 따뜻하게 덥힐 난로와 살을 에는 듯한 추위를 막아줄 옷이 부족한 수많은 무리 가운데에 당신의 오만한 저택이 우뚝 서 있습니다. 그런데도 당신은 그들 집에 결코 발을 들여놓지 않았습니다. 멀찍이서 한숨을 내쉬기는 해도, 그들을 찾아가지는 않습니다. 아! 사랑하는 친구여! 나는 가난한 사람들보다 당신이 더 걱정스럽습니다. 그 큰 날에 그리스도께서 당신에게 무어라 말씀하실지 모르겠습니다. … 이 말씀을 듣는 많은 분들이 [이제는] 그러한 자들이 그리스도인이 아닌 줄 알 것입니다. 그들은 베풀기 싫어하기 때문입니다. 마지못해 주는 것이 아니라 관대하고 통 크게 베풀려면 새로운 마음이 필요합니다. 낡은 마음은 돈을 주느니 차라리 목숨을 내놓으려 할 것입니다. 오, 친구들이여! 돈을 즐기십시오. 기회가 있을 때 최대한 쓰십시오. 남에게는 한 푼도 주지 마십시오. 가능한 빨리 즐기십시오. 왜냐하면 당신은 영원 내내 거지로 살 것이기 때문입니다.[3]

자비는 새로운 것이 아니다

성경에서 자비 사역을 가르치는 말씀은 선한 사마리아인 비유가 처음이 아니다.

인간의 첫 번째 '사명'은 땅을 정복하고 다스리는 것이었다(창 1:28). 창세기 2장 15절은 하나님의 동산을 "경작하고 지키는" 관점에서 이 명령을 다시 언급한다. 인간이 정원사라는 개념은 꽤 일리가 있다. 정원사는 자연을 훼손하지도, 방치하지도 않는다. 자연을 경작하고 개발하여 아름다움과 유용성을 이끌어내고 더 많은 열매를 맺게 한다. 하나님은 그분의 종들이 모든 창조세계를 그분의 주되심 아래 복종시키기를 원하시는 것이다. 과학, 기술, 예술, 교육, 정부는 모두 이 책임의 일부이다. 우리는 영과 물질을 포함한 삶의 모든 측면을 하나님의 통치와 법 아래 복속시켜야 한다.

인간이 타락하기 전에는 '자비 사역'도 없었다. 인간에게 고통이나 절박한 필요 같은 게 없었기 때문이다. 하지만 그 당시에도 하나님의 종들은 영적 세계와 물질세계 모두에 관심이 있었던 것이 확실하다.

타락 이후, 죄의 결과로 인간이 맺는 관계들이 급속도로 깨지기 시작했다. 우선 인간은 하나님과 멀어진다(창 3:10). 그 결과 다른 인간과의 관계도(11-12절), 자연과의 관계도 망가진다(17-18절). 그리고 질병과 굶주림, 자연재해, 사회적 불평등, 죽음 등이 세상을 지배한다.

이러한 타락 직후에 최초의 자비 사역이 나타난다. 하나님이 동물 가죽으로 아담과 하와에게 옷을 지어 입히신 것이다(창 3:21). 많은 사람들이 이 행동에 대해 그리스도의 사역으로 우리 죄를 덮으신 것을 뜻한다고 했지만, 그것이 유일한 이유는 아니다. 인간은 끔찍한 자연 환경으로부터 보호가 필요하게 된 것이었다. 데릭 키드너는 하나님의 행동보다 더 "이른 혹은 더 고귀한 사회적 행동은 있을 수 없었다"[4]라고 말한다.

하나님은 모세에게 율법을 주시기 전에도, 자비 사역에 대한 그분의 뜻을 알리셨다. 모세 시대 이전에 산 욥은, 하나님이 요구하시는 의에는 궁핍한 자들에게 의식주를 제공하는 것도 포함된다는 사실을 알았다(욥 24:1-21, 31:16-23). 실제로 욥은 단순한 사회복지 차원 이상의 역할을 했다. "빈궁한 자의 아버지도 되며 내가 모르는 사람의 송사를 돌보아주었으며 불의한 자의 턱뼈를 부수고 노획한 물건을 그 잇새에서 빼내었느니라"(29:16-17).

하나님은 모세에게 율법을 주셨을 때 개인의 의와 윤리만큼이나 사회적 의를 요구하는 믿음의 공동체를 세우고 계셨다. 이스라엘 사람들은 밭에서 남은 것을 가난한 사람들이 가져갈 수 있도록 모든 소산을 수확하는 것을 금했다(출 23:10-11). 이스라엘 백성은 가난한 사람들의 필요가 채워질 때까지 넉넉히 베풀어야 했는데(신 15:8, 10), 가난한 사람이 친족이나 이웃인 경우에는 더더욱 그랬다(레 25:25, 35-38). 제사장들은 하나님께 드리는 십일조로 가난한 사람들을 도왔다(신 14:28-29).

하나님의 율법은 가난한 사람들에게 단순한 '지원금'을 전달하는 것 이상을 요구했다. 빚과 노예 상태에서 해방된 종은 빈손으로 내쫓지 않고 곡식이나 가축을 주어서 경제적으로 자립할 수 있는 기반을 마련해주었다(신 15:12-15).

모세에게 주신 이런 율법들은 후대 선지자들이 이스라엘 백성을 훈계하는 근거가 되었다. 이들은 가난한 자들에 대한 이스라엘의 무관심을 하나님과의 언약을 깨뜨렸다며 비난했다. 선지자들은 가난한 자들의 곤경을 무시하는 행태와 물질주의는, 우상숭배와 간음만큼이나 역겨운 죄라고 가르쳤다(암 2:6-7). 가난한 자들에게 자비를 베푸는 것은 하나님께 진정으로 헌신했다는 증거다(사 1:10-17, 58:6-7; 암 4:1-6, 5:21-24). 마지막으로, 선지자들은 메시아가 오셔서 가난한 자들에게 자비 사역을 베풀 것이라고 예언했다(사 11:1-4, 61:1-2).

가난한 자들에게 전해진 복음

예수님은 자신의 첫 번째 설교 본문으로 이사야 61장을 선택하셨다. 자신이 메시아임을 증명하기 위해, 가난한 자들에게 복음이 전파된 것을 언급하신다(마 11:1-6). 인간이 되신 우리 주님은 말 그대로 "가난하게 되"셨다(고후 8:9). 예수님이 태어난 가정에서는 그분이 할례를 받을 때 비둘기를 제물로 바쳤는데, 이는 가난한 가정을 위해 준비된 제물이었다(눅 2:24; 레 12:8). 예수님은 나환자와 소외된 자들, 사회 최하위 계층 사람들과 함께 살고 식사하고 어울리셨다. 그분은 모든 인간이 영적으로 가난하며(마 5:3) 하나님 앞에서 영적으로 더러운 옷 같은 상태라고 가르치셨다(사 64:6). 이처럼 영적으로 가난한 사람들에게 주님께서 풍성한 구원을 허락하셨으니, 우리는 악한 자와 감사할 줄 모르는 사람은 물론 원수에게까지 선행을 베풀어야 한다.

오직 너희는 원수를 사랑하고 선대하며 아무것도 바라지 말고 꾸어주라. 그리하면 너희 상이 클 것이요 또 지극히 높으신 이의 아들이 되리니 그는 은혜를 모르는 자와 악한 자에게도 인자하시니라. 너희 아버지의 자비로 우심같이 너희도 자비로운 자가 되라(눅 6:35-36).

우리는 예수님과 선지자들의 말씀이 초대교회의 가르침과 실천에 반영된 것을 알 수 있다. 그리스도인들은 도움이 필요한 사람이면 누구에게나 손을 내밀어 도왔다(참고. 요일 3:16-17; 신 15:7-8). 재물도 넉넉하게 나누어져 교회 안에서 부자와 가난한 자의 경제적 격차가 거의 사라진다(참고. 고후 8:13-15; 레 25장). 야고보(2:1-23)는 선지자들과 주님의 가르침을 따라서 진정한 믿음은 자비로운 행위로 드러낼 수밖에 없다고 가르친다(사 1:10-17).

그리스도인들은 가난한 사람들(갈 2:10)과 과부와 고아들(약 1:27)을 기억하고, 손님을 극진히 대접하며(히 13:2), 물질주의를 비난해야 한다(딤전 6:17-19). 믿는 이들은 교회 안의 궁핍한 자들을 가장 먼저 적극적으로 도와야 하지만, 자비 사역은 모든 사람을 대상으로 한다(갈 6:10). 이 모든 가르침은 구약성경의 계시를 그대로 드러낸다. 그리스도인 모두에게 이런 책임이 있지만, 교회의 자비 사역을 관장하기 위해서는 집사처럼 특별한 직책을 세워야 한다. 자비 사역은 말씀 사역이나 징계 사역과 마찬가지로 교회가 위임한 사역이다(참고. 롬 15:23-29).

우리의 본보기 그리스도

어떻게 하면 자비 사역과 관련된 성경의 모든 가르침을 집약해서 볼 수 있을까? 예수 그리스도를 보면 된다! 우선, 예수님은 모든 창조세계를 하나님께 복종시키신(히 2:5-8; 엡 1:10) 진정한 아담이시다(롬 5:14-21). 둘째, 예수님은 도움이 필요한 모든 사람에게 자비를 베푸실 수 있는 진정한 대제사장이시다(히 4:1-16). 셋째, 예수님은 가난한 사람들과 자신을 동일시하시고(고후 8:9) 값비싼 섬김에 자신을 던지신(막 10:45) 위대한 종이시다(롬 15:8).

그리스도와 연합한 우리는 모두 다 겸손하게 다른 사람들의 발을 씻겨주는 종이다(마 20:26-28; 갈 6:10). 모든 그리스도인은 자비 사역을 포함한 희생 제물을 하나님께 바치는 거룩한 제사장이기도 하다(히 13:13-16). 또한 그리스도인들은 모든 창조세계를 주님께 복종시키는 "새로운 아담"이다(마 28:18-20; 고후 10:5).

결론

지난 20년간 그리스도인들은, 모든 믿는 이는 사역자라는 성경의 가르침을 많이 들어왔다. 대부분의 그리스도인이 세련된 설교자나 변증가는 아닐지라도, 모든 그리스도인은 증인으로 부름을 받았다. 대부분의 그리스도인이 숙련된 정신과 의사나 상담가는 아닐지라도, 모든 그리스도인은 사람을 돕는 자로 부름을 받았다. 수많은 설교와 세미나, 책들이 이런 개념을 오랫동안 우리 의식에 심어주었다.

그런데, 최소한 자비 사역이라는 이 영역에서만큼은 평신도들이 여전히 '전문가들'에게 사역을 내주고 있다. 실제로 교회는 이 사역을 세속 단체와 정부에 넘겨주었다. 많은 그리스도인들이 전도나 교육, 예배, 설교, 교제 같은 사역에 대한 이해는 높은 반면, 자비 사역 의무에 대해서는 분명한 정의를 내리지 못한다.

모든 그리스도인이 자기만의 자비 사역을 가져야 한다는 성경의 명령을 대부분의 사람들이 확실하게 이해하지 못하고 있는 것이다. 우리 각 사람은 자비 사역에 적극적으로 동참해야 한다.

자비 사역의
성격

가까이 가서 기름과 포도주를 그 상처에 붓고 싸매고 자기 짐승에 태워 주막으로 데리고

가서 돌보아주니라. 그 이튿날 그가 주막 주인에게 데나리온 둘을 내어주며 이르되 이

사람을 돌보아주라. 비용이 더 들면 내가 돌아올 때에 갚으리라 하였으니. _눅 10:34-35

개요 자비 사역은 사람들이 '느끼는' 필요를 행동으로 채워주는 것이다.
교회는 하나님나라의 대리인으로서 심리·사회·경제·신체를 포함한 삶
의 모든 영역에서 죄의 영향력을 치유하려 애쓴다.

선한 사마리아인은 강도 만난 사람의 다양한 필요를 채워주었다. 그
의 첫 번째 섬김은 상대방 곁을 지켜주는 것이었다. "가까이 가서." 곤
경에 빠진 사람들은 친구나 자기를 지지해주는 사람이 있으면 큰 격
려를 받는다. '지지'는 태도인 동시에 관계인데, 아버지 앞에서 우리의
대언자가 되시는 그리스도의 제사장 사역을 잘 보여준다(요일 2:1).

그런 다음에 사마리아인은 다른 도움도 주었다. 그는 다친 곳에 응급조치를 하고, 쉴 곳까지 교통편을 제공하고, 주막에서 밤새도록 간병했다. 마지막에는 강도 만난 사람이 완전히 회복하거나 자기가 다시 돌아올 때까지 머물 수 있도록 숙박비를 지불함으로써 재정적 도움까지 주었다. 당시 의료 수준이나(그는 '반죽음' 상태였다) 교통편을 감안한다면, 엄청난 호의를 베푼 것이다!

사마리아인이 베푼 자비는 피해자의 신체적·경제적·정서적 필요까지 폭넓게 아우른다. 이런 사실은 우리로 하여금 자비 사역을 더욱 구체적으로 정의하게 돕는다. 자비 사역은 정확히 어떤 필요를 충족해야 할까? 이런 필요들에는 어떤 공통점이 있을까?

자비 사역의 기본 정의는 다음과 같다. 자비 사역이란 (1)사람들이 '느끼는' 필요를 (2) 행동으로 채워주는 것이다.

인간의 필요

어느 청교도는 "은혜는 인간의 공로와 관련이 있지만, 자비는 인간의 비참함과 관련이 있다"라고 썼다. 신학자들은 자비(그리스어 '엘레오스 eleos')를 고통과 비참함을 덜어주려는 하나님의 본성의 한 측면으로 파악했다.[1] 우리는 '자비'라는 충동 때문에 타인의 상처와 부족함에 민감해지고, 그것들을 덜어주고자 한다. 이런 "상처나 부족함"을 필요라고 한다.

인간의 필요에는 어떤 것들이 있는가? 필요는 의존이다. 모든 인간은 의존적인 존재로 창조되었다. 우리는 자립하지 못하고, 하나님 안에 있을 때만 충분함을 느낀다. 우리가 하나님과 온전한 관계를 유지한다고 해도, 필요는 있기 마련이다. 하지만 우리의 모든 필요가 그분 안에서 즉시, 꾸준히 채워졌기 때문에 고통이라는 것을 알지 못했다. 그러나 이제 하나님과 분리된 우리는 저주 아래 있고, 채워지지 못한 필요는 삶의 모든 영역에서 공허감과 좌절, 고통을 불러일으킨다. 인간의 필요를 알려면 모든 비참함의 뿌리인 인간의 타락을 자세히 들여다봐야 한다.

창세기 3장 7-19절은 성경 최초로 죄의 결과를 묘사한다. 이 단락에서 아담이 저지른 죄의 네 가지 결과, 곧 네 종류의 '소외'를 찾아볼 수 있다. 소외는 "어떤 대상을 원래 의도와는 다른 목적으로 사용할 때 발생하는 분열"이라고 정의할 수 있다. 예를 들어, 손목시계로 못을 박으면 그 시계는 소외를 경험한다. 왜 그런가? 그런 목적으로 손목시계를 만들지 않았기 때문이다. 마찬가지로, 사람은 창조주 하나님을 알고 섬기도록 설계되었기에 스스로가 자기 주인이 되려고 하면 그 즉시 다양한 차원에서 소외를 경험하게 된다.

이 네 가지 소외는 다음 페이지에 있는 도표처럼 동심원으로 표현할 수 있다. 중앙에 있는 가장 기본 원이 하나님과의 분리를 표현하는 '신학적 소외'다. 다음은 자신과의 분리를 뜻하는 '심리적 소외', 세 번째 원은 '사회적 소외'로 서로 어울려 살지 못하는 것을 뜻한다. 마지막으로, 가장 바깥쪽 원은 자연의 무질서와 부패와 인간의 갈등을 나타내는 '물리적 소외'다. 이 '원'들을 하나씩 차례로 살펴보자.

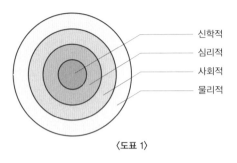

신학적
심리적
사회적
물리적

〈도표 1〉

하나님으로부터의 소외

첫째로, 우리는 하나님과 분리되거나 소외되었다. "그들이 그날 바람이 불 때 동산에 거니시는 여호와 하나님의 소리를 듣고 아담과 그의 아내가 여호와 하나님의 낯을 피하여 동산 나무 사이에 숨은지라"(창 3:8). 하나님은 시원한 저녁 바람이 불 때 동산을 거니시곤 했기에, 사람이 그분과 함께 산책하는 것은 자연스러운 일이었다. 얼마나 아름답고 친밀한 장면인가! 하지만 이제 인간은 하나님의 존재에 두려움과 트라우마를 느꼈다. 하나님을 피해 나무 사이로 숨었다. 인류에게는 "숨어 있는 자"라는 별명이 잘 어울리게 되었다. 하나님을 위해 동산을 보호해야 할 아담이 하나님에게서 자신을 보호해야 할 처지가 된 것이다. 여기서부터 인류의 대반전이 시작된다.

신구약성경 모두 죄 많은 사람은 거룩한 하나님과 거할 수 없다고 분명히 가르친다.

여호와께서 시내산 곧 그 산 꼭대기에 강림하시고 모세를 그리로 부르시니 모세가 올라가매 여호와께서 모세에게 이르시되 내려가서 백성을 경고하라. 백성이 밀고 들어와 나 여호와에게로 와서 보려고 하다가 많이 죽을까 하노라. 또 여호와에게 가까이 하는 제사장들에게 그 몸을 성결히 하게 하라. 나 여호와가 그들을 칠까 하노라(출 19:20-22).

모세가 이르되 원하건대 주의 영광을 내게 보이소서.… 또 이르시되 네가 내 얼굴을 보지 못하리니 나를 보고 살 자가 없느니라(출 33:18, 20).

하나님으로부터의 소외를 이해하는 한 가지 방법은 태양계를 떠올리는 것이다. 행성들이 모두 태양을 중심으로 돌기 때문에 조화를 이루고 있지만, 각 행성이 서로 다른 중심을 두고 궤도를 돈다면 엄청난 충돌이 발생할 것이다. 하나님의 '중심'은 그분의 영광이다. 하나님은 의롭고 거룩하고 온전하신 본성에 따라 만사를 행하신다. 그러나 우리는 자신의 편리와 행복에 '중심'을 두고, 자신의 영광을 위해 산다. 따라서 하나님과 인간 사이에 충돌이 생길 수밖에 없다. 인간은 하나님의 거룩하신 존재에 충격을 받으면서도 거기에 적대적이다. 하지만 우리는 하나님과 교제하도록 지음 받은 존재다. 하나님과 함께 살 수 없으면서도, 그분 없이는 못 산다. 인간의 형편을 한마디로 요약하면 그렇다. 우리의 모든 문제는 거기에서 비롯되기에, 이를 제쳐두고는 아무 문제도 이해할 수 없다.

우리는 그리스도 안에서만 하나님과 화해할 수 있다. 바울은, 우리가 그리스도를 통해 모세에게는 금하셨던 안전한 친밀감을 얻는다고 말한다.

우리는 모세가 이스라엘 자손들에게 … 수건을 그 얼굴에 쓴 것같이 아니
하노라. … 그 수건은 그리스도 안에서 없어질 것이라. 우리가 다 수건을
벗은 얼굴로 거울을 보는 것같이 주의 영광을 보매 그와 같은 형상으로 변
화하여 영광에서 영광에 이르니 곧 주의 영으로 말미암음이니라(고후 3:13-
14, 18).

어두운 데에 빛이 비치라 말씀하셨던 그 하나님께서 예수 그리스도의 얼
굴에 있는 하나님의 영광을 아는 빛을 우리 마음에 비추셨느니라(고후 4:6).

자아로부터의 소외

둘째로, 우리는 자신과 분리되었다. "이르되 내가 동산에서 하나님
의 소리를 듣고 내가 벗었으므로 두려워하여 숨었나이다"(창 3:10). 원
래 인간의 영혼은 통합되고 조화로운 완전체였는데, 이제 분열이 생겼
다. 평안이 있던 자리에 수치심과 두려움, 고통스러운 자의식("내가 벗었
으므로")이 자리잡는다. 불행, 죄책감, 두려움, 정체성 상실, 우울, 걱정,
약물 남용, 자살, 성 문제를 포함한 모든 문제는 인간이 하나님과의 교
제를 잃어버린 데서 비롯된다.

이런 상태가 되는 것은, 우리가 본래는 예배하도록 지음 받고 그런
마음을 받았기 때문이다. 인간은 존재의 모든 차원에서 하나님을 섬기
기 위해 창조되었다. 우리 삶에 의미나 목적이 있으려면 하나님을 섬
겨야 한다. 사랑하려면 하나님을 알아야 한다(인간의 '관계적' 차원). 자존

감을 가지려면 하나님과의 관계를 바로잡아야 한다(인간의 '양심').

그러나 인간은 하나님을 의미와 안전과 가치의 유일한 근원으로 인정하기를 거부한다. 죄 때문이다. 하나님을 거부하면 우리 마음은 끊임없이 우상, 예를 들면 우리에게 만족을 주리라 믿는 사람, 관계, 물건, 조건들을 만들어내야 한다. 우리는 이런 물건이나 조건 등이 우리가 간절히 바라는 의미와 안전과 가치를 가져다줄 거라고 믿는다. 이 가짜 목표들을 향한 동기와 추진력이 얼마나 강한지 거의 숭배라고 할 만하다! 이런 우상들이 없으면 죽을지도 모른다고 느낄 정도다. 성경은 이런 추진력을 "육신의 정욕"이라고 부른다.

이는 그들이 하나님의 진리를 거짓 것으로 바꾸어 피조물을 조물주보다 더 경배하고 섬김이라(롬 1:25).

그러므로 땅에 있는 지체를 죽이라. 곧 음란과 부정과 사욕과 악한 정욕과 탐심이니 탐심은 우상숭배니라(골 3:5).

그러나 어떤 우상도 우리 마음속 공간을 채워주지는 못한다. 하나님과의 관계만이 우리를 채울 수 있기 때문에 모든 우상숭배는 우리 영혼에 더 큰 공허함만 안겨줄 뿐이다. 어떤 사람들은 좀 더 손에 넣기 쉬운 우상을 고르기도 한다. 그리고 처음에는 안도감을 느끼지만, 얼마 안 있어 지루함과 공허함과 "몸이 열 개라도 모자란" 느낌이 찾아온다. 얼마 안 되는 버터를 수많은 빵에 펴 발라야 하는 경우처럼 말이다. 많은 사람들이 우상숭배 같은 목표에 도달하기는커녕 의미 상실,

불안감, 자존감 결핍 같은 심각한 고통을 경험한다. 이 모두는 우리 삶에 드러난 하나님의 진노다.

우리는 오직 그리스도 안에서만 이 불가피한 심리적 분열을 피할 수 있다.

> 새 사람을 입었으니 이는 자기를 창조하신 이의 형상을 따라 지식에까지 새롭게 하심을 입은 자니라(골 3:10).

> 하나님을 따라 의와 진리의 거룩함으로 지으심을 받은 새 사람을 입으라(엡 4:24).

타인으로부터의 소외

셋째로 우리는 다른 사람들과 분리되었다. "이에 그들의 눈이 밝아져 자기들이 벗은 줄을 알고 무화과나무 잎을 엮어 치마로 삼았더라"(창 3:7). 아담과 하와에게 갑작스레 사생활이 필요해진 것은 자연스런 일이 아니었다. 하나님께 반항한 이들은 그분을 피해 숨을 뿐 아니라, 다른 사람도 피한다. 그러고는 책임 전가와 험담으로 얼룩진 인류 최초의 부부 싸움이 이어진다(창 3:12-13). 자기 안에서 싸우는 정욕으로 똘똘 뭉친 자기중심적인 인간들은 이제 다른 사람들과 충돌한다(약 4:1-3).

C. S. 루이스는 심리적 분열이 어떻게 사회적 분열을 낳는지 이렇게

설명한다.

인간이라는 기계는 두 가지 방식으로 잘못될 수 있습니다. 하나는 개인들이 각기 따로 놀거나 충돌함으로써 서로에게 해를 입히는 경우이고… 다른 하나는 각 개인의 내부에 무언가 문제가 생기는 경우, 즉 한 개인을 이루고 있는 서로 다른 부분들(각기 다른 기능과 욕구 등)이 각기 따로 놀거나 충돌하는 경우입니다.… 사실 이 두 가지 경우는 떼려야 뗄 수 없는 관계에 있습니다.[2]

그러고 나서는 한 가지 예를 제시한다.

인간을 편대를 지어 항해하는 선단船團에 비유하면 … 만약 배들이 서로 충돌을 거듭한다면 머잖아 항해할 수 있는 기능들을 잃을 것입니다. 반면에 각 배의 조타 장치에 이상이 생기면 배들은 충돌을 면할 도리가 없겠지요.[3]

이렇듯 우리의 '사회 문제'는 모두 죄에서 비롯된다. 좌파에서는 불공정, 탐욕, 인종차별, 제국주의, 전쟁, 억압 등을 사회 문제의 원인으로 지적하는 반면, 우파에서는 가족 붕괴, 범죄, 개인의 부도덕, 이기심, 규율 부족 등을 탓할 것이다. 양쪽 다 옳다! 외로움, 대인 갈등, 결혼과 가족 문제, 빈곤, 계급투쟁, 끊임없는 정치 대립과 무능함 등 우리 사회의 문제는 산적해 있다. 이 모두가 죄의 결과이다.

자연으로부터의 소외

넷째로 하나님은 아담과 하와에게 그들이 자연으로부터 차단될 것이라고 선언하신다. 인간의 지배 아래 한때는 '친구'였던 자연계가, 이제는 우리에게 적대적이다. "땅은 너로 말미암아 저주를 받고 너는 네 평생에 수고하여야 그 소산을 먹으리라.… 네가 흙으로 돌아갈 때까지 … 너는 흙이니 흙으로 돌아갈 것이니라"(창 3:17, 19).

바울도 자연의 비정상 상태를 언급한다.

> 피조물이 고대하는 바는 하나님의 아들들이 나타나는 것이니 피조물이 허무한 데 굴복하는 것은 자기 뜻이 아니요 오직 굴복하게 하시는 이로 말미암음이라. 그 바라는 것은 피조물도 썩어짐의 종노릇 한 데서 해방되어(롬 8:19-21).

화학제품, 화장품, 냉장 기술 등으로 잠시 그 사실을 숨길 수 있을지는 몰라도, 자연은 이미 분열과 부패에 시달리고 있다. 오늘 예쁘게 핀 꽃도 내일이면 퇴비 더미에 놓인다. 자연재해, 기근, 질병, 부패, 정신장애와 신체장애, 노화, 죽음이 그 결과이다. 우리 보기에 아름답기 그지없는 이 세상도, 죄 없는 세상의 온전한 모습을 희미하게 보여주는 정도에 불과하다. 영국인 순교자 존 브래드퍼드는 "당신을 사랑하지 않는 원수들에게(이 세상 대부분이 그렇습니다) 당신의 풍성함을 이 땅에서 이토록 많이 허락해주신다면, 당신이 그곳에 친구들을 위해 쌓아두신 것은 얼마나 더 멋질까요?"라고 기도했다.[4]

자연은 부패할 뿐 아니라, 더 이상 타락 이전처럼 '우리 아래' 있지 않다. 저주의 핵심은 '땅'이 그 풍성한 소산의 일부만을 마지못해 내주리라는 점이다. 인간은 안간힘을 다해야 물질세계와 어울려 사는 법을 배울 수 있다. 그렇게 해서 간신히 살아갈 수 있게 되더라도, 결국에는 땅이 이길 것이다. 우리가 그리로 돌아가기 때문이다. 평생 땅과 싸우다가 그 아래 묻힐 것이다. 위대한 설교자 조지 휫필드는 이 점을 강조하려고 청중에게 이렇게 묻곤 했다. "야생동물이 여러분을 보고 무서워서 으르렁대고 짖어대는 이유를 아십니까? 여러분이 자기들 주인과 싸우고 있다는 걸 알기 때문입니다!"

치유하시는 왕의 손길

그러나 그리스도 안에서 자연 질서도 회복될 것이다. 시편 96편은 예수님이 "심판하러" 혹은 이 땅을 다스리러 다시 오실 때 어떤 일이 일어날지 알려준다.

하늘은 기뻐하고 땅은 즐거워하며
　바다와 거기에 충만한 것이 외치고
　밭과 그 가운데에 있는 모든 것은 즐거워할지로다.
그때 숲의 모든 나무들이
　여호와 앞에서 즐거이 노래하리니
　그가 임하시되 땅을 심판하러 임하실 것임이라.

그가 의로 세계를 심판하시며

그의 진실하심으로 백성을 심판하시리로다(시 96:11-13).

이것이 바로 바울이 "그 바라는 것은 피조물도 썩어짐의 종노릇 한
데서 해방되어 하나님의 자녀들의 영광의 자유에 이르는 것이니라"(롬
8:21)고 말할 때 염두에 둔 내용이다. 바울은, 우리가 마침내 주님의 임
재 가운데 들어가 그분의 왕 되심에 온전히 순종하는 자유를 알게 될
최후의 날을 말하고 있다. 그 순간에 우리의 진정한 자아가 꽃을 피울
것이다.

그는… 아무리 연약하고 더러운 인간이라도… 지금으로서는 도무지 상상
할 수 없을 만큼 힘과 기쁨과 지혜와 사랑으로 약동하면서 눈부시게 빛나
는 불멸의 존재로, 그분 자신의 다함없는 능력과 즐거움과 선함을 완벽하
게 반사하는 (물론 하나님보다는 작은 규모지만) 티 없이 맑은 거울로 만드실 것
입니다.[5]

하지만 우리만 영화롭게 되지는 않을 것이다. 왕이신 그리스도의 치
유는 모든 생명과 자연에까지 미칠 것이다. 하나님나라의 복은 혁신적
이고 모든 것을 아우른다(마 5:3-10). 죄로부터 비롯된 모든 소외가 치
유된다. 매년 성탄절에 우리는 하나님나라의 복을 노래하는 아이작 와
츠의 찬송가 "기쁘다 구주 오셨네"를 부른다. 그는 2절에서 시편 96편
내용을 아름답게 묘사한다.

구주가 다스리시니 세상아 기뻐하여라!
사람들은 모두 노래하고
땅과 바다, 바위와 언덕, 들판은
기뻐 화답하여라.

그런 다음, 그리스도의 나라는 여호와가 창세기 3장에서 선언하신 죄의 저주를 완전히 뒤집어엎는 반전을 뜻한다고 선언한다.

땅의 가시 사라지고
더 이상 죄와 슬픔이 자라지 못하네.
주가 오셔서 저주가 도사린 곳에까지
풍성한 복을 주시네! (이상 영어 찬송 직역)

하나님나라는 온 세상과 인생의 모든 차원을 완전히 새롭게 하는 도구이다. 예수 그리스도의 보좌에서 새 생명과 능력이 흘러넘쳐서, 그 어떤 질병이나 부패, 가난, 흠, 고통도 그 앞에 서지 못한다.

교회와 하나님나라

삶의 모든 영역에서 죄의 모든 결과를 치유하는 것이 하나님나라의 사역이라면, 교회는 계획적으로 그 자원을 활용하여 모든 '차원'에서 사역해야 한다. 우리는 전도만 하는 것이 아니라, '풀 서비스fullservice'를 제공하는 기관이 되어야 한다. 교회와 하나님나라의 관계를 간단히 살펴보기만 해도 이 점은 분명해진다. 지금까지 하나님나라에 대해 살펴본 내용을 정리해보자.

1. 하나님은 세상을 창조하시고 그분의 통치와 권위 아래 두셨다. 만물은 하나님의 관리를 받도록 창조되었고, 따라서 그분의 통제 하에서만 온전할 수 있다.
2. 죄가 하나님의 통치를 방해했고, 따라서 우주는 개인적·심리적·사회적·물리적 차원을 비롯한 모든 차원에서 부패와 죽음에 빠졌다.
3. 이 땅에 하나님나라를 되찾아주기 위해 그리스도가 오셨다. 그 나라는 곧 왕의 능력이다. 따라서 하나님나라는 초자연적 세력을 통해 온 세상이 새롭게 되는 것이다. 만물이 그리스도의 통치와 권세 아래로 되돌아오면서 건강과 아름다움과 자유를 회복한다.

하나님나라는 두 단계에 걸쳐서 온다. 물론 그리스도의 재림 때 완전하게 임하지만, 그분의 초림 때 부분적으로나마 이미 임했다.

바리새인들이 하나님의 나라가 어느 때에 임하나이까 묻거늘 예수께서 대답하여 이르시되 하나님의 나라는 볼 수 있게 임하는 것이 아니요 또 여기 있다 저기 있다고도 못하리니 하나님의 나라는 너희 안에 있느니라(눅 17:20-21).

하나님나라는 회개와 믿음, 곧 새로운 탄생을 통해 지금 임한다. 성령이 능력으로 임재하신 곳에 하나님나라가 임한다.

> 예수께서 대답하시되 진실로 진실로 네게 이르노니 사람이 물과 성령으로
> 나지 아니하면 하나님의 나라에 들어갈 수 없느니라(요 3:5).

> 하나님의 나라는 먹는 것과 마시는 것이 아니요 오직 성령 안에 있는 의와
> 평강과 희락이라(롬 14:17).

하나님나라는 죄의 모든 저주를 치유하는 능력, 하나님의 통치하시
는 능력이다. 그 능력이 하나님의 백성을 움직여, 저주가 있는 곳에 하
나님나라의 복을 전하고 정신적·사회적·신체적 필요를 채우게 한다.

> 그러나 내가 하나님의 성령을 힘입어 귀신을 쫓아내는 것이면 하나님의
> 나라가 이미 너희에게 임하였느니라(마 12:28).

> 적은 무리여 무서워 말라. 너희 아버지께서 그 나라를 너희에게 주시기를
> 기뻐하시느니라. 너희 소유를 팔아 구제하여 낡아지지 아니하는 배낭을
> 만들라. 곧 하늘에 둔 바 다함이 없는 보물이니 거기는 도둑도 가까이 하
> 는 일이 없고 좀도 먹는 일이 없느니라(눅 12:32-33).

프랜시스 쉐퍼는 하나님나라가 완전하지는 않지만 부분적으로 임
했기 때문에, 삶의 모든 영역에서 '전적' 치유는 아닐지라도 '상당한'
치유를 기대할 수 있다고 했다.6 하나님이 말씀과 영으로 통치를 행사

하시는 곳에서 죄의 영향력이 사라진다. 그래서 하나님나라는 큰 잔치와 같고(마 22:2), 온전한 성취 또는 '복'을 받은 상태다(마 5:3, 10). 이 치유는 늘 부분적인데, 아직 하나님나라가 온전하게 임하지 않았기 때문이다. 그래도 하나님나라가 이미 임했기에 이 치유는 무시할 수 없을 정도로 상당하다.[7]

에드먼드 클라우니는 '하나님나라' 복음 전도는 전인적으로 초점을 맞춰야 한다고 주장한다.

그리스도의 새롭게 하시는 구원은 궁극적으로 우주의 회복을 포함한다. … 우리 존재의 모든 부분에 그리스도의 축복의 손길이 닿는다. 그리스도의 기적은 하나님나라가 무엇인지 보여주는 일종의 표지였다. 곧, 하나님나라의 기적이었다. … 예수님은 그분께 나아와 그분을 믿게 된 가난한 사람들, 아픈 사람들, 수고하고 무거운 짐 진 자들에게 복을 선포하셨다. … 예수님의 신성과 복음을 교회에 전한 이들의 증언을 증명하는 기적의 표지는 더 이상 존재하지 않는다. 그 목적이 이미 이루어졌기 때문이다. 하지만 그 표지들을 통해 드러난 하나님나라의 패턴은 교회에서 여전히 계속되어야 한다. … 하나님나라 복음 전도는 몸과 영혼에 대한 그리스도의 요구 사항일 뿐 아니라 몸과 영혼에 대한 그리스도의 약속을 말과 행동으로 전달하기 때문에 전인적이다.[8]

교회와 하나님나라는 어떤 관계인가? 한편으로 교회는, 하나님나라의 '파일럿 플랜트'(pilot plant, 일종의 시험 공장으로, 새로운 공법이나 신제품을 도입하기 전에 시험적으로 만드는 소규모 설비를 말한다-편집자)이다. 교회는 단순히 용서받은 개인들이 모인 곳이 아니라, "거룩한 나라"(벧전 2:9), 다시 말해 반체제이다. 교회는 새로운 사회가 되어야 하고, 그 새로운 사회는 예수 그리스도의 왕 되심 아래서 가족 관계와 사업, 인종 관계를 비롯한 삶의 모든 영역이 어떻게 변할 수 있는지를 세상에 보여주어야 한다. 하나님은 죄의 모든 영향력, 곧 심리적·사회적·신체적 영향력을 고치길 원하신다.

다른 한편 교회는 하나님나라의 대리인이 되어야 한다. 교회는 하나님의 치유하시는 다스림의 본보기가 되어야 할 뿐 아니라, 그 다스림을 전파해야 한다. "너희는… 왕 같은 제사장들이요 거룩한 나라요… 이는 너희를 어두운 데서 불러내어 그의 기이한 빛에 들어가게 하신 이의 아름다운 덕을 선포하게 하려 하심이라"(벧전 2:9). 그리스도인들은 하나님나라의 증인으로 세상에 나아가야 한다(행 1:6-8). 하나님나라를 전파하는 것은 단순히 사람들을 그리스도께 인도하는 것보다 더 큰 일이다. 개인과 가족, 관계, 국가의 치유를 위해 일하는 것이다. 자비로운 행동을 하고 정의를 추구하는 것이다. 하나님나라의 복을 불러오기 위해 하나님의 권위에 따라 삶과 관계와 기관과 공동체들을 정비하는 것이다.

인간의 필요

사람들이 느끼는 필요

우리는 교회가 하나님나라의 대리인이 되어야 한다는 것을 알았다.

이것은 〈도표 1〉에 나오는 '원' 중에서 바깥쪽 원들의 필요(사회적·물리적 소외)가 그리스도인 개인과 교회 공동체의 관심사라는 뜻이다.

원 바깥쪽으로 이동할수록 사람들 눈에 더 잘 띄는 필요들이라는 것을 알 수 있다. 인간 마음속 깊은 필요가 하나님과의 교제라는 것을 이해하려면 성령의 빛이 필요하다. 하지만 자신이나 타인의 음식, 옷, 의료, 우정에 대한 필요는 누구라도 쉽게 확인할 수 있다. 따라서 원 바깥쪽에 있는 필요들은 사람들이 인식하거나 '느끼는' 필요라는 것을 알 수 있다.

이처럼 사람들이 '느끼는' 필요가 핵심 필요로 이어지는 관문이라는 점을 이해하는 것이 중요하다. 찰스 크래프트는 사람들이 느끼는 필요가 의사소통의 기초라고 믿는다.

사람들이 느끼는 필요에 기초한 의사소통 상호작용은 흔히 두 가지 지속적인 과정을 가져온다. 첫째, 사람들이 느끼는 원래 필요 중 일부가 해결된다. 그런 다음, 인식하지 못했거나 수용체가 열리지 않았기 때문에 분명하지 않았던 더 깊은 요구가, 상호작용 중에 표면으로 드러난다.[9]

예를 들어, 이런 설교 도입부는 지루하다. "하나님의 주권이라는 성경 교리에 대한 조사 결과를 소개하고 싶습니다." 그보다는 이런 내용이 훨씬 흥미진진하다. "여러분 중에 많은 분들이 지난주에도 이런저런 걱정에 시달리셨을 겁니다. 그렇죠? 성경은 염려의 원인은 물론이고, 어떻게 염려를 다루어야 하는지에 대해 확실하게 말해줍니다." 이 두 표현의 차이는 무엇인가? 후자의 예는 사람들이 느끼는 필요와 메시지를 연결하고 있다. 메시지 전달자는 청중의 신뢰를 얻는다.

믿지 않는 사람들은 그리스도인들이 다른 사람들의 신학적·심리적 필요를 채워주는 모습을 보고도 별 감흥이 없을 수 있다. 자신들은 그런 필요를 느끼지 않기에 그런 행동을 이해하지 못한다. 하지만 믿지 않는 사람들도 신체적 필요에는 민감하다. 그리스도인들이 굶주린 사람에게 먹을 것을 주고, 고통당하는 사람을 위로하고, 재정적·신체적으로 약한 사람을 도와주는 모습을 보면, 믿지 않는 사람들도 우리의 섬김을 알아차린다. 그리고 마음이 부드러워져서 그리스도를 받아들일 수 있게 된다.

이것은 그저 '현대' 의사소통 이론에 불과한 것이 아니다. 성육신이 그 본보기다. 하나님이 사람들에게 직접 말씀하셨을 때 사람들은 그것을 견딜 수가 없었다(출 20:18-21). 하나님은 그분의 메시지를 타협하지 않고도 듣는 사람들의 필요와 능력에 맞추어 전달하셨다. 모세는 볼 수 없었던 하나님의 영광(출 33장)이, 신이면서 인간이신 예수 그리스도를 통해 이제는 우리에게 전해진다(요 1:14). 그가 우리와 같이 되셨기 때문이다.

행위 사역

'동심원 바깥쪽'에 위치한 필요들의 또 다른 특징은 말보다는 행동으로 채울 수 있다는 점이다. 선한 사마리아인은 꼭 그래야만 했다면 아무 말도 하지 않고 얼마든지 행동만으로 사역을 실행에 옮길 수 있었을 것이다. 원의 중심으로 향할수록 말로 하는 사역이 더 필요하지만, 주변으로 향할수록 야고보서 2장 17절과 요한일서 3장 18절에서 언급한 행위 사역이 더 필요하다.

신약성경에 수록된 영적 은사들을 연구해보면 두 가지 기본 범주가 있다. 주로 언어로 실천하는 '말씀 은사'와 주로 행동으로 실천하는 '행위 은사'다. 예수님은 말씀과 행동에 다 능하셨다(눅 24:19). 마찬가지로 교회도 양면 사역을 펼쳐야 한다.

행위 사역을 가리키는 신약성경의 핵심 단어는 '디아코니아diako-nia'인데, 성경에서 대개 '섬김(봉사)'으로 번역한다. 이 단어의 근본 의미는 식탁 옆에서 수종을 들며 사람을 먹인다는 뜻이다. 마르다가 예수님을 위해 식사를 준비하는 누가복음 10장 40절이 그 예이다. 예수님과 제자들을 따라다니면서 음식을 비롯한 신체적 필요들을 제공하는 여제자들이 있었는데, 이 사역을 '디아코니아'라고 한다(마 27:55; 눅 8:3). 초대교회에서 과부들의 일용할 필요를 제공한 사역도 '디아코니아'라고 한다(행 6:2).

행위 사역의 중요성을 보여주는 본문으로는, 누가복음 22장 24-27절과 요한일서 3장 17-18절이 있다. 누가복음 22장에서 예수님은 "앉아서 먹는 자가 크냐, 섬기는[디아코니아] 자가 크냐" 하고 물으신다. 당시 그리스 문화에서는 누군가를 섬기는 일을 굉장히 천한 일로 간주했기에 이 질문은 굉장히 놀라운 것이다. 플라톤은 "다른 사람을 섬겨야 하는 사람이 어떻게 행복할 수 있는가?"라고 말했다. 그런데 예수님은 기독교가 말하는 큰 자는 세상의 큰 자와는 정반대라는 충격적인 말씀을 하신다. "나는 섬기는[디아코니아] 자로 너희 중에 있노라."

디아코니아! 온갖 허드렛일을 도맡아 하는 사람! 이것이 기독교에서 말하는 큰 자요, 그리스도가 하신 사역의 특징이다. 예수님은 가장

천하고 기본적인 섬김을 위해 오셨다. 그런데 하나님나라에 있는 우리는 사람들의 시선을 끄는 말과 행동을 하고 싶어할 때가 얼마나 많은가! 교회의 가장 중요한 사역은 가장 '하찮은' 섬김을 통해 가장 기본적인 신체적 필요를 채워주는 행위 사역이라고 할 수 있다. 우리는 예수님의 이름으로 대소변 받아내는 것을 '하찮은' 섬김으로 여기는가? 그것은 세속적인 생각이다.

요한일서 3장 17-18절은 이렇게 말한다.

누가 이 세상의 재물을 가지고 형제의 궁핍함을 보고도 도와줄 마음을 닫으면 하나님의 사랑이 어찌 그 속에 거하겠느냐. 자녀들아 우리가 말과 혀로만 사랑하지 말고 행함과 진실함으로 하자.

요한은 말로만 하는 사랑은 진정한 사랑이 아니라고 담대하게 말한다. '사랑'은 이웃의 필요가 무엇이든 그것을 채워주는 것이다. 때로는 말이 필요하기도 하고, 행동이 필요하기도 하다.

우리는 '안쪽 동심원'의 필요에만 사랑을 제한해서는 안 된다. 원 바깥쪽에 위치한, 사람들이 느끼는 필요에까지 그 사랑을 확장해야 한다. 그렇게 하지 않는 것은 단순히 '반쪽짜리 사랑'을 넘어, 아예 사랑이 없는 것이나 마찬가지다.

결론

"복음만 전하면 돼"라고 하면서 '사회적 관심'은 안중에도 없는 가족이나 교회에 대해 성경은 무엇이라고 말하는가? 자비 사역은 그리스도인의 사랑과 생활 방식에 없어서는 안 될 필수 요소이다.

자비 사역의 목적이 신체적 필요를 채우는 것이라 하더라도, 신체적 필요에 대한 영적 사역으로 보아야 한다. 도움을 받는 사람에게 영적 영향력을 미칠 뿐 아니라 도움을 주는 사람에게도 영적 동기가 있기 때문이다. 자비 사역의 영향과 동기에 대해서는 다음 장에서 다룰 것이다.

자비 사역의
동기

그를 보고 불쌍히 여겨 _눅 10:33

개요 자비 사역을 꾸준히 지속할 수 있는 진정한 동기이자 유일한 동기는 복음 안에서 하나님의 은혜를 체험하고 깨닫는 것이다. 우리가 오로지 은혜로 구원받은 죄인임을 안다면, 소외당하고 사랑받지 못하는 자들에게 마음을 열고 친절하게 대할 것이다.

1장에서는 하나님이 진정한 믿음을 시험하는 도구로 종종 자비 사역을 사용하시는 것을 보았다(마 25:31-46; 사 1:10-17; 약 2:1-26). 그런데 그 이유는 무엇일까? 어떻게 해서 진정한 믿음은 반드시 궁핍한 사람들에 대한 민감한 양심을 낳는 것인가?

이것은 우리로 하여금 그리스도인의 자비 사역의 핵심 동기를 질문하게 만든다. 그리스도인의 믿음이 무엇이기에 우리를 궁핍한 사람들을 돌보는 사역으로 이끄는가? 단순한 의무감인가, 아니면 죄책감인가? 자비 사역의 진짜 동기는 무엇인가?

은혜의 복음

누가복음 10장에서 예수님을 만난 사람이 율법주의자라는 점은 이미 언급했다. 그는 도덕적으로 살려고 애쓰면 하나님의 은총을 받을 수 있다고 믿고, 스스로를 정당화한다(눅 10:29). 반면 예수님은 하나님의 율법이 요구하는 참된 사랑을 보여주심으로써 그로 하여금 자신의 부족함을 깨닫게 하려 하신다.

선한 사마리아인의 비유는 우리에게 너무 익숙해서 예수님이 말씀하시려는 요점을 놓치기 쉽다. 예수님은 도무지 불가능할 것 같은 고귀한 사랑을 보여주셔서 율법교사를 당혹스럽게 만들려고 하셨다.

에티오피아인이 자기 피부색을 바꾸거나 표범이 자기 얼룩점을 없애는 것을 상상할 수 없듯이, 사마리아인이 유대인을 돕는다는 것은 상상할 수도 없는 일이었다. 하지만 바로 그렇게 해야 한다. "한 아일랜드인 공화당원이 도둑을 만났다. 얼스터 오렌지 당원이 와서 그를 도와주었다. 백인 식민주의자가 도둑을 만났다. 흑인 자유 투사가 와서 도와주었다. 이것이 바로 하나님의 율법이 당신에게 요구하는 것이다."[1]

예수님의 목적은 스스로 영적 부자라고 믿는 율법교사가 사실은 영적 파산 상태임을 보여주시는 것이었다. 영적 파산이란 자신이 진 빚을 자기 힘으로 갚을 수 없다고 선언하는 것이다. 얼마나 절박한 형편인가! 그런데도 예수님은 그들에게 "복이 있다"고 말씀하신다. "심령이 가난한 자는 복이 있나니 천국이 [다른 누구의 것이 아니라] 그들의 것임이요"(마 5:3). 마틴 로이드 존스는 이 팔복을 다음과 같이 분명하게 설명한다.

> 이것은 자존심이 완전히 사라지고, 자기 확신과 자기 의존이 전혀 없다는 뜻이다. 우리는 하나님 앞에서 아무것도 아님을 인식하는 것이다. 그렇다면 우리가 생산할 수 있는 것도 아무것도 아니고, 우리 스스로 할 수 있는 것도 아무것도 아니다. 우리가 하나님의 얼굴을 마주 대할 때 우리의 철저한 무능함을 생생하게 깨닫는 것이다. 이것이 심령이 가난하다는 뜻이다.[2]

그렇다면 예수님의 진정한 목표는, 율법교사가 자신의 가난함을 깨닫고 하나님의 자비 가운데 있는 영적 풍성함을 찾게 되는 것이었음을 알 수 있다. 이사야는 우리가 최선을 다해 의로운 행동을 한다 해도 "더러운 옷"과 같다고 말한다. 좀 더 정확하게 표현하자면, 우리는 "부정한 자" 같으며 하나님 보시기에 우리는 거리의 나환자 신세다(사 64:6). 누더기를 걸치고 거리를 배회하는, 보기 흉하고 냄새 나고 늙은 노숙자를 상상해보라. 제정신이 아닌 데다 자산도 하나 없다. 내세울 만한 것이 전혀 없다. 이사야는 우리 모두가 하나님 앞에서 바로 그런 상태라고 말한다. 그래서 예수님은 율법교사를 길거리에서 거의 죽게 된 사람에 비유하면서 그의 무능력함을 보여주려 하셨던 것이다.

그렇다면 예수님이 율법교사에게 말씀하고 계신 복음은 무엇인가? 우리는 모두 영적 파산 상태로 피를 흘리며 쓰러져 있는데, 하나님이 우리를 위해 영적 부요함을 주셨다는 것이다. 하나님은 그 아들을 가난하게 하심으로, 그를 믿는 사람들에게 그분의 영적 부요함과 의를 허락하셨다.

바울은 고린도후서 5장 21절에서 이 복음의 거래에 대해 말한다. "하나님이 죄를 알지도 못하신 이를 우리를 대신하여 죄로 삼으신 것은 우리로 하여금 그 안에서 하나님의 의가 되게 하려 하심이라." 나중에는 이 개념을 경제 용어로 다시 설명한다. "우리 주 예수 그리스도의 은혜를 너희가 알거니와 부요하신 이로서 너희를 위하여 가난하게 되심은 그의 가난함으로 말미암아 너희를 부요하게 하려 하심이라"(고후 8:9). 은혜로우신 하나님은 똥 무더기에 앉아 있던 우리에게 왕의 예복을 입히시고 왕의 잔치 자리에 앉히셨다.

그러면 은혜의 복음이란 무엇인가? 가난한 우리가 하나님의 자비로 부요해졌다는 뜻이다.

은혜와 소외된 자들

은혜의 복음은 그 은혜를 받은 자들에게 두 가지 큰 영향을 미친다. 이들은, 자격 없는 하나님의 원수인데도 자비를 받은 것을 아는 사람들이다. 그러므로 가장 자격 없고 까다로운 사람들에게도 사랑의 마음을 품을 것이다. 창녀, 알코올의존증 환자, 재소자, 약물중독자, 미혼모, 노숙자, 난민들을 바라보는 그리스도인은 자신이 거울을 보고 있다는 걸 안다. 어쩌면 그 그리스도인은 평생 존경받는 중산층 인사로 살아왔는지도 모른다. 그러나 상관없다. 그는 이렇게 생각한다. '신체적으로나 사회적으로는 이들과 전혀 다른 모습이었지만, 영적으로는 다를 바가 없었다. 그들은 소외된 자들이고, 나도 과거에는 마찬가지였다.'

오늘날 많은 사람들이 가난한 사람들 중에서도 '자격 있는' 이들을 구제하는 데 관심을 둔다. 사람들의 자립을 돕기 위해 우리가 원조해야 한다는 것은 사실이다. 이 문제는 나중에 다시 자세히 다루겠다. 또한 우리가 궁핍한 그리스도인 형제를 도와야 할 의무가 있는 것처럼 세상 모든 가난한 자들을 돌볼 의무는 없다는 것도 사실이다. 하지만 자비 사역에서 '자격'이라는 말을 사용할 때는 매우 주의해야 한다. 우리는 과연 하나님의 자비를 받을 자격이 있었는가? 정말로 자격이 충분한 사람이 있다면, 그 사람에게 베푸는 도움은 과연 자비일까?

조나단 에드워즈는 그리스도인의 자선 의무에 반대하는 사람들에게 답하는 글을 썼었다. 어떤 사람이 "왜 내가 자기 죄 때문에 가난해진 사람을 도와야 하는가?"라고 이의를 제기했고, 에드워즈는 다음과 같이 대답했다.

그들이 악한 태만과 방탕[게으름과 방종] 때문에 그렇게[가난하게] 됐다고 해도, 계속해서 그런 악에 빠져 있지 않는 한 그들을 구조해야 할 우리의 의무가 면제되지는 않는다. … 우리가 그리하지 않으면, 그리스도가 우리를 사랑하신 것처럼 서로 사랑하라는 규율에 정반대로 행동하는 셈이다.

그리스도는 우리를 사랑하사 불쌍히 여기셔서, 우리의 어리석음과 악함으로 자초한 욕망과 비참함으로부터 우리를 구하려고 목숨을 버리셨다. 우리는 어리석게도, 우리가 받은 그 풍성한 부를 내팽개쳐서 영원히 행복하게 살 수도 있었을 기회를 놓쳐버렸다.[3]

은혜를 아는 그리스도인들은 '자격 없는' 가난한 자들을 그리 쉽게 포기하지 않을 것이다. 그리스도의 자비는 가치에 근거하지 않았다. 오히려 그 자비가 우리를 가치 있게 만들었다. 따라서 우리도 일정한 가치 기준에 도달한 사람들에게만 자비를 베풀어서는 안 된다.

누가복음 6장 32-36절만큼 이 원리를 온전하게 설명해주는 본문도 없는 것 같다. 여기서 예수님은 원수를 사랑하라고 말씀하신다. 이 사랑은 행동으로 나타나야 한다고 매우 구체적으로 말씀하신다. 원수라도 필요하다면 돈을 꾸어주고(33-34절), 그들을 "선대해야" 한다(33, 35절). "그리하면 … 지극히 높으신 이의 아들이 되리니 그는 은혜를 모르는 자와 악한 자에게도 인자하시니라. 너희 아버지의 자비로우심같이 너희도 자비로운 자가 되라"(35하-36절). 하나님은 감사할 줄 모르고 악한 자들, 곧 과거의 우리 같은 사람들에게도 자비를 베푸신다. 그러니 우리도 그런 사람들에게 자비를 베풀면 하늘에 계신 아버지같이 될 것이다.

예수님은 마태복음 18장 21-35절에서 이 원리를 더 강하게 뒷받침하는 비유를 말씀하신다. 만 달란트 빚진 종을 용서해준 왕의 이야기이다. 당시 한 달란트는 일반 노동자의 15년 치 임금에 해당하므로, 예수님은 갚을 수 없는 무한정한 빚을 표현하려고 이 숫자를 사용하신 것이 틀림없다. 용서받은 종은 자기에게 얼마간의 돈을 빚진 다른 종을 우연히 만난다. 첫 번째 종이 왕에게 그랬듯이 두 번째 종도 자비를 베풀어달라고 애원하지만, 용서받은 종은 들은 척 만 척한다. 이 소식을 전해들은 왕은 자신이 용서해준 종을 데려다가 불같이 화를 낸다. "내가 너를 불쌍히 여김과 같이 너도 네 동료를 불쌍히 여김이 마땅하지 아니하냐"(마 18:33). 예수님이 이 비유를 말씀하신 목적은 무조건적 용서의 원리를 가르치시기 위해서이다(22, 35절). 자비 사역의 동기와 근거도 똑같이 하나님의 은혜다.

이제 우리는 왜 예수님(과 이사야, 야고보, 요한, 바울)이, 진정한 기독교와 가짜 기독교를 판단하는 기준으로 자비 사역을 사용하셨는지 알게 되었다. 자신의 도덕성과 훌륭한 됨됨이로 하나님의 자비를 얻을 수 있다고 믿는, 그저 독실하기만 한 사람은 소외된 사람들을 경멸하기 쉽다. "나는 열심히 해서 여기까지 올라왔어. 그러니 다들 그렇게 할 수 있다고!" 도덕주의자는 속으로 이렇게 말하지만, 그리스도인은 속으로 이렇게 말한다. "지금의 나는 순전히 하나님의 자비 덕분이야. 나는 다른 사람들과 하나도 다를 바 없이 똑같아." 민감한 사회적 양심과 궁핍한 사람들을 향한 자비 행위에 헌신한 삶, 이 두 가지는 하나님의 은혜의 교리를 이해한 사람에게 반드시 나타나는 표식이다.

은혜와 너그러움

은혜의 복음이 사람에게 미치는 두 번째 주요한 영향은 마음에서 너그러움이 우러나온다는 것이다. 성경에 같은 나라 사람을 도와야 한다는 말씀이 수없이 나오는데도 제사장과 레위인은 강도 만난 사람을 그냥 지나쳤다. 하지만 사마리아인이 자비를 베풀 것이라고 기대한 사람은 아무도 없다. 예수님이 사마리아인을 이야기에 등장시킨 이유는, 인종과 역사를 감안할 때 그가 강도 만난 사람을 도와줄 의무가 전혀 없기 때문이기도 하다. 그에게 봉사를 명하는 법률도, 사회 관습도, 종교적인 권면도 없다. 그런데도 그는 그냥 지나치지 않는다. 왜 그랬을까? 33절은 사마리아인이 그를 보고 불쌍히 여겼다고 말한다.

얼마나 분명한 메시지인가! 에드먼드 클라우니의 표현대로, "하나님은 요구할 수 없는 사랑을 요구하신다." 하나님은 자비를 명령하시지만, 그 명령에 대한 반응으로 자비를 베풀어서는 안 된다. 오히려 우리가 받은 하나님의 자비에 대한 반응으로 우리에게서 너그러움이 흘러나와야 한다.

책이나 강연에서, 그리스도인들이 가진 것이 많기 때문에 어려운 사람을 도와야 한다는 언급이 종종 나온다. 물론 그 말에도 일리는 있다. 상식적으로, 인류가 이 행성에서 함께 살아가려면 자원을 끊임없이 분배해야 한다. 따라서 우리가 전 세계 자원의 얼마만큼을 사용하고 있는지, 그 통계를 본 사람들은 (마땅히) 우리보다 덜 가진 사람들에게 관심을 가져야 한다.

그러나 이런 접근법은 동기 유발에 한계가 있어서, 결국에는 죄책감을 낳는다. 말하자면 이런 식이다. "세상 사람들은 다 굶주리고 있는데 너 혼자 고기를 구워 먹고 차를 두 대나 몰고 있으니 얼마나 이기적이냐!" 이런 말을 듣는 그리스도인들은 정서적으로 엄청난 갈등을 느낀다. 죄책감을 느끼는 동시에 온갖 종류의 방어 기제가 작동한다. "내가 이 나라에서 태어난 걸 어떡해? 내가 차를 한 대만 소유한다면 정말로 도움이 되는 사람이 있을까? 내가 수고한 대가를 누리는 게 당연한 권리 아냐?" 이런 고민들로 피곤해진 우리는, 얼마 안 있어 가난한 사람들에 대해 죄책감을 안겨주는 책과 강사를 멀리한다.

성경은 동기 부여를 위해 죄책감을 사용하지 않고도 강하게 자비 사역을 주장한다. 고린도후서 8장 2-3절에서 바울은, 마게도냐 그리스도인들이 예루살렘의 기근 피해자들에게 후하게 베풀었다고 말한다. 그는 "환난의 많은 시련 가운데서 그들의 넘치는 기쁨과 극심한 가난이 그들의 풍성한 연보를 넘치도록 하게 하였느니라"(2절)고 언급한다. 마게도냐 사람들은 예루살렘에 있는 어려운 사람들보다 더 낮은 사회 계층이었다. 그들도 나름대로 끔찍한 시련을 겪고 있었다.

그런데도 예루살렘에 연보를 보내게 만든 동기는 무엇이었을까? "그들의 넘치는 기쁨"(2절)과 "그들이 먼저 자신을 주께 드리고"(5절). 이것이 자기를 비운 주님에 대한 마게도냐인들의 반응이었다. 그들은 소득 수준에 따른 비율로 헌금하지 않고, 그리스도의 선물에 반응했던 것이다!

자비는 하나님의 은혜를 체험한 데서 비롯된 자발적이고 넘치는 사랑이다. 하나님의 무한한 은혜를 더 깊이 체험할수록 더 너그러이 베풀어야 한다. 이것이 로버트 머리 맥체인이 이렇게 말할 수 있었던 이유다. "이 말씀을 듣는 많은 분들이 이제는 저들이 그리스도인이 아닌 줄 알 것입니다. 그들은 베풀기 싫어하기 때문입니다. 마지못해 주는 것이 아니라 관대하고 통 크게 베풀려면 새로운 마음이 필요합니다."[4]

달리 표현하면, 자비 사역은 하나님의 은혜에 바치는 찬양의 제물이다. 부활하신 구세주가 이곳에 몸으로 계시지 않기에 우리가 그 발에 향유를 바를 수는 없지만, 사랑과 영광의 그리스도께 드리는 제물로 우리가 섬겨야 할 가난한 사람들은 있다(요한복음 12장 1-8절을 보라). 굶주린 사람들에게 보낸 마게도냐 그리스도인들의 연보는 하나님께 드리는 찬양으로 충만하다(고후 9:12-15). 바울은 빌립보 교인들의 "받으실 만한 향기로운 제물이요 하나님을 기쁘시게 한 것"으로 인해 마음이 흐뭇해지며(빌 4:18), 히브리서 저자는 경제적 나눔이 곧 찬송의 제사라고 가르친다(히 13:15-16).

왜 너그러움이 그리스도인의 표시인가? 죽을병에 걸린 사람이 있다고 상상해보자. 의사는 환자를 확실히 고칠 수 있는 약이 있다고 알려준다. 이 약이 아니면 희망이 없다. "그런데 이 약이 아주 비쌉니다. 집도 차도 다 팔아야 약을 살 수 있는데, 그렇게까지 할 생각은 없으시겠죠?" 그러자 환자가 의사에게 이렇게 대답한다. "이런 마당에 차가 있으면 무슨 소용이고, 집이 또 무슨 소용입니까? 그 약이 꼭 필요합니다. 제게는 너무 소중하니까요. 이전에는 다른 것들이 중요했을지 몰라도 지금은 이 약에 비하면 아무것도 아닙니다. 이제는 소모품들에 불과해요. 약을 꼭 구해주십시오." 사도 바울은 "믿는 너희에게는 [예수님이] 보배"(벧전 2:7)라고 말한다. 하나님의 은혜 때문에, 그리스도가 우리에게 귀한 존재이시기 때문에, 이제 우리 재산이나 시간쯤은 얼마든지 소모해도 괜찮다. 과거에는 그런 것들이 행복에 꼭 필요했지만, 더 이상은 아니다.

복음의 자아상

오직 은혜를 경험할 때만 '성육신적 생활 방식'을 살아낼 수 있다. 빌립보서 2장에서 바울은 특권과 안락함을 포기하고 인간이 되신 예수님, 우리가 이해할 수 있는 형태로 나타나셔서 말씀하시는 예수님과 동일한 "마음"을 품으라고 권면한다(6-7절). 예수님은 육신이 되신 말씀, 행동과 행위 사역을 통해 우리 눈에 보이게 된 유형의 진리이셨다. 우리도 그분을 본받아야 한다.

> 아무 일에든지 다툼이나 허영으로 하지 말고 오직 겸손한 마음으로 각각 자기보다 남을 낫게 여기고 각각 자기 일을 돌볼 뿐더러 또한 각각 다른 사람들의 일을 돌보아(빌 2:3-4).

바울은 우리가 "다툼이나 허영"(3절상)을 물리칠 때에만 그런 삶을 살 수 있는데, 그것은 우리가 복음을 받아야 가능하다고 말한다. 자의식(열등감)이나 자신감(우월감)의 형태를 띤 자만심으로는 성육신적 생활 방식이 불가능할 것이다. 하지만 우리는 복음에서, 스스로 믿는 것보다 훨씬 더 악함에도 불구하고 우리가 기대하는 것 이상으로 큰 사랑을 받은 것을 발견한다. 그리스도인이 해방된 것은 자의식이나 자신감을 갖기 위해서가 아니라, 자기를 잊을 정도로 헌신하기 위해서이다. 바울은 다른 곳에서 그리스도인의 독특한 자아상을 다음과 같이 묘사한다.

너희에게나 다른 사람에게나 판단 받는 것이 내게는 매우 작은 일이라. 나도 나를 판단하지 아니하노니 내가 자책할 아무것도 깨닫지 못하나 이로 말미암아 의롭다 함을 얻지 못하노라. 다만 나를 심판하실 이는 주시니라 (고전 4:3-4).

바울은 다른 사람의 평가나 기준에 괘념치 않는다. 그렇다고 자기만의 기준을 세우지도 않는다. 그는 "자신에게 충실하지" 않는다. 하나님의 평가를 의지할 뿐이다. 그는 예수님 안에서 자신이 용납된 것을 안다. 진정한 겸손은 자신을 낮춰서 생각하는 것이 아니라, 자기 생각을 덜 하는 것이다. 진정한 용기, 부드러운 용기는 가능하다. 은혜의 복음이 그런 용기를 가능하게 한다.

성육신 본받기

우리도 예수님처럼 '관심사' 곧 원수의 필요까지 볼 수 있어야 한다. 교회는 세상을 향해 "우리에게 와서 우리 언어를 배우세요. 우리를 도와서 우리의 필요를 채울 수 있습니다"라고 말해서는 안 된다. 세상 사람들에게 다가가서 그들의 이야기에 귀를 기울이고 그들의 필요를 채워주려 애써야 한다. 그들에게 성경의 진리를 전달하면서 정의와 자비를 베풀어야 한다.

벤저민 워필드는 "성육신 본받기"라는 제목의 빌립보서 2장 설교에서 그리스도의 본을 따른다는 것의 의미를 아주 분명하게 설명해준다.

그리스도는 다른 사람들에 대한 사랑에 이끌려 세상에 오셨고, 다른 사람들의 필요를 위해 자신을 잊어버리셨다. … 자기희생은 우리 시대와 동료들에 무심하지 않다는 뜻이다. 그들에게 몰입한다는 뜻이다. 타인 가운데서 자아를 잊어버린다는 뜻이다. 모든 사람의 희망과 두려움, 갈망과 절망 속으로 들어간다는 뜻이다. 영혼에 여러 측면이 있고, 행동에 여러 형태가 있고, 연민에 다양한 모습이 있다는 뜻이다. 풍성한 성장이 있다는 뜻이다. 우리가 한 사람의 삶을 살지 않고 수많은 삶을 산다는 뜻이다. 사랑의 연민이라는 가느다란 선으로 수많은 영혼과 우리 자신을 연결하여 그들의 삶이 우리 삶이 되는 것이다.[5]

마음속 깊은 곳을 건드리다

어떤 사람들은 이 모든 내용에 이렇게 반응할지도 모르겠다. "내가 아는 사람들 중에는 가난한 사람들에게 별 관심은 없지만 훌륭한 그리스도인들도 많은데, '진정한 그리스도인이라면 궁핍한 사람들과 소외된 사람들에게 너그러이 베풀어야 한다'는 말씀이 좀 거슬리네요."

참된 그리스도인들 중에서도, 성경에서 '진정한 믿음의 표지'라고 말하는 사회적 관심을 보이지 않는 사람들이 많다. 우리는 그 부분을 어떻게 설명할 수 있을까? 사회적 관심을 분명히 드러내지는 않더라도, 모든 그리스도인에게는 가난한 사람들에 대한 마음이 잠재되어 있다. 이들은 자비 사역과 은혜의 연관성을 가르치는 설교를 만나야 한다. 이 가르침이 영혼 깊은 곳을 '건드리면' 그제야 사람들은 깨어나기 시작한다. 이렇게 '깊은 곳을 건드리는' 설교의 예를 한번 들어보겠다.

사랑하는 그리스도인 여러분, 여러분 중에 참된 포도나무 가지가 되게 해 달라고 밤낮으로 기도하는 사람들이 있는 줄 압니다. 그리스도의 형상을 닮아 새로워지게 해달라고 기도하죠. 그렇다면 여러분은 베푸는 면에서도 주님을 닮아야 합니다. … "부요하신 이로서 너희를 위하여 가난하게 되심은" … 이의 제기 1. "제 돈은 제 겁니다." 반론: 그리스도가 "내 피는 내 것이요, 내 생명도 내 것이다"라고 말씀하셨다면 … 그러면 우리는 어떻게 되었을까요? 이의 제기 2. "가난한 사람들은 받을 자격이 없습니다." 반론: 그리스도가 "가난한 사람들은 사악한 반역자들이다 … 내가 그들을 위해 목숨을 버려야 하겠느냐? 선한 천사들에게만 내 목숨을 줄 것이다"라고 말씀하셨다면 어떻게 됐을까요? 그분은 아흔아홉 마리를 내버려두고 잃어버린 한 마리 양을 찾으러 가셨습니다. 자격 없는 사람들을 위해 피를 흘리셨습니다. 이의 제기 3. "가난한 사람들은 받은 도움을 흥청망청 낭비할 겁니다." 반론: 그리스도도 그렇게 말씀하실 수 있었습니다. 그리고 그분 말씀은 사실이 되었겠죠. 그리스도는 수많은 사람이 그분의 보혈을 짓밟으리라는 것을 아셨습니다. 대부분의 사람들은 경멸할 테고, 많은 사람들이 더 큰 죄를 짓는 변명거리로 사용하려 할 테지요. 그래도 예수님은 그 피를 흘리셨습니다. 사랑하는 그리스도인 여러분! 여러분이 그리스도를 닮으려면, 악하고 가난한 사람들에게, 받을 자격도 없고 은혜도 모르는 사람들에게, 더 많이, 더 자주, 무한정 베풀어야 합니다. 그리스도는 영광스럽고 만족하시니 여러분도 그렇게 될 것입니다. 제가 바라는 건 여러분의 돈이 아니라, 여러분의 만족입니다. "주는 것이 받는 것보다 복이 있다"

는 예수님 말씀을 잊지 마십시오.⁶

하나님의 영이 이런 설교를 통해 '당신의 깊은 곳을 건드리고' 계시는 것을 느끼는가?

결론

예수님의 비유의 핵심은 무엇이었을까? 이렇게 한번 정리해볼 수 있지 않을까. 예수님은 하나님이 요구하시는 그 자비로 우리를 겸손하게 하셨다. 우리가 하나님이 주시는 자비를 받을 수 있도록 말이다. 이것이 복음이다. 모든 사람은 파산 상태로 거의 죽게 되어 무기력하게 길에 누워 있다. 그런데 우리에게 아무것도 빚지지 않으신, 본성적으로는 우리와 반대편에 계신 예수 그리스도가 길을 가다 멈춰서 그분의 영적 풍성함을 베푸시고 우리를 구원하신다.

이 비유에서 예수님이 자신을 선한 사마리아인으로 그리고 계신지는 증명하기 어렵다. 하지만 이 이야기는 하나님의 자비의 모범을 묘사하고 있으며, 그 모범에서 반드시 그리스도가 드러나기 마련이다.

그렇다면 스스로를 강도 만난 사람, 영적으로 가난한 사람으로 보는 사람은 누구라도 소외된 자들과 궁핍한 자들에게 넉넉히 베풀며 살아야 할 것이다.

4 GIVING AND KEEPING:
A BALANCED LIFESTYLE

나눔과 소유:
균형 잡힌 생활 방식

그 이튿날 그가 주막 주인에게 데나리온 둘을 내어주며 이르되 이 사람을 돌보아주라.
비용이 더 들면 내가 돌아올 때에 갚으리라 하였으니 _눅 10:35

개요 그리스도인들은 자기 생활수준이 낮아질 때까지 자기를 희생하며
베풀어야 한다. 그러나 그런 베풂은, 사역의 기회들 그리고 부르심과 조
화를 이루어야 한다. 또한 모든 믿는 자들은 재물의 청지기가 되어서 자
기 가족에게 부담이나 골칫거리가 되지 않아야 한다.

사마리아인은 매우 비싼 서비스를 제공했다. 그는 계획된 일정을 포
기했을 것이다. 그날 사마리아인의 목적지가 어디였든 간에, 목적지까
지 가지 못했다. 게다가 자신의 안전마저 위험해질 수 있는 그런 길목
에서 멈춰서기까지 했다. 혹여 강도떼가 돌아오기라도 했다면, 이 사
역의 대가는 엄청났을 것이다! 사마리아인은 강도 만난 사람을 주막

에 데려가서 밤새도록 보살펴주었다. 다음날에는 주인에게 (아마도) 두어 주 동안 이 사람을 돌보아주라고 부탁했다. 하지만 최종적으로 따지면 그는 무제한으로 자비를 베푼 것이다. "비용이 더 들면 내가 돌아올 때에 갚으리라"고 하지 않았는가.

자비 사역에는 큰 대가가 따른다. "나는 이미 기부했어요"라고 말하는 사람은 기독교의 자비 정신과는 거리가 먼 형식주의를 드러낼 뿐이다. 성경은, 가난한 사람들에게 단순히 주는 것만으로는 부족하다고 반복해서 말한다. 아낌없이 주어야 한다. 신명기 15장 7-8절은 "네 하나님 여호와께서 네게 주신 땅 어느 성읍에서든지 가난한 형제가 너와 함께 거주하거든 그 가난한 형제에게 네 마음을 완악하게 하지 말며 네 손을 움켜쥐지 말고 반드시 네 손을 그에게 펴서"라고 말한다. 킹 제임스 성경은 "그대의 손을 활짝 펴서 … 그 사람의 필요에 넉넉하게" 주라고 말한다. 바울은 인색하게 조금만 드리는 연보는 그냥 인색한 것이 아니라 탐욕스러운 것임을 암시한다(고후 9:5).

하나님은 우리가 가난한 사람들에게 물질만 많이 나눠주기를 요구하시는 것이 아니다. 우리 마음과 생각도 나눠줄 수 있어야 한다. 시편 41편 1절은 "복되어라, 딱하고 가난한 사람 알아주는 이여"(공동번역)라고 말한다. 어느 해설자는 "'알아주다'라는 단어는 대개 실무자의 실용적 지혜를 묘사한다는 점에서 놀랍다. 따라서 이는 상대방에게 형식적 도움이 아니라 그의 상황에 알맞은 세심한 생각을 전달하는 것을 암시한다"라고 말한다.[1] 우리는 가난한 사람들의 형편을 깊이 헤아리고 그들이 자급자족할 수 있는 방법을 찾아야 한다. 그러려면 시간은 물론이고 지적·정서적 에너지를 투자해야 한다. 하나님은 궁핍한 사람들을 아낌없이 돕는 자발적이고 넉넉한 마음을 찾으신다. 그런 마음 없이 우리 손으로 하나님께 드리는 것은 받지 않으신다(고후 9:7).

단순한 삶

그렇다면 중산층이 생활 방식을 근본적으로 바꾸지 않고도 자비 사역을 할 수 있을까?

오늘날의 지지자들

오늘날 그리스도인들에게 '단순한 삶'을 요구하는 사람들이 많다. 그들이 가르치는 기본 내용은 이렇다. 기초 생필품을 제외하고, 모든 수입을 주님과 궁핍한 사람들에게 나눠주라는 것이다. 이런 단순한 생활 방식을 제안한 사람으로 론 사이더Ron Sider가 유명하다. 그는 수입이 늘수록 십일조 비율을 높이는 '누진 십일조'를 주장한다. 이에 따르면, 5인 가족의 경우 14,850달러(1977년 기준)가 넘는 수입은 모두 기부해야 한다.

사이더는 가족들이 공동체로 살면서 2-3년은 옷을 사지 않고 생활 수준을 철저하게 낮추어 수입의 20-50퍼센트를 주님과 어려운 이웃에게 드려야 한다고 주장한다.[2] 그런 원리에 따라 세워진 교회들이 있는데, 사이더가 편집한 책에 소개되고 있다. 그중에 한 곳인 레바 플레이스 공동체Reba Place Fellowship에서는 많은 구성원이 교회 소유의 집과 아파트에 살고 있다. 그들은 자동차를 공유하고 식품 협동조합을 운영한다. 1980년에 이 공동체의 한 달 평균 생활비는 성인 1인당 240달러에 불과했다. 전체 임금 노동자의 30퍼센트가 수입의 50퍼센트를 교회에 헌금했고, 20퍼센트는 30퍼센트 이상 헌금했다.[3]

과거의 지지자들

'단순한 삶'이 새로운 유행이라면서 반대하려는 사람이 있다면, 우리는 그렇지 않다고 대답해야 한다. 과거의 가장 유명한 예로는 존 웨슬리가 있었다. 그는 말년에 설교와 책 판매로 매년 1,400파운드를 벌었는데도, 사망할 때 남긴 것은 코트 한 벌과 은 찻숟가락 두 개가 전부였다.[4] 수입이 40배로 뛰었는데도 생활비로는 1년에 30파운드 이상을 쓴 적이 없었기에 그렇게 단출하게 세상을 떠날 수 있었다. 그 자신도 "내가 10파운드라도 남기고 떠난다면, 당신을 비롯한 온 인류는 내가 도둑이자 강도로 살다 죽었다고 증언해도 된다"라고 썼다.[5] 이렇게 검소하게 살다 간 사람으로 브리스톨의 조지 뮬러도 있다. 그가 죽으면서 남긴 돈은 고작 850달러이지만, 주님의 사역에 드린 돈은 180,000달러로 추산됐다.[6]

단순한 삶은 눈에 띄는 몇몇 지도자들에 국한된 개념이 아니고, 18-19세기 복음주의 교회들에서 흔한 가르침이었다. 유명한 작사가요 목회자였던 존 뉴턴은, 가난한 사람들에게 얼마나 기부해야 하는지 조언을 구하는 한 젊은 남편에게 편지로 답했는데, 그 내용이 매우 흥미롭다. 뉴턴은 경제 문제를 다루는 대다수 그리스도인들의 세속적 방식에 불쾌감을 표현하면서 말문을 연다.

대부분의 경우, 우리는 가장 먼저, 가능한 한 모든 생필품과 편의 용품, 적지 않은 품위 유지 용품을 충분히 마련하는 데 신경을 씁니다. 그런 다음, 만일의 경우를 대비해 여유 자금을 비축합니다. … 그리고 나서 자녀들과 친족들을 보면서 속으로 이렇게 생각하죠. "이제 좀 살 만하게 되었구나." 이렇게 다 갖추고 나서야, 그리스도를 사랑하는 마음에서 우리에게 넘치는 것 중 아주 조금 나눕니다. 우리가 스스로를 위해 쓰거나 축적해둔 것의 십일조나 이십일조를 가난한 자들에게 주고는 만족해합니다. 하지만 이래서야 우리가 다른 사람들보다 나은 게 뭐가 있습니까? 그리스도의 사랑을 눈곱만큼도 모르는 수많은 사람들도 그 정도는 다 합니다.[7]

그런 다음, 뉴턴은 자비 사역에 대한 나름의 지침을 두 가지 제시한다. 첫째, (그의 표현을 따르자면) "편의"와 "품위 유지"를 위한 용품을 없애고 기초 생필품만으로 살아가는 "검소한" 생활수준을 선택하라. 우리가 자신을 위해 동전 한 닢 사용할 때마다 가난한 자들에게도 똑같이 주어야 한다.[8] 다시 말해, 가처분소득의 절반은 다른 사람에게 베풀어야 한다. 어떤 면에서는 사이더의 '누진 십일조'보다 덜 엄격하다고 할 수 있지만, 대부분의 중산층에게는 쉽지 않은 제안일 것이다.

둘째로 뉴턴은 그리스도인들에게 가난하지 않은 친구들을 대접하지 말라고 권한다. "그들에게 사랑한다고 말하는" 것은 괜찮지만, 그들을 "밤에" 대접할 수 없는 이유를 설명해주라고 한다. 그 이유가 무엇일까? "사람들은 누가복음 14장 12-14절이 하나님 말씀이 아니라고 생각할지도 모릅니다." 뉴턴은, 믿는 이들의 집이 가난한 사람들과 낯선 사람들을 먹이고 재워주는 곳이 되어야 한다는 것이 성경의 명령이라고 믿었다. 마지막으로, 뉴턴은 다음과 같은 말로 자신의 결론을 적당하게 조절하는 듯하다. "나는 친구들을 대접하는 것이 불법이라고 생각하지는 않습니다. 하지만 이 말씀(눅 14:12-14)은 가난한 사람들을 더 우선시하는 것이 우리의 의무라고 가르치고 있습니다. 그렇지 않다면, 달리 이 말씀을 어떻게 이해해야 할지 모르겠습니다."[9] 다시 말해 뉴턴은 친구들과 어울려 여흥과 오락을 즐기는 데 사용하는 돈을, 가족이 함께 가난한 사람들을 돕는 데 사용해야 한다고 경고한 것이다.

뉴턴이 단순한 삶을 권면할 때는, 수입의 대부분을 저금하는 경우를 염두에 두지 않았다는 점도 언급할 필요가 있다.

이런 질문을 던질 수도 있습니다. "당신이 죽은 다음에 아내나 자녀들이 겪을 경제적 어려움은 고려하지 않습니까?" 물론 고려해야 합니다. 당신은 그 부분에 매우 신경을 써야 합니다. 그런데 성경은 더 좋은 방법을 보여줍니다. 당신에게 약간의 여유 자금이 있고 필요할 때 그 돈을 다시 돌려받을 수 있다면, 그 돈을 내게 빌려주지 않을 이유가 없겠지요? … 잠언 19장 17절은 "가난한 자를 불쌍히 여기는 것은 여호와께 꾸어드리는 것이니 그의 선행을 그에게 갚아주시리라"라고 말합니다. 이 본문을 어떻게 생각합니까? 이 말은 하나님 말씀입니까, 아닙니까? … 장담하건대 … 하나님의 영광만 바라며 기도하면서 믿음으로 이 말씀대로 행하면, 당신은 결코 실망하지 않을 것입니다.[10]

존 뉴턴은 질문했던 젊은 가장에게, (1) 기초 생필품만으로 사는 생활수준을 선택하라, (2) 접대와 오락에 사용할 돈을 가난한 사람들을 돕는 가족 사역에 사용하라, (3) 저축이나 은퇴 준비보다 가난한 사람들에게 베푸는 데 우선순위를 두라고 조언해주었다. 이러한 뉴턴의 관점이 당시의 복음주의 목사들에게 흔했다는 것은 어느 모로 보나 알 수 있다.

성경이 말하는 만족

이 문제를 두고 그리스도인들 사이에는 의견이 분분하다. 앞에서 보았듯이, 어떤 사람들은 성경 전체에서 이 사명을 확인한다. 존 웨슬리는 마태복음 6장 19-23절 설교("너희를 위하여 보물을 땅에 쌓아두지 말라")에서 '기초 생필품' 이상을 소유한 그리스도인은 "주님을 공공연하게 습관적으로 부인하는 것으로, 그는 부와 지옥 불을 얻은 셈이다"라고 단호히 말한다.[11]

이런 관점에 난색을 표하는 사람들도 있다. 데이비드 칠턴은 "하나님의 요구는 단순하다. 수입의 10퍼센트를 드리는 것이다. 그다음에는 더 이상 아무것도 요구하시지 않는다"[12]라고 했다. 이런 관점에서는, 그 사람이 얼마나 큰 부자든 십일조 이상을 요구할 수 없다고 말한다. 이것은 사이더와 웨슬리, 뉴턴이 주장한 단순한 생활 방식을 철저히 거부하는 것이다.

그렇다면 성경은 단순한 삶에 대해 어떻게 말하는가?

검소한 삶

그리스도인들에게 적절한 생활 방식을 촉구하는 성경 본문은 넘친다. 히브리서 13장 5절은 "돈을 사랑하지 말고 있는 바를 족한 줄로 알라. 그가 친히 말씀하시기를 내가 결코 너희를 버리지 아니하고 너희를 떠나지 아니하리라 하셨느니라"라고 가르친다. 돈에 대한 사랑과 탐욕에서 벗어나지 못하는 한, 우리는 불행할 것이다. 여기서는 생활 수준을 높이려는 끊임없는 욕구를 탐욕으로 정의한다.

하지만 이 히브리서 13장 5절 말씀에 그 기준이 분명히 나와 있지는 않다. 디모데전서 6장 6-9절이 좀 더 구체적이다. "그러나 자족하는 마음이 있으면 경건은 큰 이익이 되느니라. 우리가 세상에 아무것도 가지고 온 것이 없으매 또한 아무것도 가지고 가지 못하리니 우리가 먹을 것과 입을 것이 있은즉 족한 줄로 알 것이니라. 부하려 하는 자들은 시험과 올무와 여러 가지 어리석고 해로운 욕심에 떨어지나니." 일부 주석가들은 "('먹을 것과 입을 것'보다) 먹을 것과 잘 곳"이 더 좋은 번역이라고 지적한다.[13] 그렇다면 바울은 건강을 유지하기에 충분한 생활 방식이 필요하다고 말하고 있는 셈이다. 우리는 그 정도면 만족할 수 있다.

자족하는 삶

앞의 본문들은 존 뉴턴이 그리스도인들에게 (1) 검소한 생활 방식("먹을 것과 입을 것")을 세우고 (2) 하나님이 우리의 보장이시니("내가 결코 너희를 버리지 아니하고 너희를 떠나지 아니하리라") 저축과 은퇴 준비에 과하게 투자하지 말라("아무것도 가지고 가지 못하리니")고 도전할 때 제시한 지침이었다. 두 본문 모두 자족하라고 말하는데, 자족이란 진정한 영혼의 만족을 뜻한다.[14] 염려도, 괴로운 후회도, 뉴턴의 표현처럼 "편의와 품위 유지 용품"을 소유한 사람들에 대한 분노도 없는 상태. 그리스도인과 비그리스도인의 차이는 물질적 공급을 하나님께 의탁하느냐의 여부이다. "적게 심는 자는 적게 거두고 많이 심는 자는 많이 거둔다.… 하나님이 능히 모든 은혜를 너희에게 넘치게 하시나니 이는 너희로 모든 일에 항상 모든 것이 넉넉하여 모든 착한 일을 넘치게 하려 하심이라. 기록된 바 그가 흩어 가난한 자들에게 주었으니 그의 의가 영원토록 있느니라 함과 같으니라"(고후 9:6, 8-9).

이 말씀은 그리스도인들에게는 돈을 벌고 수입을 늘리려는 동기가 전혀 없다는 뜻인가? 그렇지 않다! 그리스도인의 첫 번째 동기는 하나님의 영광을 위해 일을 잘하는 것이다. 성경은 하나님께 영광을 돌리고 이웃을 섬기는 한 방편으로, 부지런히 솜씨 있게 일할 것을 요구한다(잠 18:9, 22:29; 전 3:22). 부지런히 일하면 수입은 늘기 마련이지만(잠 10:2-4, 12:1, 24), 그것이 그리스도인의 소명에 있어서 주목표는 아니다(잠 23:4 "부자 되기에 애쓰지 말고"; 골 3:22-25).

그리스도인이 수입을 늘리려는 두 번째 동기는 선행을 더 많이 하기 위해서이다. 바울은 회심한 도둑들을 언급하면서 "도둑질하는 자는 다시 도둑질하지 말고 돌이켜 가난한 자에게 구제할 수 있도록 자기 손으로 수고하여 선한 일을 하라"(엡 4:28)라고 말한다. 부를 축적하는 목적은 철저하게 자비 사역과 하나님나라 확장을 위해서이다. "너희를 위하여" 재물을 쌓아두어서는 안 된다(마 6:19-21).

부와 하나님의 부르심

지금까지 읽은 본문들을 보고 독자들은 이런 결론에 도달할 수도 있다. 첫째, 부자들은 즉시 전 재산을 기부해야 한다. 둘째, 재산이 많은 것은 그 사람이 악하고 자비로운 마음이 없다는 표시이다. 그런데 성경이 이런 의견들을 뒷받침해주는 것은 아니다. 균형을 잡기 위해 부에 대한 성경 본문을 몇 군데 살펴보자.

방금 살펴본 디모데전서 본문에서 바울은 "부하려 하는 자들은… 올무… 에 떨어지나니"(6:9)라고 말했다. 같은 장에서 그는 계속해서 이렇게 말한다.

네가 이 세대에서 부한 자들을 명하여 마음을 높이지 말고 정함이 없는 재물에 소망을 두지 말고 오직 우리에게 모든 것을 후히 주사 누리게 하시는 하나님께 두며 선을 행하고 선한 사업을 많이 하고 나누어주기를 좋아하며 너그러운 자가 되게 하라. 이것이 장래에 자기를 위하여 좋은 터를 쌓아 참된 생명을 취하는 것이니라(딤전 6:17-19).

바울이 부자들에게 당장 모든 재산을 포기하라고 말하지 않는다는 점에 주의하라. 그의 훈계는 부자들이 계속 위와 같은 상태라는 것을 전제하는데, 그리스도인들에게 이같은 상태는 '부르심', 곧 일종의 '영적 은사'이다.

첫째, 부자들은 부에 대한 건전한 신학을 개발하도록 감독을 받는다. 하나님이 재물을 주셨기에 부자들은 마음을 높여서는 안 된다

(17절). 사람들은 하나님이 재물을 주신다는 사실을 굉장히 믿기 힘들어한다! 하나님은 근면과 창의력이라는 수단을 통해 사람들에게 물질을 허락하시기도 한다. 그러나 사람들은 자신이 열심히 노력해서 부자가 되었다고 믿는 경향이 있다.

둘째, 부자들은 돈을 사용하여 선한 사업을 많이 해야 한다(18절). "많이"에 강조점이 있다. 형식적으로 해서는 안 된다. 바울의 훈계는 "너희 소유를 팔아 구제하여 낡아지지 아니하는 배낭을 만들라. 곧 하늘에 둔 바 다함이 없는 보물이니 거기는 도둑도 가까이 하는 일이 없고 좀도 먹는 일이 없느니라"(눅 12:33)는 주님의 말씀을 떠올리게 한다. 하나님의 일에 사용하지 않은 가처분소득은 사람들의 영적 생명의 뿌리를 위협할 것이다(마 13:22).

어떻게 하면 디모데전서 6장 6-9절과 17-19절을 조화시킬 수 있겠는가? 어떻게 바울은 그리스도인들에게 단순한 삶에 만족하고 부자가 되려 하지 말라고 한 후, 부자들에게는 그들만의 특별한 부르심이 있다고 말할 수 있을까? 바울이 두 계층 사람들에게 두 가지 다른 기준을 제시하고 있다고 가정해서는 안 된다. 부자 그리스도인은 있을 수 있지만 부자로 사는 그리스도인이 있어서는 안 된다고 결론 내려야 한다. 중간 소득층 이상 그리스도인들은 자산을 다 기부할 필요는 없지만, 자신들의 안락한 삶보다 선한 사업에 더 많이 투자해야 한다. "너희를 위하여" 부를 사용하는 것은 잘못이다(마 6:19). "영혼아, 여러 해 쓸 물건을 많이 쌓아두었으니 평안히 쉬고 먹고 마시고 즐거워하자"(눅 12:19)라고 말할 목적이라면, 부를 창고에 쌓아두어서도 안 된다. 주님의 선한 청지기는, 적절히 부를 관리하기만 한다면 한번에 기부하는 것보다 오랜 기간에 걸쳐 더 많은 선한 사업을 일으킬 수 있다는 것을 안다.

부유한 그리스도인은 검소한 생활 방식에 만족하라는 부르심이 적게 가진 자들뿐 아니라 자신에게도 해당된다는 사실을 잊지 말아야 한다. 바울은 디모데전서 6장 6-8절에서, 가난한 자들은 재산이 없다고 분개하지 말고 검소한 경제 상황에 만족하라고 가르친다. 그런 다음, 부자들에게는 교만하지 말고 자발적으로 더 검소한 생활에 처하고 만족할 것을 호소한다.

정의로운 삶을 위한 지침

어떻게 하면 이런 성경 원리들을 생활 방식에 실제로 적용할 수 있을까? '검소한' 생활 방식은 구체적으로 어떤 것인가? 목회자가 설교 작성을 위해 컴퓨터를 사도 괜찮을까? 그리스도인 가정에서 차를 두 대 소유해도 괜찮을까? 아니, 차를 소유하는 것 자체가 괜찮은 것인가? 우리는 얼마나 베풀어야 하는가? 앞서 살펴본 내용에서 이에 대한 지침을 간추려보자.

짐을 나눈다

첫째, 베푸는 삶을 통해 어려운 사람들의 짐을 우리도 느낄 수 있어야 한다.

조나단 에드워즈는 이렇게 말하는 사람들을 많이 만났다. "나는 나뉘줄 게 하나도 없어요. 우리 식구 먹고 살기도 빠듯하답니다." 그러면 에드워즈는 '빠듯하다'라는 말이 무슨 뜻인지부터 묻곤 했다.

부자들은 자기들 먹고 살기도 빠듯하다고 말한다. 자기 지위와 수준에 알맞게 명예와 품위를 지키기가 힘들다는 뜻이다. 가난한 사람들은… 가진 게 별로 없다고 말할 것이고… 그 중간쯤 있는 사람들도 가진 게 별로 없다고 말할 것이다.… 그래서 가난한 사람들에게 베풀 수 있는 사람은 아무도 없다.[15]

다시 말해, 각 가정은 자기 계층에 대한 기대 수준에 비추어 '빠듯함'의 기준을 세운다. 이런 식으로 생활 방식을 결정해서는 안 된다! 에드워즈는 그 대안을 제안한다.

많은 경우에 우리는 손해 보지 않고 남을 도울 수 없다. 그럴 때는 복음의 규율에 따라 마지못해 다른 사람들에게 베풀곤 한다. 이웃의 어려움과 필요가 우리보다 훨씬 더 커서 우리가 도와주지 않고는 그가 어려움을 헤쳐 나올 방도가 없다면, 우리는 기꺼이 그와 고통을 분담해야 한다. 그렇지 않다면, 서로 짐을 나눠 지라는 말씀을 어떻게 성취할 수 있겠는가? 우리에게 다른 사람의 짐을 덜어줄 의무가 없고 아무 부담 없이 여유로울 때만 돕는다면, 전혀 부담이 되지 않는데 어떻게 이웃의 짐을 나눠 졌다고 할수 있단 말인가?[16]

생생한 예를 하나 들어보겠다. 어느 가난한 사람이 불편한 짐을 지고 걷고 있다. 그리스도인이 "나는 가난한 사람들을 도울 형편이 안 돼요"라고 말한다면 그는 이렇게 말하고 있는 셈이다. "도와주려면 내 생활수준을 낮춰야 하거든요." 다시 말해, 가난한 사람이 진 짐의 일부는 도와주는 사람에게 넘겨질 것이다. 돕는 사람은 자신이 원하는 휴가나 차를 포기해야 할 수도 있다. 에드워즈는 "그게 바로 성경이 요구하는 바가 아닌가? 궁핍한 자를 돕겠다는 행동이 당신에게 부담이 되지 않거나 어떤 식으로든 당신의 생활 방식을 낮추지 않는다면, 더 많이 주어야 한다!"라고 주장한다.

이 원리는 모두에게 파급 효과가 있다. 생활수준을 낮추지 않고도 수입의 십분의 일을 충분히 드릴 수 있는 부자 가족은 어떻게 되는가? 에드워즈는 그 가족에게 더 많이 드리라고 말할 것이다. 그 가족이 궁핍한 사람들의 짐을 조금이라도 나누어 져야 하는가? 당연하다!

이 원리는 주님과 가난한 사람들에게 십일조를 했다면 더 이상 나눌 필요가 없다고 말하는 사람들에게도 시사하는 바가 있다. 디모데전서 6장, 히브리서 13장 5절, 갈라디아서 6장 2절을 볼 때 연봉이 백만 달러인 사람이 어떻게 집과 옷과 소유물에 90만 달러를 사용할 수 있겠는가? 그런 행동의 근거로 십일조 법을 호소하는 것은 바리새주의라고밖에 볼 수 없다. 원래는 모세 율법에서 십일조를 요구했고, 예수님도 이를 확인해주셨다(마 23:23). 하지만 십일조는 하나님이 우리 전 재산의 주인이심을 일깨워주는 것에 불과하다. 우리를 위해 가난해지신 그리스도를 따라 후하게 베풀라는 가르침에 반박하거나(고후 8:8-9, 그리스도는 그저 십일조만 하시지 않았다!), 검소한 생활로 선한 사업을 많이 하라는 말씀에 반박하는 구실로 십일조를 유용해서는 안 된다.

부르심을 분별한다

둘째, 부르심과 사역의 기회들에 꼭 필요한 물질만 소유해야 한다. 우리는 '자비', '도움', '봉사'가 영적 은사 목록에 포함된 것을 염두에 두어야 한다. 어떤 사람들은 특별한 은사 곧 가난한 사람과 어려운 사람, 노인이나 장애인과 함께하는 소명을 받았다. 그런가 하면 그런 근본적인 자비 사역으로 부름 받지 않은 사람들도 있다.

영적 은사를 논할 때는 늘 큰 위험이 도사리고 있다. 그리스도인이라면 누구나 전도해야 하지만, 복음 전도의 은사를 보유한 이들은 소수이다. 마찬가지로, 모든 그리스도인에게 자비 행위는 의무이지만, 일부 그리스도인만이 특별한 자비의 은사를 지닌다. 사람들은 이런 구분을 두고 상반된 두 가지 오류에 빠질 수 있다. 한편으로는 "죄송하지만, 나는 그런 은사가 없어서요!"라고 말하면서 자비 사역을 회피할 수 있고, 다른 한편으로는 궁핍한 사람들을 돕는 도심 사역에 헌신한 이들의 이야기를 들으면서 무거운 죄책감을 느낄 수도 있다. "나는 그렇게까지는 못해요. 형편없는 그리스도인이거든요!"

예를 들어, 〈필라델피아 인콰이어러 Philadelphia Inquirer〉는 자기 집을 노숙자들에게 제공한 어느 노동 계급 그리스도인 가정의 이야기를 실었다. 2년 동안 그 가족은 좁은 집에 50명 가까이 수용했다. 이 사역의 여파로 가족들은 사실상 빈곤 상태로 살고 있다. 이것이 모든 그리스도인 가정이 따라야 할 모델일까?

아닐 것이다. 그들의 특별한 은사와 부르심이 모든 가족에게 해당하지는 않는다.[17] 그렇지만 이런 차이를 인지한다고 해서 우리의 의무에서 벗어나는 것은 아니다. (뉴턴이 누가복음 14장에서 확인해주듯이) 모든 그리스도인 가정은 가난한 사람들을 집에 초대해 함께 식사를 해야 한다. 모든 그리스도인 가정은 각각 나름의 자비 사역이 필요하다. 우리의 무책임을 합리화하지도 말고, 남다른 본보기에 끊임없이 죄책감만 느끼지도 않도록 주의해야 한다.

우리가 가난한 사람들에게 다가가기 시작하면, 전에는 미처 알지 못했던 부르심이 우리에게 있다는 걸 발견할지도 모른다. 다음 세 가지가 일치한다면, 하나님이 당신을 특별한 사역으로 부르신다고 확신할 수 있다. 사역하고자 하는 갈망, 사역할 수 있는 능력, 사역할 수 있는 기회가 그것이다. 이 세 요소가 일치할 때에 부르심이 있다. 모든 그리스도인은 자비로 부르심을 받는다. 하지만 주님이 당신을, 어려움에 처한 사람들에게 더 깊이 관여하는 사역으로 부르고 계실 가능성을 타진해보라.

이 원리는 매우 중요하다. 사이더가 주장하는 엄격한 생활수준은, 아무 가족이나 무턱대고 도입할 수 있는 것이 아니기 때문이다. 분노와 혼란이 생길 수 있다. 그런 가족에게 자비 사역은 추상적인 개념일 수 있다. 그 가족이 구상하는 구체적인 사역이 있을 때에야 비로소 자신을 희생하는 삶이 건전해지고 열매를 맺을 것이다. 따라서 어려운 사람을 돕는 프로젝트를 위해 생활수준을 조정하는 그리스도인들은, 자신은 물론 가족들이 영적으로 성장하는 모습을 보게 될 것이다. 이 희생의 목적은 확실하다. 하지만 사역에 대한 구체적 부르심 없이, 죄책감 때문에 갑작스럽게 생활수준을 급격히 낮추는 것은 아무리 성경 공부의 결과라 하더라도 역효과를 가져올 것이다.

이 길이 얼마나 힘든지 모른다! 자비 행위를 회피한 채 남 신경 쓰지 않고 편안하고 독립적인 생활을 누리기는 얼마나 쉬운지 모른다. 그런가 하면, 부름 받지도 않고 준비되지도 않았는데 희생적인 생활 방식을 주입하여 가족(특히 자녀들)을 망가뜨리기는 또 얼마나 쉬운지 모른다.

가족을 부양한다

셋째, 지나친 나눔으로 자신이나 가족을 다른 사람이 책임지게 해서는 안 된다.

뉴턴을 비롯한 여러 사람이 저금과 은퇴 준비에 지나치게 투자하는 것을 경고했었다. 그렇지만 자신이나 자녀들이 말년에 남에게 경제적으로 짐이 될 정도로 무분별하게 퍼주어서는 안 된다. 여러 면에서, 이것이야말로 가장 유지하기 힘든 균형이 아닐까 싶다. 많은 그리스도인들이 보험 가입은 하나님에 대한 불신이라고 가르쳤다. 그런데 잠언은 "먹을 것을 여름 동안에 예비"하는 개미를 칭찬한다(6:8). "누구든지 자기 친족 … 을 돌보지 아니하면 믿음을 배반한 자요 불신자보다 더 악한 자니라"(딤전 5:8). 뉴턴은 많은 돈을 저축하지 말라고 말했는데, 그 말은 맞다. 하지만 당시의 뉴턴은 요즘 같은 의료비 지출은 생각하지 못했다. 저축 금액은 그리스도인 개개인의 양심에 맡길 문제다.

그러나 우리가 가난한 사람들보다 가족에 대한 과도한 투자를 합리화하는 경향이 있다는 점은 다시 한 번 되새겨야 한다. 토머스 가우지는 가난한 사람들에게 베푸는 삶에 대해 설교하면서 "너무 많이 나눠주면, 말년에 오히려 내가 궁핍해질지도 모른다"라는 반론에 이렇게 대답했다.

"가난한 자를 구제하는 자는 궁핍하지 아니하려니와"(잠 28:27). … 가난한 사람들은 당신의 (소생인) 자녀들처럼 당신 재산의 일부분에 대해 권리가 있습니다. 비록 그처럼 큰 부분은 아니더라도 말입니다. 그런 점에서 하나님의 영은, 부자가 나누어줘도 하등 지장이 없는 재산의 일부를 가난한 사람이 당연히 받아야 할 '몫'으로 요구하셨습니다. 왜냐하면 "네 손이 선을 베풀 힘이 있거든 마땅히 받을 자에게 베풀기를 아끼지 말며"(잠 3:27)라고 말씀하시기 때문입니다. 그래서 고대 교부 바실리오는 이렇게 말했습니다. "당신 찬장에서 썩어가는 빵은 굶주린 자들의 빵이요, 당신 방에 입지 않고 걸려 있는 옷은 헐벗은 자들의 옷이요, 당신 서랍에서 녹슬고 있는 금은 가난한 자들의 금이다." 그러니 가난한 사람들을 구제하는 일은 하면 좋고 안 해도 그만인 자비의 행동일 뿐 아니라, 반드시 해야 할 의무가 있는 정의의 행동이기도 합니다.[18]

정의! 요약하자면, 우리는 그리스도인들에게 '단순한' 삶이 아니라 '정의로운 삶'을 요청해야 하는지도 모르겠다. '단순한 삶'은 유용한 용어이지만, 그런 생활 방식이 선택 사항인 것처럼 들린다. 또한 자기부인의 추상적 실천, 곧 직접적인 사역이라는 목적에 대한 수단보다는 목적 그 자체가 되기 쉽다.

가난한 사람들을 구제하는 일은 자비의 행동일 뿐 아니라, '반드시 해야 할 의무가 있는' 정의의 행동이기도 하다.

결론

성경은 그리스도인들에게 기초 생필품만으로 살아가는 검소한 생활수준에 만족하라고 권면한다. 다른 한편으로는, 부자들을 불법으로 규정하지도 않고 재산 축적을 죄로 여기지도 않는다. 하나님은 근면을 인정하시는데, 부는 근면의 결과인 경우가 많다. 하지만 부자들도, 검소한 생활 방식을 유지하고 자신을 희생하여 가난한 자들에게 베풀라는, 모든 그리스도인을 향한 이 부르심에서 예외는 아니다.

그러면 수입의 얼마만큼을 나눠야 하는지 어떻게 정할 수 있는가? 나누는 만큼 당신의 생활수준도 낮아져서 어려운 사람들의 부담을 반드시 나누어 져야 한다. 그런 다음에는 당신 가족의 은사와 사역 기회를 살펴보고, 하나님의 부르심을 확인하라. 모든 개인과 가정은 자비 사역에 동참해야 하지만, 어떤 사람들에게는 하나님이 갈망과 능력과 기회를 주셔서 더 광범위한 사역으로 부르신다. 마지막으로, 가족을 확실히 부양하여 당신이나 가족들이 남에게 짐이 되지 않게 해야 한다. 그다음에는 하나님만 신뢰하라.

교회와 세상:
균형 잡힌 초점

어떤 사마리아 사람은 ⋯ _눅 10:33

개요 우리는 우선적으로 궁핍한 그리스도인들의 필요가 채워질 때까지 의도적으로, 많이 베풀어야 한다. 하지만 세상을 향한 우리 간증의 일환으로 믿지 않는 사람들에게도 넉넉하게 베풀어야 한다.

선한 사마리아인 비유는 "내 이웃이 누구니이까?"라는 율법교사의 질문에 대한 대답이다. 누가는 그 사람이 "자기를 옳게 보이려고" 그렇게 물었다고 말한다. 그는 예수님이 이웃을 사랑하라는 명령의 범위를 제한해주기를 바랐던 것 같다. 사실상 그는 주님께 이렇게 말하고 있었던 셈이다. "제발 이성적으로 생각 좀 해보세요! 우리더러 세상 모든 사람을 사랑하라는 말씀은 아니시죠? 그러면 내 이웃은 도대체 누구인가요?"

예수님은 사마리아인과 유대인을 주인공으로 내세워 이야기를 들려주신다. 그들은 심각한 원수 사이였지만, 사마리아 사람은 유대인을 도와주었다. 예수님의 대답은 분명하다. 예수님은 자비에 대한 어떤 제한도 철저히 제거하셨다. 우리가 말과 행동으로 사랑해야 할 사람은 누구인가? 그 대답은 도움이 필요한 사람, 길에서 발견한 사람 누구나라는 것이다.

하지만 이 대답은 즉시 또 다른 질문을 불러일으킨다. 그렇다면 그리스도인들은 남을 도울 때 그리스도인과 비그리스도인을 차별하지 않아야 한다는 뜻인가? 이 질문에 대한 대답은 역시 '균형'인데, 이 균형을 알기 위해서는 여러 성경 본문을 자세히 연구하고 비교해보아야 한다.

언약의 우선순위

가난한 사람을 도우라는 성경 말씀들을 쓱 훑어보기만 해도 대부분의 본문이 가난한 형제, 곧 가난한 그리스도인을 언급하고 있음을 알 수 있다. 앞서 말했듯이, 교회는 하나님나라의 모델이고, 우리는 그 나라의 패러다임이자 반문화라고 할 수 있다. 우리는 죄의 모든 결과, 곧 신학적·심리적·사회적·신체적 결과가 그리스도의 주되심 아래서 치유될 수 있음을 보여주는 증거다. 이것이 하나님이 이스라엘에게, 그분께 순종하면(즉 그분의 왕되심을 존중하면) 사회가 조화롭고 풍작을 이루며 질병과 가난이 사라지리라고 말씀하신 이유다(신 7:12-16).

신명기 15장에서 하나님은 백성에게 이렇게 말씀하신다. "네가 만일 네 하나님 여호와의 말씀만 듣고 내가 오늘 네게 내리는 그 명령을 다 지켜 행하면 네 하나님 여호와께서 네게 기업으로 주신 땅에서 네가 반드시 복을 받으리니 너희 중에 가난한 자가 없으리라"(4-5절). 이것은 이중 약속이다. 한편, 가난한 사람들을 도우라는 하나님의 사회적 법률을 이스라엘 백성이 모두 지키면, 머지않아 궁지에 몰린 사람들은 사라질 것이라는 약속이다. 다른 한편, 이스라엘 백성이 하나님께 순종하면 농작물과 경제에 천우신조의 복을 내리겠다고 약속하신다. "너희가 마음을 다하여 내 모든 율법에 순종하면 너희 나라에 영구적인 가난은 없을 것이다"라고 말씀하신 것이다.

우리는 자비 사역이 주로 언약의 축복이었다는 결론을 내릴 수 있다. 즉 하나님의 왕되심 아래 살겠다고 약속하고 그분의 언약 안에 들어간 사람들을 위한 치유 사역이었다. 자비 사역과 더불어 말씀 사역과 리더십 사역은 언약 백성, 곧 왕의 공동체를 온전하게 한다.

가족과 교회

하나님은 가난한 사람과 가장 가까운 언약 관계에 있는 사람들에게 우선적 책임을 부여하신다. 예를 들어, 가난한 이스라엘 사람들은 가장 가까운 친족에게서 가장 먼저 도움을 받았다(레 25:25). 하지만 이 언약적 자비의 의무가 가족 관계를 넘어서서 확장된다는 점에 주목하라. 바울도 가난한 사람들에 대한 가장 큰 책임이 가족, 곧 가장 가까운 언약적 관계에 있다는 데 동의한다(딤전 5:8).

둘째, 하나님의 백성인 교회는 교회 내의 어려운 사람들을 도우라는 말씀을 반복해서 듣는다. 구약성경에서는 "그 가난한 형제에게 네 마음을 완악하게 하지 말며 네 손을 움켜쥐지 말고"(신 15:7)라고 가르친다. 십일조를 거두어 그들 중에 가난한 사람들을 돕는 것은 옛 언약 공동체에서 정해진 사역이었다(신 14:28-29). 앞으로 살펴보겠지만 구약성경의 사회적 법률에는 낯선 사람들에게 자비를 베푸는 것도 포함되었다. 그러나 가난한 사람들을 도우라는 이 율법은, 같은 이스라엘 백성부터 돌보라고 권했다. 예를 들어, 가난한 이스라엘 사람에게 빌려줄 때는 이자를 받으면 안 되지만, 외국인에게 빌려줄 때는 이자를 받을 수 있었다(신 23:20). 다른 이스라엘 백성의 빚을 탕감해주는 안식년에도 이스라엘 백성이 아닌 사람들에게는 빚을 갚으라고 요구할 수 있었다(신 15:3).

신약성경 공동체도 공동체 내의 가난한 사람들을 먼저 돌보았다. 자비에 대해 다룬 유명한 본문 마태복음 25장 35절 이하, 요한일서 3장 17절, 야고보서 2장 15-17절은 모두 "먹을 것이 없는 형제나 자매"를 언급한다. 교회 내에 자비 사역을 담당하는 공식 제도가 있어서 가난한 과부들을 돌보았다(행 6:1-7; 딤전 5:3-5). 재난에 대처할 때도 어려운 그리스도인들을 돕는 것이 최우선 순위였다. 바울은 서쪽 지역 선교 여행을 잠시 미루고 가난한 사람들을 위한 연보를 가지고 예루살렘으로 향했다(롬 15:23-28). 자비 사역은 교회에서 정말로 중요한 사역이었다!

국가

세 번째 언약적 관계는 시민과 정부의 관계이다. 하나님이 이방 왕들에게도 가난하고 약한 백성의 필요를 책임지게 하셨다는 점은 주목

할 만하다. 예를 들어, 느부갓네살 왕은 "가난한 자를 긍휼히 여기지" 않아서 비난받는다.[1] 이방 국가 이집트에서 고위 관직에 올랐던 요셉은, 자기 나라는 물론 주변 국가들에까지 기아 구제 프로그램을 제공했다. 이로 인해 아브라함의 혈통 가운데 첫 번째로 "열방에 복"이 되었다(창 41:53-57).

성경은 궁핍한 자를 돌보는 데 있어서 국가의 역할은 별로 언급하지 않는다. 이런 사실은, 최소한, 하나님이 국가보다는 주로 교회와 가족에게 자비 사역을 맡기셨다는 뜻으로 추측할 수 있게 한다. 하지만 열방에 대한 하나님의 심판과 요셉의 예로 보건대, 국가도 극빈층을 도와야 할 책임이 있다는 것이 합리적이다. 그러나 지금까지의 내용에 비추어 보면, 가족과 교회와 국가라는 세 사회 기관 중에서 언약적 관계에 가까울수록 자비를 베풀 책임도 커지는 것을 알 수 있다.

요약하면, 그리스도인이 자비 사역에서 첫 번째로 책임질 대상은 다른 그리스도인들, 곧 가장 가까운 언약 관계에 있는 자들이다. 언약적 책임은 무겁다. "반드시 네 손을 그에게 펴서 그에게 필요한 대로 쓸 것을 넉넉히 꾸어주라.… 너는 반드시 그에게 줄 것이요 줄 때에는 아끼는 마음을 품지 말 것이니라"(신 15:8, 10). 가난한 형제의 필요가 사라질 때까지 베풀어야 한다.

외인에게 베푸는 자비

그리스도인들이 우선 책임질 대상은 공동체 지체인 가난한 자들이지만, 성경은 교회 밖 가난한 사람들도 외면하지 말라고 명령한다. 갈라디아서 6장 10절은 그 점을 분명히 한다. "그러므로 우리는 기회 있는 대로 모든 이에게 착한 일을 하되 더욱 믿음의 가정들에게 할지니라." "착한 일"이란 무엇인가? 주석가들은 거의 만장일치로 이 구절이 자비 사역을 가리킨다고 말한다. 본문의 문맥은, 가르치는 자들에게 재정적으로 기여하는 것(6:6)과 짐을 나누는 것(6:2)에 대해 말한다. 따라서 바울은 "자비 사역은 우선적으로 우리 공동체를 대상으로 하지만, 궁극적으로는 모든 사람에게 행해져야 한다"고 말하는 셈이다.[2] 다시 말해, 자비 사역은 교회의 교제를 뜻할 뿐 아니라 교회의 선교도 뜻한다.[3]

몇몇 일반적 신학 원리들도, 그리스도인들이 믿지 않는 자들에게까지 자비 사역을 확장해야 한다고 말한다.

이웃

먼저, 성경에는 '이웃'을 내 몸과 같이 사랑하라는 말이 나온다. 어떤 사람들은 누가복음 10장 25-37절이 위급 상황에서만 비그리스도인들을 도와야 한다는 가르침이라고 말하기도 한다. 하지만 그런 해석은 문맥을 무시한 것이다. 주님은 유대인들이 사랑의 행위라는 사역을 자기 인종/종교 공동체 안으로만 제한하지 않도록 설득하고 계신다. 예수님이, 유대인과 심각한 원수지간인 사마리아인을 주인공으로 한 극단적 예를 선택하신 이유가 무엇이겠는가? 선한 사마리아인의 비유는 누구라도 우리 '이웃'이 될 수 있다고 확실히 정의한다. 친척, 친구, 지인, 낯선 사람, 원수까지도 도움이 필요한 사람이면 누구나 이웃에 포함된다. 모든 사람이 내 형제는 아니지만, 모든 사람이 내 이웃이다.

나그네

둘째, 성경(특히 구약성경)은 나그네를 섬기라고 말한다. '나그네'(히브리어 '게르 ger')는 이스라엘 땅에 거주하는 비유대인을 가리켰다. 나그네는 이스라엘의 기본 종교 율법, 즉 안식일에 일하지 않고 우상숭배를 하지 않는 등의 율법을 준수해야 했다(레 20:2, 16:29). 하지만 부정한 고기는 먹을 수 있었고(신 14:21), 원치 않으면 유월절을 지키지 않아도 되었으며 할례도 받을 필요가 없었다(출 12:48). 따라서 언약의 표시인 할례를 받지 않은 그들은 사실상 언약 공동체에 속하지 않았다. 자비 사역에 관한 많은 율법이 이방인보다는 이스라엘 백성의 필요를 우선시한 점은 앞에서 살펴보았다.

그러나 이런 나그네들 역시 자비 사역의 수혜자였다. 나그네는 추수가 끝난 밭과 포도밭에서 남은 열매를 거둘 수 있었다(레 19:10, 23:22). 그들은 과부, 고아와 함께 약자로 분류되었으므로, 하나님은 나그네를 억압하는 사람들에게 벌을 내리실 것이다(출 22:21; 레 19:33-34). 다시 말해, 나그네는 언약 공동체는 아니지만 하나님 백성의 행위 사역을 받을 권리가 있었다.

나그네들에게 자비를 베풀라는 구약성경 규율이 오늘날 우리에게는 무엇을 시사하는가? 신약성경도 동일한 내용을 전제한다. 예수님은 그분의 종들에게 심판 날에 대해 이렇게 말씀하신다. "내가 … 나그네[xenos, 외국인] 되었을 때에 영접하였고"(마 25:35, 43). 히브리서 저자는 독자들에게 나그네 대접하기를 잊지 말라고 강하게 권면한다(히

13:2; 참고. 딤전 5:10).**4**

원수

비그리스도인들에게 자비를 베풀어야 하는 세 번째 이유는 원수들에게까지 미치는 하나님의 '일반 은총' 때문이다. 일반 은총은, 신앙여부와 관계없이 모든 사람에게 주시는 하나님의 일반적 복을 묘사할 때 신학자들이 사용하는 용어다. 예를 들어 마태복음 5장 45절은 하나님이 이 땅의 모든 사람에게 건강과 풍작을 주신다고 말한다. "하나님이 그 해를 악인과 선인에게 비추시며 비를 의로운 자와 불의한 자에게 내려주심이라." 얼마나 은혜로우신 분인가!

그러고 나서 예수님은 우리도 행위 사역을 할 때 이렇게 해야 한다고 말씀하신다. "너희가 너희를 사랑하는 자를 사랑하면 무슨 상이 있으리요"(마 5:46). 예수님은 평행 본문에서 원수를 "선대하고""꾸어주라"고 말씀하신다. 하나님은 선인과 악인 모두에게 자비를 베푸시기 때문이다(눅 6:32-36). 조나단 에드워즈는 가난한 자들에게 자선을 베풀라는 글을 이렇게 마무리한다.

우리는 감사할 줄 모르는 사람들과 악인들에게 특히 친절해야 한다. 그것이, 그 해를 악인과 선인에게 비추시며 비를 의로운 자와 불의한 자에게 내려주시는 하늘 아버지의 본을 따르는 것이다. 우리는 우리에게 친절한 사람들뿐 아니라 우리를 미워하고 악의적으로 이용하려는 사람들에게도 친절해야 할 의무가 있다.**5**

하나님의 자비와 우리의 자비

세상의 가난한 자들에게도 자비를 베풀어야 하는 네 번째 이유는 하나님의 구원하시는 자비 때문이다. 하나님의 구원은 받을 자격 없는, 하나님의 원수들에게도 임한다(롬 3:9-18). 바울은 가장 흉악한 죄인인 자신이 그 구원을 입어서 그리스도의 무한하신 인내를 증거하게 되었다고 말한다. 신약성경이 신체적 필요를 돌보는 사역을 '자비' 사역이라고도 칭할 때, 우리는 우리의 자비가 하나님의 자비와는 전혀 다른 원리로 움직인다고 믿어야 하는가? 또는, 우리는 믿지 않는 사람들과 원수들에게는 자비를 베풀지 말아야 하는 것인가?

하나님이 반역자들에게도 자비를 베푸셔서 그들을 책임 있고 온전한 존재로 만드신다는 사실을 기억해야 한다. 따라서 우리는 그런 목적을 염두에 두고 도와야 한다. 그러면 우리는 친구와 친척에게만 자비를 베풀어야 하는가? 하나님의 자비는 그렇지 않다. 또한 하나님 은혜의 본보기는 우리가 수동적으로 가만히 앉아서 어려운 사람들이 구걸할 때까지 기다려서는 안 된다고 암시한다. 오히려 인간의 기본 필요들을 연구하고 발견하고 충족해주어야 한다. 그리스도는 하늘에 앉으셔서 우리가 그분의 자비를 구걸할 때까지 기다리고 계셨는가? 아니다. 그분은 친히 우리를 찾아오셨다.

세상의 가난한 사람들에게도 자비를 베풀라고 권면하는 다섯 번째 이유는 사랑의 의미 때문이다. 성경은 "모든 사람에 대한 사랑이 더욱 많아 넘치게 하사"라고 명령한다(살전 3:12). 사랑은 말로만 해서는 안 되고 늘 사랑의 행위를 수반해야 한다(요일 3:17-19). 물론 요한은 독자들에게 그리스도인 형제들을 행함과 진실함으로 사랑하라고 말하고 있다. 그렇다면 우리는 안 믿는 이들의 신체적·경제적 필요를 채워주는 것이 아니라 복음을 전하는 것으로("진실함으로" 사랑하여) 그들을 사랑할 수 있다고 전제해야 하는가? 믿지 않는 사람들에 대한 사랑은 믿는 사람들에 대한 사랑과는 전혀 다른 개념으로 생각해야 하는가? 아니다. 모든 사람을 사랑하라는 말씀은 그들을 말과 행동으로 사랑해야 한다는 뜻이다.

그리스도의 행위 사역

예수 그리스도는 "말과 일"에 능하셨다(눅 24:19). 베드로는 고넬료에게 예수님의 치유와 축귀 사역에 관해 언급하면서 "그가 두루 다니시며 선한 일을 행하셨다"고 말했다. 우리는 "예수님이 베푸신 기적의 숫자를 과소평가하기 쉽다. 사실상 그분의 공생애 기간 3년 동안 팔레스타인 지역에서는 질병과 죽음이 종적을 감췄다고 전해진다."[6] 예수님은 사람들을 먹이고 고치고 귀신을 내쫓는 기적의 행위 사역을 행하셨다.

그리스도가 믿지 않는 사람들에게는 말씀을 전하시고, 치유와 기적은 그리스도인 공동체로만 제한하셨는가? 아니다. 예수님은 수많은 무리를 먹이셨다. 그분의 행위 사역을 이스라엘 공동체에만 제한하지 않으셨다. 마태복음 4장 24절은 "그의 소문이 온 수리아에 퍼진지라. 사람들이 모든 앓는 자 곧 각종 병에 걸려서 고통당하는 자 … 들을 데려오니 그들을 고치시더라"라고 말한다. 누가복음 6장 17-18절은 두로와 시돈 사람들이 예수님 말씀을 듣고 병 고침을 받기 위해 왔다고 말한다. 예수님은 가나안 여자의 딸을 고쳐주시기도 했다.[7] 이스라엘 공동체 바깥의 사람들에게도 말씀과 행위로 다가가셨다.

앞부분에서 죄가 인생의 모든 측면, 곧 영적·심리적·사회적·신체적 측면을 망가뜨렸다고 말했다. 그러나 하나님나라는 하나님의 능력 아래서 이 모든 영역을 회복한다. 예수님의 기적들은 그 나라가 임했음을 보여주었다. 성경은 하나님나라에 대한 예수님의 가르침과 그분의 기적을 동시에 언급한다(마 4:23, 9:35). 이런 초자연적 행위들은, 어떻게 하나님나라가 창조세계 전체를 회복하고 죄의 모든 영향력이 그분의 통치 아래서 치유되는지를 우리 눈에 보이게 드러내주었다.[8]

하나님나라의 표지인 자비

그렇다면 우리의 자비 행위도 새 하늘과 새 땅의 약속을 가리켜야 한다. 성령을 통해 그리스도의 사랑이 부어져서 하나님나라의 약속이 이미 성취되고 있다는 것을 보여주어야 한다! 교도소를 방문할 때는 (마 25:36), 그리스도가 주의 은혜의 해를 임하게 하신다는 자유를 갇힌 자들에게 선포해야 한다(눅 4:18). 하나님의 희년이라는 마지막 날은 아직 오지 않았다. 그러나 성령의 은사를 통해 자비 행위로 나타난 그리스도의 구원 능력 가운데 그 나라는 이미 임했다. 교회는 하나님나라의 대리인으로서 세상 속으로 들어간다(행 8:12, 14:22, 28:23). 교회가 기적 같은 행위 사역을 일상적으로 할 수는 없지만, 우리는 여전히 행위로 세상에 하나님나라를 보여주어야 한다.

예수님이 사람들을 고치시고 먹이신 행동들은 하나님나라의 초자연적 표지였다. 그러나 그 동기는 인간의 기본적 필요를 해결해주시려는 바람이었다는 점을 우리는 잊지 말아야 한다. 그리스도가 4천 명을 먹이실 때, 그 기적을 통해 사람들에게 무언가를 증명하려 하셨다는 언급은 없다. (그들 중 많은 사람들은 무슨 일이 벌어지고 있는지조차 몰랐던 것 같다.) 예수님이 사람들을 먹이신 이유는 따로 있다. "내가 무리를 불쌍히 여기노라. 그들이 나와 함께 있은 지 이미 사흘이매 먹을 것이 없도다. 길에서 기진할까 하여 굶겨 보내지 못하겠노라"(마 15:32). 그분은 무리(모두 다 믿는 이들은 아니었다)가 위기에 처한 것을 보시고 그들을 먹이셨다. 이것이 자비 사역이다.

우리도 주님을 따라야 한다. 자비 사역은 단순히 우리의 가르침을 검증하는 방법이 아니다. 행위 사역은 긍휼이 동기가 되어야 한다. 초자연적 능력이 없더라도 긍휼히 여기는 마음에서 사람들의 신체적 필요를 채워줄 때, 우리는 하나님나라의 새롭게 하는 능력을 드러내게 된다.

지상 대명령

그리스도가 직분자들의 감독 하에 해야 할 일로 교회에게 명하신 것은 정확히 무엇이었는가? 대부분의 사람들은 가르침과 제자 삼기를 강조한 마태복음 28장 18-20절의 지상 대명령을 떠올린다. 하지만 예수님은 산 위에서만 명령을 주시지 않았다. 요한은 예수님이 부활하신 후 다락방에서도 "아버지께서 나를 보내신 것같이 나도 너희를 보내노라"(요 20:21; 참고. 17:18)고 제자들에게 명하셨다고 말한다.

이 말씀은 마태복음 28장 19-20절보다 확실히 더 포괄적이다. 앞에서 보았듯이, 예수님은 "말과 일에 능하셨다"(눅 24:19). 예수님은 하나님나라 복음을 전하시면서, 병자를 고치시고 고통 받는 사람을 위로하시고 죽은 자를 일으키셨다. 통상적으로, 우리가 초자연적 행위 사역으로 그리스도를 따르지는 않지만 우리도 말과 행동으로 "세상 가운데" 들어간다.[9]

사도들에게 하신 예수님의 명령은 전체 교회에도 동일하게 해당된다. 사도들은 "천국 열쇠"(마 16:19)를 받았다. 존 머리는 "열쇠는 청지기직, 곧 통치를 나타낸다"고 했다.[10] 사도들은 독특한 권세를 가졌을 뿐 아니라, 모든 세대에 걸친 교회의 통치와 지도권을 대표한다. 사도들이 말과 행동으로 사역하기 위해 세상에 보냄 받았다면, 교회도 그렇게 보냄 받았다는 뜻이다. 우리는 개별 그리스도인으로서뿐 아니라 교회라는 조직체로서도 세상에 나아간다.[11]

역사적 모델

역사는 초기 그리스도인들이 비그리스도인들에게 경제적 지원을 아끼지 않았음을 확인해준다.

주후 361년에 로마 황제가 된 율리우스는, 이교도 신앙을 되살리려고 애썼다. 하지만 옛 종교들이 기독교 신앙의 인기에 미치지 못하는 것을 보고 분통을 터뜨렸다. 그는 어느 이교도 사제에게 보내는 편지에서 (자기 생각에) 기독교가 성공한 이유를 언급한다. "불경한 갈릴리 사람[그리스도인]들은 그들 중에 가난한 사람들만이 아니라 우리 중에 가난한 사람들까지 돕는데, 우리 백성은 동족한테도 도움을 받지 못하는 형편이니 … 참으로 부끄러운 일이다!"[12] 흥미롭게도 다른 곳에서 율리우스 황제는 그리스도인들의 구제와 유대 공동체의 구제를 구별하는데, 후자는 구제 대상을 자기 공동체의 일원으로 제한한다.[13]

율리우스 황제가 유감스러운 심정으로 목격한 그리스도인들의 자비 사역은 그 당시에 새롭게 등장한 것이 아니었다. 이전 세기에 전염병이 크게 돌 때도 교회는 모든 시민에게 재정 지원과 구제를 아끼지 않았다. 많은 그리스도인들이 "너희 원수를 사랑하라"는 명령에 순종하여 목숨을 아끼지 않고 환자를 돌보았다. 이런 모습은 이교도들의 이기적 행동과 크게 대조되었고, 그래서 그리스도인들의 신앙은 존경받았다.[14]

오늘날에도 자비 사역의 본보기는 많지만, 그중에서도 비교적 덜 유명한 한 사례를 들어보자. 영국 스코틀랜드의 토머스 차머스Thomas Chalmers가 한 일이다.

존 녹스John Knox는 16세기에 스코틀랜드 개혁(개신)교회를 세웠다. 스코틀랜드는 교구로 나뉘어 있었는데, 각 교회에는 장로와 집사라는 두 직분이 있었다. 집사들은 교회 기금으로 교구의 가난한 사람들을 돌보는 책임을 맡았다. 교구 사역자는 교구 내 거주자들의 물질적인 복지와 영적 복지를 모두 책임져야 했다. 또한 집사들이 교구의 빈곤 구제 기금을 정직하게 거두고 분배하도록 감독했다.[15] 하지만 18세기에 접어들면서 교구제와 집사 직분, 둘 다 사라지기 시작했다.

그런데 1800년대 초반, 글래스고 세인트존스 교회의 토머스 차머스 목사가 이 제도를 부활시켰다. 그의 교구에는 1만 1,513명이 살고 있었는데, 그중 2,633명이 세인트존스 교회 교인이었다. 4천 명은 교회와 전혀 상관없는 사람들이었다. 지역 전체는 '쿼터quarter'라는 구역으로 나뉘어져 각 구역을 담당하는 집사가 있었다. 집사의 역할은 장로들에게 구역의 경제 상황을 알려주는 것이었다. 집사는 실직자가 일을 구하고, 교육을 받지 못하는 아이들이 학교에 다닐 수 있도록 도왔다. 도움이 필요한 가정을 발견하면, 일단 동네에서 구제할 방법을 찾았다. 달리 도울 방법이 없는 경우에만 빈곤 가정 목록에 올렸다. 어느 해 통계를 보면, 교구에 소속된 약 3,500가정 중에 97가정이 교회의 구제 목록에 적혀 있다.[16]

집사들은 혼자 일하지 않았다. 장로, 집사, 주일학교 교사, 평신도 '전도자'로 구성된 사역 팀이 각 '쿼터'를 담당했다. 집사가 어려운 사람들을 돕는 동안, 다른 사람들은 복음을 전하고 아이들을 교회학교에 등록시켰다. 차머스는 이 프로그램을 "윤리적 기구moral machinery"라고 불렀다.[17] 그의 사역이 정부 복지 제도와 경쟁한다는 비난을 받기도 했는데, 차머스는 이 비난에 선뜻 동의했다! 그러면서 교회는 정부가 하지 못하는 일을 할 수 있어야 한다고 덧붙였다. 그는 교회가 빈곤의 윤리적·영적 뿌리를 다룰 수 있다고 믿었다.[18]

결론

그리스도인이 자비를 베풀어야 할 첫 번째 대상은 언약 안에 있는 형제자매들이다. 궁핍한 그리스도인들의 필요에 최우선 순위를 두어야 한다. 그런 도움은 그리스도가 그 자녀들에게 베푸신 치유의 축복이 된다.

다른 한편으로 그리스도인은 말과 행동의 복음을 들고 세상으로 들어가야 한다. 우리가 믿지 않는 사람들을 도와야 하느냐는 질문은 자칫 위험할 수 있는데, 그런 질문은 바리새주의를 드러내기 때문이다. 예수님은 선한 사마리아인의 비유에서 이미 그 답을 주셨다. 그분은 레위기 19장 18절에 대해 인간이 상상할 수 있는 가장 놀랄 만한 해석을 내놓으신다. 내 이웃이 누구니이까? 모든 형제, 모든 이웃, 모든 나그네, 모든 원수가 다 내 이웃이다. 그들의 가장 인간적인 기본 필요들을 찾아서 채워주는 것이 우리가 할 일이다.

조건과 무조건:
균형 잡힌 판단

그를 보고 불쌍히 여겨 가까이 가서 … 싸매고 _눅 10:33-34

개요 하나님의 자비는 아무 조건 없이 우리에게 오지만, 우리의 협조 없이는 진척되지 않는다. 마찬가지로 우리는 받는 사람의 자격 여부와 상관없이 아낌없이 베풀어야 한다. 그러나 우리는 조금씩 변화를 요구해야 하는데, 그렇지 않으면 진정한 사랑이라고 할 수 없다.

사마리아인은 강도 만난 사람의 배경을 보지 않았다. 신청서 양식을 채우라고 하지도 않았다. 그를 보자마자 가까이 가서 자비를 베풀었을 뿐이다. 이 모습은 우리가 어떻게 무조건적으로 섬겨야 하는지를 보여주는 완벽한 본보기이지 않은가? 우리는 상대방의 환경과는 상관없이 누구라도 도와야 하지 않는가?

5장에서는 믿지 않는 사람들에게도 자비를 베풀어야 한다는 사실을 살펴보았다. 그렇다면 어려운 사람이면 구분 없이 무조건 도와주어야 한다는 뜻인가? 어려운 사람은 도대체 어떤 사람을 말하는가? 조건이 있다고 한다면, 우리는 어떤 상황에서 어려운 사람들을 도와주어야 하는가?

자비를 받을 만한 사람은 누구인가?

사람들은 가난한 사람을 두 부류로 나눈다. 도움 받을 '자격이 있는' 사람들, 곧 가난이 그 사람들 책임이 아닌 경우와 '자격이 없는' 사람들, 곧 자기 죄와 어리석음 때문에 가난해진 사람들이다.[1] 어떤 사람들은 도움 받을 자격이 있는 사람들만 도와줘야 한다고 생각한다. 그런가 하면, 아주 극단적인 경우(범행 방조)를 제외하고는 차별 없이 무조건적으로 자비를 베풀어야 한다고 믿는 사람들도 있다. 우리는 굶주리는 세상 모든 사람에 대해 책임이 있다. 모든 사람이 우리의 자비를 받을 '자격이 있다.' 그들에 대한 의무를 제한하는 것이 있다면 우리가 가진 기회와 자원뿐이다.[2] 복음주의 공동체 내에서 이 두 관점은 늘 충돌한다.[3] 그런데 두 관점 모두 건전한 성경적 원리들을 강조하고 있다. 여기서도 우리는 균형 감각의 필요성을 절감한다.

'조건'에 반대하는 경우

우리는 '조건 없는' 자비의 성경적 근거를 이미 여러 측면에서 살펴보았다. 선한 사마리아인 비유가 원수를 도와야 한다고 가르친다는 점도 보았다. 예수님이 큰 무리 앞에서 말씀과 행동으로 사역하신 것도 보았다. 그분은 이스라엘 공동체에 우선순위가 있다고 말씀하셨지만(마 15:26 이하), 이스라엘 안팎의 사람들 모두에게 말씀을 전하시고 병든 자를 고치셨다.

"은혜를 모르는 자와 악한 자"도 선대하고, 보상을 바라지 말고 주라는 예수님 말씀도 살펴보았다(눅 6:32-35).[4] 마지막으로, 우리의 자비 사역이 하나님의 구원하시는 자비를 닮아야 한다는 것도 보았다. 우리가 하나님을 위해 무슨 일을 했기 때문에 그분이 우리에게 오신 것이 아니다. 우리는 그분을 위해 일할 의향조차 없는 존재였다(롬 5:10). 그렇다면 우리의 자비는 하나님의 자비와 전적으로 다른 원리에 따라 작용하는 것인가? 행위 사역은 말씀 사역과 마찬가지로, 상대방의 조건과 상관없이 모든 사람을 대상으로 해야 한다.

그럼 어떤 결론에 도달하는가? 첫째, 성경을 근거로 '자격 있는' 가난한 사람들에 대해 말하는 것은 상당히 어렵다. 우리가 베푸는 도움은 보상이 아니라 자비다. 자비를 받을 자격이 있는 사람이 있을 수 있는가? 만약 그렇다면, 과연 그것이 자비일까? 둘째, 자비나 행위 사역은 구체적인 목적, 곧 하나님나라를 전한다는 목적이 있어야 한다. 이 말은 우리가 말로 할 때처럼 행동으로도 하나님께 마음을 열고, 반항하려는 의지를 그분의 주되심 아래 복종시켜야 한다는 뜻이다. 그럼,

우리는 사역을 시작하기 전에 마음이 의로워질 때까지 기다려야 하는가? 아니다. 바로 지금 우리는 화해의 사역자들이다(고후 5:20).

그렇다면 우리의 자비 사역은 하나님의 자비를 닮아야 한다. 하나님의 자비에는 조건이 없다.

'조건'에 찬성하는 경우

지금까지 살펴본 내용에도 불구하고, 도움을 베풀 때 '조건'이 필요하다고 말하는 매우 중요한 성경적 근거가 있다.

성경은 모든 사람이 일을 해야 한다고 가르친다. 십계명의 네 번째 계명은 "너는 엿새 동안 일하고"(출 34:21)이다. 우리는 일하는 존재로 창조되었기에, 일하지 않으면 만족을 누리지 못한다(전 3:22, 5:12). 어느 현대 철학자가 제대로 지적했듯이, 사람들이 종류를 가리지 않고 받지만 최소한으로 하는 유일한 것이 바로 일이다.

그래서 바울은 "누구든지 일하기 싫어하거든 먹지도 말게 하라"라는 유명한 말씀을 내놓는다(살후 3:10). "싫어하다"라는 진행형 시제는 아마도 습관적 태도를 뜻할 것이다.[5] 이 말씀은 단순히 게으른 자들에게 가난이 닥친다는 뜻이 아니다. 오히려 게으른 형제로 하여금 자기 행동의 대가를 맛보게 해야 한다는, 교회에 주는 훈계에 가깝다. 바울은 "살길을 찾겠다는 의도가 없는 사람에게 계속 음식을 주면서 도와주지 말라"고 말한다.

관련된 또 다른 본문으로는 디모데전서 5장 3-10절이 있다.

참 과부인 과부를 존대하라. 만일 어떤 과부에게 자녀나 손자들이 있거든 그들로 먼저 자기 집에서 효를 행하여 부모에게 보답하기를 배우게 하라. 이것이 하나님 앞에 받으실 만한 것이니라(3-4절).

빈곤한 과부들에 대한 경제 지원을 '존대'나 '공경'('티마오*timaō*')으로 표현했다는 점에 주목하라. 가난은 경멸의 대상이 아니었다! 가난한 사람들에게는 지원만큼이나 존중이 필요하다. 하지만 바울은 디모데에게 정말로 가진 게 없는 과부들만 도와야 한다고도 말한다.

그의 조언은 계속해서 이렇게 이어진다.

향락을 좋아하는 자는 살았으나 죽었느니라.⋯ 과부로 명부에 올릴 자는 나이가 육십이 덜 되지 아니하고 한 남편의 아내였던 자로서 선한 행실의 증거가 있어 혹은 자녀를 양육하며 혹은 나그네를 대접하며 혹은 성도들의 발을 씻으며 혹은 환난 당한 자들을 구제하며 혹은 모든 선한 일을 행한 자라야 할 것이요(6, 9-10절).

바울은 여기서 구제 목록에 올릴 수 있는 과부의 조건을 명시한다. 우선, "향락을 좋아하지" 말아야 한다. 여기서 사용한 단어는 대개 부도덕한 삶을 가리킨다. (지금도 그렇지만) 그 당시 혼자인 여성들은 정서적·경제적 후원을 받기 위해 성적인 죄를 짓는 유혹을 받을 수 있었다.[6] 특히 중요한 것은, 과부가 적극적으로 "선한 일"을 해야 한다고 주장한 점이다. 바울은 과부들이 비단 먹고살기 위해서 뿐만 아니라, 선행을 하려는 노력의 한 방편으로 "일하는 것"을 기대한다. 자비를 베푸는 과부가 자비를 받을 것이다!

남을 돕는 조건에 대해 성경에서 말한 내용을 요약해보자. 첫째, 우리가 베푼 자비로 인해 누군가가 하나님께 불순종하게 돼서는 안 된다. 둘째, 우리가 가난한 사람들에게 자비를 베풀면 그들도 자비를 베풀 수 있어야 한다. 즉 지혜와 사랑으로 그들을 섬겨서 그들이 (더 이기적인 사람이 아니라) 덜 이기적인 사람이 되게 해야 한다! 어떤 저자는 이 점을 다음과 같이 훌륭하게 표현했다. "'가난한 사람들을 섬긴다'는 말은, 그들이 다른 사람들을 섬기는 모습을 보겠다는 의도가 없다면, 또한 주는 것이 받는 것보다 복이 있다(행 20:35)는 예수님 말씀을 확증해 주지 않는다면, '가난한 사람들을 망가뜨린다'는 말을 완곡하게 표현한 것이나 다름없다."[7]

하나님 자비의 양면성

그러면 어떻게 성경의 이 두 가르침이 조화를 이룰 수 있을까? 은혜를 모르는 악한 사람들에게 아낌없이 자비를 베풀면서도, "일하기 싫어하거든 먹지도 말게 하라"는 교훈을 존중할 수 있을까? 우리는, 하나님의 은혜와 자비를 바라볼 때만 우리의 의무를 이해할 수 있다.

하나님의 은혜가 맨 처음 올 때는 우리의 자격과 상관없이 무조건적으로 온다. 그 자비는 "무한하셔서" 우리가 아직 원수일 때, 그분께 아무런 관심이나 욕구를 보이지 않을 때에도 우리를 복음으로 부르신다(롬 3:9-18).[8] 그러나, 하나님의 자비는 이렇게 아무 조건 없이 오지만 조건 없이 진척되지는 않는다! 하나님은 성화 과정에서 우리의 협조를 요구하신다. 왜일까? 하나님이 우리를 사랑하시기 때문이다. 우리는 거룩해야만 행복할 수 있다. 하나님은 우리를 처음 발견하셨을 때의 상태로 우리를 내버려두시지 않는다. 그분의 자비에 협조하라고 하신다. 우리는 성경 연구, 하나님과의 교제, 진리의 실천에 힘써야 한다. 그러지 않으면 성장은 없다.[9]

우리 자비의 양면성

우리도 기회와 자원이 있는 한, 처음에는 도움이 필요한 사람이면 누구에게나 자비를 베풀어야 한다. 죄가 그들의 가난에 부분적이나마 영향을 미쳤다고 해도 그들을 '자격 없는' 자로 판단하여 외면해서는 안 된다. 물론 사기꾼을 경계해야 하고, 순진하게 도움만 건네고 이용당하는 일은 없어야 한다. 우리는 그리스도의 무한하신 은혜를 증거하는 사람으로서, 거스르려는 마음을 주님께 되돌리려는 노력의 일환으로 도움을 베풀어야 한다.

하지만 거기서 멈춰서는 안 된다. 필요한 물품을 즉시 건네거나 고통을 멈춰주는 것이 자비의 목적은 아니다. 가난한 사람을 회복시키는 것이 진짜 목표가 되어야 한다. 상대방이 자립할 때까지 한 사람을 정성껏 돕고 세워주어야 한다. 상대방을 사랑하는 마음으로 점점 더 많은 협조를 요구해야 한다. 자비의 목적은 우리가 돕는 사람들의 삶에서 하나님의 주되심이 드러나는 모습을 보는 것이다. 그들이 의 가운데 성장해야 한다. 우리가 도운 사람들이 오히려 하나님께 반항하게 되면 안 된다.

이 원리를 뒷받침하는 내용은 성경 곳곳에서 볼 수 있다. 이스라엘에서는, 자유를 얻게 된 종을 놓아줄 때 주인은 새 인생에 필요한 곡식과 도구, 재료들을 들려 보내야 했다(신 15:12-15). 가난한 자들을 도우려면 상담과 격려, 교육, 직업 훈련, 보조금 등이 필요할 것이다. 시편 41편 1절은 가난한 자들을 "보살피는" 사람에게 복이 있다고 말한다. 이 단어는 형식적으로 도와주는 것이 아니라, 세심하게 고려하고 계획을 제안한다는 뜻이다.[10] 따라서 우리의 자비는 온전한 한 인격의 재활을 목표로 삼아야 한다.

우리는 최대한 인내심을 발휘해야 하지만, 구제를 악용하는 이들이 있다면 결국에는 도움의 손길을 거둬들여야 한다.

그렇다면 자비 사역은 복음 전도와 사실상 같은 밑바탕에서 행하는 것이다. 처음에는, 기회와 자원이 있는 한 누구에게라도 복음을 전한다. "누구라도 좋소!" 그들이 우리에게 다가오기를 기다리지 않는다. 하지만 어떤 사람이나 집단이 복음을 거역하고 존중하지 않는 태도를 보인다면, 결국에 우리는 물러나야 한다. 계속해서 밀어붙이면 오히려 상대방의 마음을 강퍅하게 만들고, 복음 메시지를 더럽히게 될 수 있기 때문이다.

"우리를 당신 인생에 초대해주세요"

어떤 남자가 목사의 개인 사무실에 찾아와 돈을 요구했다. 온 몸에서 술 냄새가 풍겼다. 목사가 그에게 사는 곳과 돈이 필요한 이유를 묻자, "먹을 걸 사려고요!"라고 대답했다. 사내는 근처 단칸방에 사는데, 오랫동안 일 감을 찾지 못했다고 말했다. 목사는 현금을 줄 수는 없고 같이 나가 먹을 것을 사주겠다고 말했다. 그는 달가워하는 기색은 아니었지만, 목사를 따라 나섰다. 목사는 자비 기금에서 돈을 지출하여 그 사람에게 식사를 대접 했고, 밥을 먹으면서 그의 상황을 묻고 복음을 전했다. 그는 반감도, 관심 도 보이지 않았다.

일주일 뒤, 사내는 다시 교회를 찾아와 돈을 요구했다. 목사는 "짐, 이번 에도 식사는 대접하겠지만, 계속해서 도움을 받고 싶으면 우리를 당신 인 생에 초대해주셔야 합니다"라고 말했다. 사내는 그게 무슨 말이냐고 물었 다. "당신이 직업을 구하지 못하는 이유와 관련된 당신만의 습관이나 행태 가 있을 것입니다. 우리 교회가 정말로 당신을 도우려면, 당신의 인생 전체 를 볼 수 있어야 해요. 재정 관리에 도움이 필요할 수도 있고, 개인적인 문 제가 있을 수도 있죠. (저한테 분노 조절이 힘들다고 말했던 거, 기억하죠?) 그러니까 우리가 당신을 위해 좀 더 폭넓게 사역하도록 허락하지 않는다면, 이렇게 돈만 건네서는 진정한 사랑이 될 수 없다는 거죠." 머뭇거리던 짐은, 자기 인생은 자기가 알아서 한다고 대답했다. 그날 이후, 사내는 두 번 다시 교 회를 찾지 않았다.

여기서 균형을 볼 수 있다. 우리는 우리가 베푸는 자비를 통해 그리스도의 무한한 사랑을 입증해야 한다. 하지만 그와 동시에, 전 인격을 그리스도께 드리도록 요구해야 한다. 그러면 많은 경우, 상대방이 먼저 도움을 거절한다. 우리는 이 균형을 잃지 않도록 힘써야 한다. '보수주의자들'의 문제점은, 성급하게 조건부터 들이대면서 불의한 사람들에게 자비 베풀기를 거부하는 성향이 있다는 것이다. 이와 대조적으로, '자유주의자들'은 추가로 도움을 줄 때도 아무 조건을 제시하지 않는다.

자비로 자비를 제한하라

그러면 도대체 언제부터 조건을 제시해야 하는가? 구체적인 지침이 있는가? 우리의 지침은 자비로 자비를 제한하는 것이다. 우리는 복수심 때문에 자비를 제한할 때가 있다. "내가 저 사람을 위해 한 일을 생각해 봐. 그런데 나한테 돌아온 게 뭐야?" 기껏 어려운 사람을 도왔는데 남들에게 웃음거리만 되고, 아무 반응이 없는 상대 때문에 난처하기 그지없다. 이기심 때문에 자비를 제한하기도 한다. "저 가족에게 간도 쓸개도 다 내줬는데, 이제 그만해야겠어!" 하지만 결국에는, 자비로만 자비를 제한할 수 있다. 계속 베푸는 것이 상대에게 무자비한 경우에만 도움을 중단할 수 있다는 뜻이다. 자신이 저지른 무책임한 행동의 대가를 제대로 치러야 할 필요가 있는 사람을 구해주는 것은 무자비한 일이다.

때로는 이렇게 말해야 할지도 모른다. "친구, 우리는 지금 자비를 끊는 것이 아니라 그 형식을 바꾸고 있어요. 당신을 위해 계속 기도하고 찾아가기도 할 겁니다. 우리에게 협조해서 우리가 필요하다고 생각하는 변화를 함께 만들어갈 의향이 생긴다면, 언제든 도움을 재개할 겁니다. 우리가 사랑하는 마음으로 이 일을 하고 있다는 걸 잊지 마세요!" 자비로 자비를 제한하라.

잘못된 제한

우리가 베푸는 도움에 공정한 제한선을 긋기란 쉽지 않은 일이다. 우리는 너무 많은 장애물과 조건을 내세울 태세가 늘 되어 있기 때문이다. 예를 들어, 어떤 사람들은 아주 가난한 사람들이 아니고서는 사람들에 대한 경제적 지원 자체를 반대한다. 하지만 200년 전에 글을 쓴 조나단 에드워즈는 다음과 같이 경고한다.

[이런 조건은] 이웃을 내 몸과 같이 사랑하라는 규율에 어긋난다. 이 규율은 이웃을 향한 사랑이 우리 자신을 향한 사랑과 똑같이 작용하고, 똑같은 방식으로 표현되어야 한다고 암시한다.[11]

에드워즈는 우리 자신이라면 극빈 상태에 도달할 때까지 기다렸다가 상황을 개선하기 위해 노력하겠느냐고 묻는다. "따라서 … 상대방의 어려움이 극단적인 경우가 아니더라도, 마찬가지로 그[우리 이웃]를 구제하기 위해 힘써야 한다."

자기 잘못으로 가난해진 사람을 돕는 데 반대하는 이들이 많다는 것은 앞에서 이미 살펴보았다. 에드워즈는 다시 한 번 이 조건을 성경의 분석에 비추어본다. 그는 "잘못"이 무슨 의미인지부터 묻는다.

[재정] 문제를 관리하는 선천적 능력이 부족하다는 뜻이라면… 그것은 그 사람의 불운으로 간주해야 한다. 그런 능력은 하나님이 어떤 사람에게는 주시고 어떤 사람에게는 주시지 않는 은사이다.[12]

하지만 자신의 약점이 아니라 순전히 불의한 생활 때문에 가난해졌다면 어떻게 되는가?

가난해졌다고 해도, 그들이 계속해서 그런 죄를 짓지 않는 한 우리는 그들을 도와야 할 책임에서 벗어날 수는 없다. 그들이 그런 생활을 끊고… 그들이 저지른 잘못을 용서받는다면, 우리가 그들을 구제하는 길에 방해거리는 없는 셈이다.… 그리스도가 우리를 사랑하고 불쌍히 여기시며, 자신을 드려 우리가 자초한 결핍과 비극에서 우리를 구해주셨기 때문이다.[13]

여기서 우리는 에드워즈가 우리와 같은 접근법을 사용한 것을 볼 수 있다. 도움을 받는 사람에게는, 전 인격에 행하시는 그리스도의 사역에 복종하라는 부르심이 뒤따른다. 하지만 에드워즈는 이어서 이렇게 묻는다. 그 사람이 자기 생활 방식을 바꾸지 않으면 어떻게 되는가?

그들이 계속해서 제 갈 길을 고집한다고 해도, 우리가 무고한 그 가족을 도울 책임에서 벗어나지는 않는다. 우리가 그들을 도우려 할 때 그들이 포기할 수 없는 뭔가가 있다 해도, 그것이 우리가 자선을 베푸는 데 방해가 되어서는 안 된다.[14]

에드워즈의 접근법은 균형을 잃지 않는다! 독단적인 의심이나 우월감의 여지가 전혀 없으면서도 사랑에서 비롯된 제한과 확고함이 가득하다. 우리보다 우리 선조가 훨씬 더 '현대적'이지 않은가!

가난의 세 원인

성경이 말하는 가난의 원인을 구별하는 것은 전체 논의에서 매우 중요하다. 성경은 가난의 원인을 어떻게 말하는가? 세 가지를 제시한다. 한 가지 원인은 "압제"나 불의이다. 구약성경에서 흔히 "가난"으로 번역되는 히브리어 단어 중에 가장 핵심 단어는 '아니*ani*'인데, "부당하게 빼앗겼다"는 뜻이다. 압제는 사람들을 가난하게 만드는 사회적 조건이나 불공평한 대우를 총칭한다(시 82:1-8, 잠 14:31, 출 22:21-27을 보라). 임금 체불(신 24:15)이나 터무니없이 낮은 급여(엡 6:8-9), 돈 많고 세력 있는 자들의 편에 서는 법정과 정부(레 19:15), 고리대금(출 22:25-27)은 모두 압제의 예이다.[15]

가난의 두 번째 원인은 자연재해나 불운이다. 흉작, 장애를 초래한 부상, 범죄자의 공격, 홍수, 폭풍우, 화재 등 성경에는 그 예가 많이 등장한다. 요셉의 기아 구제 프로그램(창 47장)은 기근으로 가난해진 사람들을 도왔다. 하나님의 사회 법률은 "가난하게 되는" 이스라엘 사람들이 꾸준히 계속 생겨날 것을 전제한다(레 25:25, 39, 47). 이 본문들은 환경에 의한 이런 종류의 가난을 염두에 둔 것 같다.

셋째, 개인의 죄가 가난을 낳는다. 게으르고(잠 6:6-7) 무절제한(잠 23:21) 사람은 가난해질 수 있다. 고급 취향과 사치품을 찾는 성향도 경제 문제를 자초하는 이유가 될 수 있다(잠 21:17).

이 세 원인을 구별하는 것이 왜 중요한지 이제 알겠는가? 가난한 사람들에게 '자유주의'나 '보수주의' 이데올로기를 무비판적으로 덮어씌우지 않으려면, 이런 구분이 중요하다. '자유주의자들'은 가난하다고 하면 무조건 억압받는 사람으로 보는 경향이 있어서, 자비 사역을 할 때 조건의 중요성을 보지 않으려 한다.[16] 반대로 '보수주의자들'은 가난하다고 하면 무조건 무책임한 사람으로 보는 경향이 있어서, 자비 사역을 할 때 조건을 지나치게 강조한다.[17] 양쪽 모두 가난의 복잡한 원인을 단순화하는 경향이 있다.

적절한 도움을 주려면 이 세 원인을 구분하여 일차원적 분석이 되지 않도록 유의해야 한다. "일하라"는 훈계만이 아니라, 상담과 교육, 다양한 종류의 지원, 존중과 애정 어린 관심이 동반되어야만 가난의 뿌리를 다룰 수 있음을 명심해야 한다.

원인이냐 분류냐?

가난의 세 원인이 항상 명확히 구분된다는 결론을 내리면 큰 실수다. 많은 사람들이 압제나 재해로 가난해진 사람들은 도움 받을 "자격이 있고", 방탕한 삶으로 가난해진 사람들은 "자격이 없다"고 결론짓고는 한다. 물론, 어려움에 처한 가정이나 개인에게서 한 가지 원인을 도출해낼 때가 많은 것은 사실이다. 하지만 가난한 가정들을 위한 사역을 하는 사람들은 세 가지 원인이 뒤엉키고 서로 맞물려서 공존하는 것을 발견할 때가 많다.

다음 세 경우를 생각해보자.

결혼 후 처음으로 내 집을 마련한 어느 가정. 아내는 집을 매매한 직후 계획하지 않은 임신 사실을 알게 되고, 얼마 안 있어 남편도 신장에 문제가 생겨 1년 가까이 휴직을 하게 되었다. 이제 남편은 일을 다시 시작했지만, 아직도 밀린 의료비가 적지 않고 집값을 다 갚으려면 수개월이 남았다. 부부는 집을 팔려고 백방으로 알아보고 있지만, 부동산 시장이 좋지 않다. 먹을 것도 제대로 챙겨 먹지 못하는 상황에까지 이르렀다.

스물여덟 살 젊은 여성이 최근 남편과 헤어졌다. 남편은 가족 부양의 의무를 피해 멀리 도망갔다. 별다른 기술이 없었던 이 여성은 만 6세, 3세, 1세인 세 자녀를 돌보면서 최소 시급을 받는 일을 해야 했다.

서른네 살인 한 남자가 교회를 찾아와 식비를 요구했다. 그는 지각이나 꾀병 같은 무책임한 행태 때문에 한 직장에 오래 붙어 있지 못하고 여러 직장을 전전해왔다. 아내는 이런 남편의 무능력에 실망하여 집을 나갔고, 그는 최근 3년간 알코올의존증에 시달렸다.

각각의 경우, 누구나 쉽게 알아차릴 수 있을 정도로 세 가지 이유 중한 가지가 두드러진다. 첫 번째 가정은 질병과 신체장애라는 불운에 직격탄을 맞은 경우다. 두 번째 사례에 나오는 한부모 가정은 남편의 억압과 불의한 행동의 피해자라고 할 수 있다. 남편이 아내에게 죄를 지은 경우이다. 세 번째 예에 등장하는 남자는 자제력을 잃고 죄를 일삼는 생활 방식에 사로잡혀 있다. 앞의 두 경우는 가정의 개인들이 가난의 직접적 원인은 아니었다. 마지막 경우에는, 확실히 그 남편이 가정의 문제에 책임이 있다.

이번에는 또 다른 상황을 살펴보자.

당신 교회에 다니는 평신도 두 사람이, 여름성경학교에 왔던 아이들의 집을 정기적으로 방문하고 있다. 아이들 어머니인 C부인은 서른두 살이고 다섯 자녀를 두었다. 열여섯 살인 맏딸은, 만 한 살짜리 쌍둥이를 둔 싱글맘이다. C부인은 학교를 초등학교 3학년까지밖에 다니지 못했고, 남편은 5년 전에 집을 나갔다. 부인은 아이들을 제대로 돌보지 못하고 있는 실정이다. 그나마 2-3년 하던 일도 만성 허리 통증 때문에 그만두었다. 큰딸 조앤은 복음에 긍정적인 반응을 보인다. 하지만 조앤은 자기 엄마가 약물중독자이며, 부족한 생활비를 메우기 위해 매춘을 시킨다고 털어놓는다. 조앤은 슬픈 기색으로 이렇게 말한다. "그래서 쌍둥이가 생겼는데, 앞으로 또 생길지도 몰라요."

이 가족은 (C부인의 남편으로부터, 그리고 딸에게 교육을 제대로 시키지 않은 C부인의 부모로부터) 불공평한 처우를 당한 희생자들이다. 또한 그녀는 신체장애(아마도 스트레스로 인한 허리 통증) 때문에 일을 하지 못한다. 마지막으로, 약물중독과 매춘이라는 죄는 이미 이 가정을 경제적·개인적으로 망가뜨리는 결과를 낳았다. 가난의 세 원인이 복잡하게 얽혀 서로 악영향을 미치고 있다.

우리는 어떤 결론을 내릴 수 있을까? 경험에 따르면, 가난의 세 원인이 공존할 때가 많다. 그런 경우에는, 본인도 죄를 짓고 남이 저지른 죄를 당하기도 하고 자연재해의 피해자이기도 하다. 따라서 경제적 도움이 필요한 많은 가족의 경우, 자격이 있다거나 없다거나, 책임감이 있다거나 무책임하다거나 하는 부류로 확실히 구분할 수 없다. (그 비율이 어느 정도라고 누가 말할 수 있겠는가?) 그런 가정들은 둘 다에 해당한다.

결론

"은혜는 거저이지만, 값싸지 않다"는 말은 자비 사역에도 해당한다. 은혜는 자격 없는 사람들에게 주어지지만, 그 목적은 자기 파괴적 행위를 막는 것이다. 진심으로 전도에 힘쓰는 교회라면 아낌없이 복음을 전하는 만큼이나 담대하게 비그리스도인들에게 자비 사역도 베풀 것이다.[18] 우리의 사랑은 감상에 그치지 않는다. 그 사랑은 활동적이어서 예수님의 왕되심 아래 상대방의 인생이 치유 받고 변화되기를 간절히 바란다. 그런 사랑만이 그 삶에 만족을 줄 것이다.

말과 행위:
균형 잡힌 증거

네 생각에는 이 세 사람 중에 누가 강도 만난 자의 이웃이 되겠느냐.

이르되 자비를 베푼 자니이다 _눅 10:36-37

개요 자비 사역은 복음 전도라는 목적을 달성하는 수단에 불과한 것이
아니다. 말과 행위는 똑같이 중요하고, 상호 의존적이며 서로 뗄 수 없는
사역이다. 이들 각각은 하나님나라 전파라는 유일한 목적을 공유한다.

대반전

대부분의 누가복음 주석은 예수님이 율법교사의 원래 질문을 뒤집
으신다는 점에 주목한다. 율법교사는 "내 이웃이 누구니이까?"라고 여
쭈었는데, 이야기를 마치신 예수님이 오히려 "누가 … 이웃이 되겠느
냐?"라고 물으신다.

예수님은 무슨 말씀을 하시려는 것이었을까? 이전 주석가들 중에는 이렇게 쓴 사람이 있었다. "[예수님은] 율법교사가 말하고 싶은 답과 전혀 다른 답을 억지로 내놓게 하신다.… 가장 증오하는 민족을 칭찬하게 만드신다. 율법교사는 예수님이 원하시는 답을 말하지만, 어쩔 수 없어서 그렇게 한 것뿐이다."[1]

어떻게 예수님은 율법교사로 하여금 증오하는 사마리아인을 이야기의 주인공으로 인정하게 만드실 수 있었을까? 자비 행위를 가상으로 묘사하기만 했는데도 자비 행위의 본질적인 매력과 설득력이 드러났기 때문이다. 완고한 고집쟁이마저도 마지못해 존경하며 고개를 수그릴 수밖에 없는 상황이다.

우리가 이 율법교사를 만났다면, 대부분은 다음과 같은 이야기를 지어냈을 것이다. 길을 가던 한 유대인(율법교사가 동일시할 수 있는 인물)이, 강도를 만나 갖고 있던 걸 다 털리고 피범벅이 되어 죽어가는 사람을 보았다. 가까이 가서 확인해보니 사마리아인이다. 그래도 그는 말에서 내려 강도 만난 사람의 상처를 싸매주고 안전한 곳으로 데려간다. 우리는 율법교사에게 이렇게 말했을 것이다. "이제 답이 나왔네요! '내 이웃이 누구니이까?'라고 물으셨죠? 사마리아인 같은 원수라도 궁지에 몰려 있을 때 돕는다면, 당신 이웃입니다!"

율법교사는 시큰둥한 반응을 보였을 것이다. 그는 이렇게 말했을지도 모른다. "허허! 내가 죽어가는 사마리아인을 만난다면, 말을 타고 그 위로 지나가서 확실히 보내줬을 겁니다! 이런 엉터리 이야기가 어디 있소! 제대로 된 유대인이라면 그렇게 멍청한 짓은 절대 하지 않을 겁니다."

하지만 예수님은 우리보다 훨씬 더 지혜로운 상담가시다. 그분은 사람들이 등장인물에게서 기대하는 역할을 뒤바꾸신다. 유대인(율법교사가 동일시할 수 있는)이 길에서 죽어가고 있는데, 증오하는 사마리아인이 마침 그 길을 지나간다. 이 유대인이 사마리아인에게서 무엇을 기대하겠는가? 당연히 도움을 기대한다! 놀랍게도, 사마리아인은 가던 길을 멈추고 자비를 베푼다.

이제 우리는 예수님이 능숙하게 율법교사를 코너로 몰고 가신 것을 알 수 있다. 율법교사 자신이 길에서 죽어가고 있다면, 지나가는 사람이 사마리아인이라 하더라도 도움을 요청했을 것이다. 어떤 의미에서 예수님은 이렇게 묻고 계신 셈이다. "친구여, 누가 당신에게 이웃이 되어주었습니까?" 가능한 대답은 "내 원수, 사마리아인!" 이것뿐이다. 그리고 나서 마지막으로 이렇게 말씀하신다. "그렇다면 가서 당신이 받은 대로 주십시오! 그렇게 하지 않겠다고 어떻게 계속 고집을 피울 수 있습니까?"

온전한 변증

자비는 영향을 미친다. 사람들의 마음을 녹인다. 반대를 없앤다. 복음에 적대적인 사람들에게서도 존중을 이끌어낸다. 우리의 착한 행실은 세상 사람들이 볼 수 있도록 하나님께 영광을 돌린다(마 5:16). 서로를 향한 구체적인 사랑의 행위는 기독교 신앙의 타당성을 변증한다. "너희가 서로 사랑하면 이로써 모든 사람이 너희가 내 제자인 줄 알리라"(요 13:35).

기독교 공동체 내의 자비 사역은, 서로를 향한 우리의 사랑을 가장 놀랍고도 눈에 띄는 모습으로 드러내준다. 이것이 곧 사도행전 4장 32-33절에 나타난 상황 배후에 있던 원동력일 것이다.

믿는 무리가 한마음과 한 뜻이 되어 모든 물건을 서로 통용하고 자기 재물을 조금이라도 자기 것이라 하는 이가 하나도 없더라. 사도들이 큰 권능으로 주 예수의 부활을 증언하니 무리가 큰 은혜를 받아.

이러한 방식이 공산주의의 형태가 아니었음을 많은 사람들이 지적한다. 32절은, 어느 그리스도인이라도 궁지에 빠지면 다른 형제들이 신속하고 관대하게 반응했다고 말한다. 아무도 자기 소유에 대해 맘대로 사용할 수 있는 자기 것인 양 행동하지 않았다는 의미이기도 하다. 이 경제적 나눔은 외부인들에게도 확연히 드러났고 그들의 눈에는 놀라울 따름이었다. 확실히 이런 모습 덕분에 사도들의 가르침이 더 힘을 받았던 것 같다. 그리스도인이 어떻게 다른지를 온 세상이 눈으로 확인할 수 있었기 때문이다.

초대교회에서도 똑같은 패턴을 볼 수 있다. 이미 살펴보았듯이, 4세기에 로마 황제 율리우스는 기독교가 전파되기 전에 죽어가고 있던 이교도 신앙을 살리려고 애썼다. 그는 그 계획의 일환으로 마을마다 호스피스를 세워 빈민 구제에 힘쓰라고 명령했다. "불경한 갈릴리 사람[그리스도인]들은 그들 중에 가난한 사람들만이 아니라 우리 중에 가난한 사람들까지 돕는데, 우리 백성은 동족에게서조차 도움을 받지 못하는 형편이니 … 참으로 부끄러운 일이다!"[2] 우리는 여기서, 마음속에 또렷이 떠오르는 예수님의 음성을 피할 수 있는가? "너희가 만일 선대하는 자만을 선대하면 칭찬 받을 것이 무엇이냐? 죄인들도 이렇게 하느니라"(눅 6:33). 그리스도인들은 '상대를 가리지 않고' 선행을 베풀었으며, 온 세상이 그 모습을 지켜보았다!

우선순위 문제

예수 그리스도의 나라를 전할 때, 자비 사역과 말씀 사역이 이렇게 반드시 같이 가는 것을 알 수 있다. 정리하고 나니 아주 간단해 보이지만, 이를 실천하는 것은 그리 간단한 일이 아니다. 말씀과 행위는 실제로 어떻게 연결되는가? 이 둘은 늘 같이 가야 하는가? 아니면, 둘 중 하나가 앞서야 하는가? 둘 중 어느 한쪽이 더 중요한가? 이에 대해서는 여러 관점이 있지만, 이번에도 균형 잡힌 접근법이 필요하다.

피터 와그너는 말씀과 행위의 관계 혹은 복음 전도와 사회적 관심의 관계에 대한 다섯 가지 관점을 구분하여 A, B, C, D, E의 입장이라는 이름을 붙였다. 'A'는 자비 사역과 사회 정의 사역이 교회가 세상에 대한 소명에서 감당할 유일한 역할이라고 가르친다. 'B'는 사회적 관심이 가장 중요한 역할이지만, 복음 전도도 교회의 사명이라고 주장한다. 'C' 입장은 사회적 관심과 복음 전도, 행위와 말씀은 똑같이 중요하다고 말한다. 'D'는 복음 전도가 교회의 주요한 역할이며, 행위 사역도 필요하기는 하지만 부차적이라고 믿는다. 'E'는 사회적 관심은 세

상에서 교회가 할 일이 아니라고 단호히 주장한다. 우리는 말씀 사역에만 집중해야 한다는 것이다.[3]

말씀과 행위 중 어느 것이 더 중요한가? 사실, '중요성'을 따지는 질문 자체가 잘못된 것이다. 그러므로 이 문제를 둘러싸고 이견이 발생할 가능성을 생각해보자. 예를 들어, '회개하라'와 '세례를 받으라'는 명령 중에서 어느 쪽이 더 중요한가? 한편으로는, '회개하라'는 명령에 불순종한 결과가 '세례를 받으라'는 명령에 불순종한 결과보다 더 끔찍하다고 말할 수 있다. 하지만 둘 중 어느 명령에 순종하는 것이 더 중요하느냐를 우리가 결정하는 게 과연 마음 편한 일인가? 이런 질문 자체가 하나님 말씀을 비성경적으로 구분하는 것이 아닌가? 그렇다면 복음 전도와 사회적 관심 중에 어느 쪽이 더 중요한지를 질문하는 것도 부적절하다고 할 수 있다. 둘은 절대로 나누어서는 안 될 온전한 전체를 구성하고 있다. 말씀과 행위의 연관성에 대해 좀 더 성경적인 그림을 보여주는 원리들을 살펴보자.

필요한 사역

첫 번째 원리는 말씀과 행위 둘 다 똑같이 꼭 필요한 사역이라는 점이다. 앞 장에서 행위 사역은 선택 사항이 아니라는 점을 살펴보았다. 행위 사역은 교회 직분자들을 통해 하나님의 모든 백성과 교회에 주신 명령이다. 구약성경에는 선지자와 왕뿐 아니라 제사장이 있었다. 신약성경에는 목사와 장로뿐 아니라 집사도 있었다. 예수님도 두루 다니시며 복음을 전파하고 사람들을 고치셨다(마 4:23). 그리스도가 말씀하고 섬기기 위해 오셨으니 교회도 말하고 봉사하는 은사를 받았다(벧전 4:11).

하나님이 말과 행동을 모두 명하셨다면, 어느 명령이 더 중요한지 우리가 어떻게 정할 수 있겠는가? 예를 들어, 십계명 중에 덜 중요한 계명을 정할 수 있을까? 그럴 수 있다면, 우리는 하나님의 율법 중에 덜 힘써 순종해도 되는 계명이 있다고 가정하는 위험에 빠지지 않겠는가? 하나님이 말과 행위를 모두 명하셨다면, 교회와 그리스도인들은 두 가지 모두 똑같이 힘써야 한다.

목적을 위한 수단?

어떤 사람들은 복음 전도가 자비 사역보다 중요하다고 가르친다. 자비 사역은 복음 전도라는 목적을 위한 수단이라는 것이다. 다시 말해, 어려운 사람들을 그리스도께 인도하려는 목적으로 그들을 돕는다고 한다. 방문 전도 팀이 접근할 구실을 얻기 위해 사회 구제 프로그램을 실시한다. 하지만 행위 사역도 은혜와 마찬가지로 상대방의 자격이나 보상과 무관하게 베푸는 것이다. 누가복음 6장 35절과 전후 문맥은 뭔가를 바라고 꾸어주거나 선행을 해서는 안 된다고 경고한다. 하나님은 의로운 자와 불의한 자, 은혜를 아는 자와 악인에게 모두 비를 내려주신다(마 5:45). 요한일서 3장 17절은 모든 사역의 동기는 사랑이라고 말한다. 도움이 필요한 사람을 보면, 할 수 있는 한 그 필요를 채워주면 된다. 이는 복음 전도와 자비를 동기부여 측면에서 동등한 위치에 놓는 것이다. 구원의 길을 이해해야 할 사람이 있는가? 그러면 복음을 전해주라. 의료나 교육, 법률 지원이 필요한 사람이 있는가? 그러한 도움을 주라. 우리는 사랑하는 마음으로 필요한 것을 제공하면 된다.

(추상적 차원이 아니라) 개인적 차원에서, 우리가 어떤 사람을 진정으로 사랑하면서도 그에게 복음을 전하고 기본 필요를 채워주는 일을 하고 싶어 하지 않을 수 있을까? 그것은 생각할 수도 없는 일이다. 말과 행위는 '비행기의 두 날개' 같다. 어느 날개가 더 중요한가? 당신이 누군가를 사랑한다면, 하나님과의 화해가 그 친구의 가장 근본적 필요라는 걸 알게 된다. 그렇다고 해서 그 친구의 질병에는 무심하거나, 복음 전도라는 목적의 수단으로 그 친구에게 먹을 것을 주거나 하지는 않는다. 그를 사랑하기 때문에 신경을 쓰는 것이다.

선택 사항?

어떤 사람들은 복음 전도가 자비보다 더 중요해서, 자비 사역은 특정한 상황에서만 필요하다고 가르친다. 흔히 "보통 수준의 교회는 가난한 사람들을 도울 여력이 없다"고들 한다. 자비 사역이 좋은 생각임에는 틀림없지만, 사역에 필요한 시간과 돈이 확보될 경우에만 그렇다는 것이다. 그러나 말씀 사역과 행위 사역은 모두 하나님의 명령이기에 둘 중 하나라도 놓치는 것은 죄이다! 자비 사역을 감당할 '여력'이 부족하다는 말은 억지 핑계에 불과하다. 어느 지역 교회가 온 세상에 복음을 전하라는 명령을 성취할 수 있는 '여력'이 있겠는가? 마찬가지로 세상 모든 굶주린 사람을 먹일 수 있는 '여력'이 있는 교회도 없다. 단지 우리는, 우리에게 있는 자원을 활용하여 하나님이 주신 모든 명령에 순종해야 한다.

복음 전도가 우선?

복음 전도가 자비보다 우선순위에서 앞선다고 가르치는 사람들이 있다. 이 말은, 성경에서 정한 말씀과 행위의 순서가 있다는 뜻이다. 어떤 이들은, 자비 사역이 일명 '쌀밥 그리스도인rice Christians'만 양성해 낼까 봐 두려워한다. 쌀밥 그리스도인들은 음식이나 돈을 비롯한 다른 혜택을 계속 얻어내려고 믿음을 고백한다. 그래서 사람들은 가난한 사람이 복음을 받아들이거나 최소한 관심을 보일 때까지는 도와주지 말라고 조언한다. 하지만 그런 접근법은 명목상의 그리스도인을 생산해 낼 가능성이 훨씬 더 크다. 예수님의 사역을 보면 말씀과 행위에 정해진 순서가 없다. 날 때부터 보지 못하는 사람을 고치셨지만(요 9:1-7) 한참 후(아마도 며칠 뒤)에야 그를 직접 부르셨다(35-41절). 다른 경우에는, 치유 사역 이전이나 직후에 제자도를 전하신다(참고. 마 15:21-28; 막 5:21-43). 말씀과 행위 둘 다 필수 사역이고, 그 동기는 모두 사랑이다. 따라서 교회도 이 두 사역을 똑같이 중요하게 실천해야 한다.

뗄 수 없는 사역

두 번째 원리는 말씀과 행위, 자비와 복음 전도를 분리할 수 없다는 것이다. 둘은 상호 의존하는 '공생' 관계이다.

우리가 지금까지 살펴본 모든 내용에서 한 가지 결론을 내린다면, 말씀과 행위는 밀접하게 연관된 불가분의 관계라는 것이다. 우리는 말씀과 행위를 혼동하는 사람들처럼 실수해서는 안 된다. 세계교회협의회World Council of Churches는 1973년 방콕대회의 복음 전도 선언에서 사회적 관심이 곧 복음 전도라고 주장했다. 이 기관은 가난한 사람들에게 먹을 것을 주는 것이 곧 복음 전도라고 주장한다.[4] 성경적으로 말씀 사역과 행위 사역은 서로 다르지만, 절대 분리되지는 않는다.

두 가지 목적 모델

존 스토트는 다음과 같이 말하면서 이 둘을 분리할 뻔했다.

사회적 행동은 복음 전도의 파트너이다. 이 둘은 파트너로서 서로에게 속하면서도 서로에게서 독립적이다. 각각은 상대를 옆에 두고 나란히 홀로 서 있다. 어느 한쪽도 나머지 한쪽에 대한 수단이나, 나머지 한쪽에 대한 표현이 아니다. 각각은 그 자체로 목적이다.[5]

이 내용은 부적절한 표현으로 보인다. 여기서 우리는 우리도 이미 반대한 내용, 즉 사회적 관심을 어떤 목적에 대한 수단으로 보는 것을 피하려는 의도를 볼 수 있다. 하지만 그래서 자비 사역이 홀로 설 수 있고 그 자체가 목적이라고 말하는 것은, 복음 선포와 사회적 관심사가 서로 결별하는 길을 열어줄 수 있다. 그런 일은 절대 있어서는 안 된다. 그런 행위 사역은 기독교적 동기가 있다 하더라도, 하나님나라를 전파할 수 없다. 복음 전도와 사회적 관심이 '독립적'이라고 말할 수 없다. 그 둘은 동등하고 상호 의존적이다.[6]

한 가지 목적 모델

(1) 자비를 복음 전도의 수단으로 보거나 (2) 양자를 독립적인 목적으로 보는 것은 적절한 모델이 아니다. 오히려 (3) 말씀과 행위, 복음 전도와 자비, 둘 다 하나님나라 전파라는 한 가지 목적의 수단으로 보는 것이 적절하다. 복음 전도와는 별도로 사회적 관심을 실천할 수 있다고 말하는 것은 하나님나라 운동에서 자비를 분리하는 것이다. 또한 사회적 관심을 실천하지 않고도 복음을 전할 수 있다고 말하는 것은, 우리 목표가 개인의 '결단'이 아니라 모든 생명과 창조세계를 그리스도의 주되심, 곧 하나님나라 아래 두는 것임을 망각하는 것이다.

이렇게 포괄적으로 이해하는 관점을 지니지 못한 사람들은 "너희 가난한 자는 복이 있나니 하나님의 나라가 너희 것임이요"(눅 6:20)라는 예수님 말씀이나, 가난한 사람들에게 하나님나라 복음을 전하려고 그분이 오셨다는 말씀(눅 4:18 이하; 마 5:3)을 이해할 수 없다. (사회적 관심을 중요시하는) 어떤 사람들은 이 내용을 단순히 혁명에 대한 요구로 해석하기도 한다. 그들은, 세상 모든 가난한 사람들이 부를 재분배 받는 것이 하나님이 원하시는 것이라고 말한다. (자비를 복음 전도의 수단으로 강조하는) 어떤 사람들은 '가난'이라는 단어를 영적으로만 해석한다. 가난한 자는, 회개하고 마음이 겸손한 사람들을 가리킨다는 것이다.

그러나 위대한 신약성경 학자 헤르만 리델보스는 "'가난'이라는 개념은 사회적, 또 종교-윤리적 의미에서 밝혀진다고 말할 수 있다"고 썼다.[7] 이 말은 우리가 이 단어를 '영적으로'만 주해할 수도 없고, '물리적으로'만 주해할 수도 없다는 뜻이다. 하나님나라는 말씀과 행위 사역 모두를 통해 망가진 세상에 그리스도를 왕으로 모신다는 뜻이다.

빈곤, 질병, 불의, 정서적 문제, 사회적 문제가 모두 죄의 열매라는 것은 이미 살펴보았다. 우리는 전인격적인 면에서 사역해야 한다. 사람들을 하나님과 화해시키고, 온전한 정서를 회복하도록 상담하며, 불의한 구조에서 해방시키고, 신체적 필요를 채워주어야 한다. 우리는 서로 연대하여 이런 사역들에 동참해야 한다. 우리는 말씀과 행위를 통해 하나님나라 복음을 선포한다.

상호 의존적 사역

앞서 두 번째 원리에서 말씀과 행위가 '상호 의존'하며 '공생'하는 사역으로 존재한다고 말했다. 이제 공생이라는 용어를 설명할 차례다.

자비와 복음 전도를 동시에 제공해야 할 필요는 없다고 말했지만, 그 둘은 서로 관계를 맺고 있기 때문에 반드시 짝을 이루어야 한다. 말씀 선포는 믿음을 낳고(롬 10:16-18), 믿음은 항상 선행, 구체적으로는 자비 행위를 낳는다(약 2:1-23). 반대로, 자비 행위의 영향도 살펴보았다. 하나님은 자비 행위라는 수단을 사용하셔서 사람들이 복음에 마음을 열도록 하신다(행 4:32-33; 참고. 요 13:35; 요일 3:17-18).

헛된 제물

데츄나오 야마모리는 '공생'이라는 생물학적 현상으로 이런 상호 의존 관계를 생생하게 표현했다. 공생은 기능이 다른 두 생물이 서로 의존하면서 조화롭게 살아가는 자연 상태를 말한다. 공생 관계인 두 유기체는 상대를 굉장히 의존하는데, 심한 경우에는 나머지 한쪽이 없으면 살 수 없는 경우도 있다. 공생은 '기생'과는 다르다. 기생 동물은 한 유기체가 다른 유기체에서 영양분을 얻으면서 숙주에게 해를 끼친다. 기생 관계의 예로는 벼룩과 개를 들 수 있다.[8]

야마모리는 말씀 사역과 행위 사역이 공생 관계를 이룬다고 본다.

> 선지자들의 관점에서, 수직적으로 야웨와 친밀하고 인격적이며 사랑하는 관계를 맺는다는 것은 ⋯ 이스라엘의 언약(이 갖는) 책임의 일면이었다. 또한 수평적 관계에서 "정의를 물같이, 공의를 마르지 않는 강같이 흐르게" 하는 것은 또 다른 일면이었다. 선지자들에게 이 둘은 똑같지도 않지만, 배타적이지도 않았다. 그들은 이 두 관계들이 뚜렷하게 구분되는 두 대상에 연관되어 있는 동시에, 하나님나라의 온전한 실현을 위해 서로 뗄 수 없고 꼭 필요한 요소라고 보았다. ⋯ 둘 중 어느 하나 없이 혼자서는 존재할 수 없어서, 이사야의 표현을 빌리자면 둘 중 하나가 없으면 "헛된 제물"이었다.[9]

행위 없는 말씀은 "헛된 제물"이다!

> 헛된 제물을 다시 가져오지 말라.
>   분향은 내가 가증히 여기는 바요.
> 월삭과 안식일과 대회로 모이는 것도 그러하니
>   성회와 아울러 악을 행하는 것을 내가 견디지 못하겠노라.
> 내 마음이 너희의 월삭과 정한 절기를
>   싫어하나니 ⋯

너희가 손을 펼 때에

　내가 내 눈을 너희에게서 가리고 …

　선행을 배우며

정의를 구하며

　학대 받는 자를 도와주며

고아를 위하여 신원하며

　과부를 위하여 변호하라(사 1:13-15, 17).

하나님은 이사야를 통해 "사회적 관심이 빠진 정통orthodoxy은 정통이 아니다"라고 말씀하신다. 마찬가지로 말씀 사역이 빠진 사회적 관심도 헛된 제물이다. 궁핍한 사람들에게 돈과 물질을 나누는 것은 하나님이 기뻐하시는 제사이지만(히 13:16), 반드시 그 이름을 증언하는 입술의 열매와 함께 하나님께 올려드려야 한다. 말씀 없는 행위, 행위 없는 말씀은 둘 다 헛된 제사에 불과하다.

기생의 가능성

야마모리는 "끊임없이 신경 쓰고 반성하지 않으면 교회 사역은 공생 관계가 아니라, 기생 관계로 퇴보할 수 있다"고 경고한다.[10] 이 중요한 경고는, 복음 전도를 희생하고 자비 사역에 집중하거나 사회적 관심을 희생하고 복음 전도에 집중하는 교회들에게, 이러한 성향이 지속되는 것을 주의하라고 알려준다.

이 경고는 교회 모델들을 면밀히 살핀 결과다. 복음 전도에 열심인 많은 교회들은 상대적으로 소규모의 자비 사역을, 그것도 대형 교회로 발전할 때에만, 꾸리는 경우가 많다. 반대로, 자비 사역과 사회적 관심 프로그램에 헌신하는 많은 교회들은 규모도 작고 배타적인 성향이 강한데, 이 성향은 복음 전도 사역에도 해당된다.

이 후자의 현상 때문에 도널드 맥가브란Donald MacGavran과 피터 와그너 같은 선교학자들은 사회 구제 사역에 부차적 위치를 부여했고, "사회적 행동", 구체적으로는 불공평한 사회 구조와 제도를 개선하려는 노력을 권장하지 않았다. 와그너는 사회적 행동에 관여하는 교회들은 성장하지 않는다고 가르친다.[11] 하지만 성경과 실제 경험들은, 말씀과 행위를 분리하려는 이런 노력을 지지하지 않는다. 예를 들어, 소수가 지배하는 중국 정부의 인권 침해에 타이완 장로교회가 반대 의견을 밝히기 시작했을 때, 타이완 국민의 다수를 차지하는 민난인들 Minna Chinese 중 많은 이들이 교회 사역에 호의를 보이는 현상이 나타났다. 교회가 고난 받는 사람들의 필요를 도우려고 움직일 때 그들 가운데 복음이 퍼져나간다.[12]

근본적 사역

세 번째 원리는 말씀 사역이 행위 사역과 동떨어져서는 제대로 기능할 수 없지만, 인간 필요의 가장 근본적 뿌리를 다룬다는 원리이다.

복음 전도와 말씀이 자비와 행위보다 중요하다고 말하는 사람들 대부분은, '영적' 영역(말씀 사역)이 '신체적' 영역(행위 사역)보다 중요하다는 신념에 근거해서 그렇게 주장한다. 흔히 "영성의 우선성"을 말하는데,

이것이 과연 성경적 개념인가? 하나님은 현실을 구성하는 물질과 비물질을 모두 창조하셨다(창 2:4-7). 물질과 비물질 모두 무질서와 부패라는 죄의 영향력 아래 놓였다(창 3:14-19). 뿐만 아니라, 하나님은 우리의 영(히 12:23)과 몸(고전 15장), 곧 물질과 비물질을 모두 구속하려고 계획하신다. 그런데 어떻게 우리가 '영'이 '물질'보다 더 중요하다고 말할 수 있겠는가?[13] 하나님이 둘 중 하나에 우선순위를 두신다는 말인가?

> 영적 관심은 물질적/자연적/눈에 보이는/세속적인 것들에 대한 반대로 비물질적/초자연적/눈에 보이지 않는/거룩한 것에 관심을 두는 것이 아니다. 영적인 것에 관심이 있다는 것은, 성령의 치유하시는 손길이 닿은 삶의 모든 측면에 관심이 있다는 것이다. … 하나님은 하늘과 땅, 우리가 "자연의 절반이나 실재"라고 부르는 것을 언약의 증인으로 높이신다(시 19:1 이하, 롬 1:20 이하). 이들은 하나님의 동산(겔 28:13)-거기서 창조주는 피조물과 만나 교제하신다-인 땅이 어떤 의도로 창조되었는지를 알려주는 증인이다. 아담과 하나님의 교제는, 이 땅에서 그의 물리적 행위, 곧 자연을 다스리는 행위에 드러난다(창 1:28). 이것이 참된 영성이다.[14]

그럼에도 우리는 어느 관점에서는 말씀 사역이 가장 근본적이라는 점을 깨달아야 한다. 이게 무슨 뜻인가? '근본적radical'이라는 말은 흔히 '극단적'이라는 뜻으로 사용하지만, 그것이 이 단어의 기본 뜻은 아니다. 라틴어 '라딕스radix'는 '뿌리'를 뜻한다. 따라서 '근본적'이라는 말은 어떤 대상의 뿌리까지 들어간다는 뜻이다. 앞서 우리가 "정죄" 받은 상태(롬 8:1-2), 곧 하나님으로부터 소외된 상태에서 모든 비극이 비롯된다고 말한 바 있다. 심리적 불안, 사회적 불의, 심지어 신체적 붕괴까지도 하나님과의 전쟁으로 인한 것이다. 따라서 인간을 향한 더 근본적인 사역은 믿음의 말씀을 선포하는 것이다(롬 10:8-13). 말로 전달하는 복음 메시지보다 더 근본적으로 죄와 죽음의 뿌리를 차단할 수 있는 수단은 없다.

결론

지금까지 다음의 내용들을 살펴보았다. 첫째, 말씀과 행위 모두 교회에 똑같이 주신 명령이요, 꼭 필요한 사역이다. 둘째, 말씀과 행위는 하나님나라를 전파하는 목적의 수단으로서 상호 의존하는 사역이다, 셋째, 두 사역 중에서 말씀 사역이, 모든 인간 문제의 원인이 되는 뿌리 혹은 원천을 다루기에 더 근본이고 기초이다.

이 말은 실제적으로는 무슨 뜻일까? 경험에 따르면 우리가 두 사역의 신학적 필요성을 아무리 인정한다 하더라도, 그리스도인 집단에서 이 두 사역에 동시에 똑같이 초점을 맞추기란 매우 어렵다는 것이다. 더군다나 그것이 부적절한 경우도 있을 수 있다.

야마모리는 공생에 대한 글에서, 어떤 특정 상황에서는 말씀이나 행위 어느 쪽도 우선순위가 될 수 있다고 말한다. 그는 이것을 상황에 따른 공생 원리라고 부른다. 다시 말해 "필요의 성격, 문제, 기회, 교회 사역의 특정 상황에서는, 그 특정 시점에 가능한 자원의 성격에 따라서 사역의 어느 측면을 강조할지 결정해야 한다."[15]

확실한 예를 하나 들어보자. 토네이도가 동네를 강타했다. 당신이 다니는 교회 근처에 믿지 않는 사람이 사는데, 나무가 그 집을 덮쳤다. 당신이라면 그 집에 복음 전도 팀을 먼저 보내겠는가? 아닐 것이다. 우선, 가서 나무부터 끌어낼 것이다. 가족에게 임시 숙소를 마련해주고 격려하는 말을 해줄 것이다. 이런 극단적인 경우에는 확실히 자비 사역에 우선순위가 있다.

하지만 대부분의 상황이 그렇게 간단하지는 않다. 새로 개척한 교회라면 교인들이 증가하여 자립할 수 있도록 복음 전도에 집중할 필요가 있다. 남아프리카공화국의 교회라면 교회 성장을 가로막고 박해의 원인이 되는 인종 문제에 대한 화해 행위로 하나님나라를 드러내야 할지도 모르겠다. 어떤 지역은 다른 지역보다 가난한 사람들이 더 많다. 그렇다면 교회에도 사역의 단계가 있을 수 있다. 두 사역을 모두 유지하면서도, 일정 기간에는 한 사역이 다른 사역보다 앞설 수 있다.

실제로는, 성경 신학에서처럼 교회 생활에서도 말씀과 행위 사역이 긴밀한 관계를 맺기 위해서 신중한 계획과 지속적 평가가 필요할 것이다. 하루아침에 자연스럽게 될 일이 아니다. 12장에서는 이 두 사역을 상호 의존적으로 유지할 수 있는 방법들을 자세히 논의할 것이다.

자비와 복음 전도는 연기와 불 같다. 하나가 있으면, 나머지 하나도 가까운 곳에 있기 마련이다. 자비 사역과 말씀 사역 둘 다에 힘쓰지 못한다 해도, 겉으로는 활동적이고 성공한 교회로 비쳐질 수 있다. 하지만 하나님나라의 실제적인 성장은 일어나지 않을 것이다. 우리 시대의 일부 유명한 교회들은 "헛된 제물"에 불과할 수도 있다!

Ministries of Mercy The Call of the Jericho Road

제2부

어떻게 우리는
선한 이웃이 될 수 있는가

자비 사역의 실천

Practice

우리의 자비 사역은 사람들을 마음껏 도와야 하지만.

그들의 모든 삶을 그리스도의 치유하시는 주권 아래 가져오는 것을 목표로 해야 한다.

자비 사역은 하나님나라를 위한 수고이다.

시작
하기

개요 모든 그리스도인 가족은 가장 가까운 사람들의 필요를 살피고, 사랑의 행위와 격려하는 마음으로 그 필요를 채워주는 나름의 자비 사역을 개발해야 한다.

자비 사역에 대한 성경의 가르침에 마음이 움직인 당신, 어디서부터 시작해야 할까? 우리가 살펴본 원리들은 모든 것을 아우르는 포괄적인 내용인 데 비해, 우리가 가진 자원과 기술은 한정되어 있다! 도대체 어디에서부터 시작해야 할까? 우리가 할 수 있는 일이 무엇인지 대략적으로나마 알려면 어떻게 해야 할까? 자비 사역자로서 하나님 앞에서 감당해야 할 책임을 시작하기 위해서는, 먼저 그리스도인의 네 가지 기본 통로부터 확인해야 한다.

자비를 실천하는 네 가지 통로

첫 번째 '통로'는 가정이다. 모든 개인과 가정은 자기 나름의 자비 사역을 개발할 책임이 있다. 이 부분은 다음 장에서 자세히 다룰 것이다. 두 번째 통로는 지역 교회이다. 교회마다 자비 프로그램과 사역을 개발하여, 가난한 사람들을 도울 수 있는 교인들의 은사와 자원을 동원해야 한다. 9장과 10장에서 이 부분을 다룰 것이다.

자원봉사 단체나 '선교 단체'를 통해 그리스도인의 섬김을 실천할 수도 있다. 개인이나 가정이 연합하여 파라처치parachurch를 구성한 후 필요한 섬김을 감당하는 경우이다. 역사적으로 이런 단체들은 병원, 고아원, 노인 요양원 같은 자비 사역 기관을 세우는 중요한 통로가 되었다. 이런 단체들은 그리스도인들이 사회에서 정의 사역이라는 책임을 실천할 수 있는 최선의 방법이기도 하다. 11장과 12장에서 이런 파라처치들의 몇몇 예를 언급할 것이다.

자비 사역의 네 번째 통로는 국가이다. 많은 사람들이, 성경에서는 국가를 가난한 자들을 돕는 통로로 규정하지 않는다고 주장한다.[1] 하지만 하나님은 이방 왕들(단 4:26-27)과 히브리 왕들(시 72:1-2; 잠 29:14, 31:9)에게 가난한 사람들을 위해 정의와 자비를 베풀라고 요구하셨다. 이방 정부에서 관료로 일한 요셉은 기근 구제 프로그램으로 수많은 사람들의 목숨을 구했다(창 47:13-17). 따라서 그리스도인들은 때로 공무원이나 국가 관리의 역할을 통해 하나님이 요구하신 자비 사역을 성취할 수도 있다. 물론 그 과정에는 어려움이 많을 것이다. 가난한 사람들에 대한 사역은 말씀 사역과 함께 가야 하는데, 대부분의 정부기관은 우리가 말씀 사역을 병행하는 것을 방해한다.

사역의 전초 기지인 가정

자비 사역을 감당하는 첫 번째 기관은 그리스도인 가정이다. 하나님은 도움이 필요한 사람이 있을 때, 그 사람의 가족에게 그를 도와야 할 책임을 가장 먼저 부여하신다. 자기 가족을 돌보지 않는 사람은 불신자보다 더 악한 자이다(딤전 5:8; 참고. 레 25:25). 하지만 성경은, 그 책임을 넘어서 각 가정이 주변 지역사회에 자비 사역을 베풀어야 한다고 가르친다.

이스라엘 가정들은 추수 후에 밭에 낟알을 남겨 가난한 사람들이 먹을 수 있게 했다. "너희 땅의 곡물을 벨 때에 밭모퉁이까지 다 베지 말며 떨어진 것을 줍지 말고 그것을 가난한 자와 거류민을 위하여 남겨두라"(레 23:22). 보아스는 자기 밭에서 베는 자를 따라 룻이 이삭을 주울 수 있도록 허락했고, 일하는 동안 룻을 보호하고 물을 마시게 해주었다(룻 2:9).

또한 해마다 이스라엘 모든 가정은 하나님께 첫 열매를 드림으로 맥추절을 지켰다(출 23:16; 레 23:15-21). 자녀와 남녀 노비를 포함한 온 가족이 여호와 앞에서 식사를 함께하며 이 절기를 기념했다. 또 여호와는 각 가정들에게 성중에 있는 레위인과 객과 고아와 과부도 초대하라고 하셨다(신 16:11). 가장한테는, 자기 가족에게 주신 물질적 축복을 하나님의 종(레위인)들과 지역의 가난한 사람들과 나누어야 할 책임이 있었다.

이 모든 말씀들을 통해, 믿는 가정이 나름의 자비 사역을 세우는 것이 얼마나 중요한지 볼 수 있다. 성경은 굶주린 사람들과 집 없는 가난한 사람들을 환대해야 한다고 말한다(예를 들면, 사 58:7). 손님 접대는 누구보다도 가정이 잘할 수 있는 일이 아닌가. 그렇다고 해서 혼자 사는 사람이나 결혼하지 않은 사람은 손님 대접에 책임이 없다는 말이 아니다! 요지는, 그리스도인 가정이 하나님 백성의 자비 사역에서 으뜸가는 '구성 요소'라는 것이다.

자비 사역의 최전선

스스로를 기꺼이 하나님의 자비 사역의 '최전선'으로 여긴 가정들의 예는 신문에서도 얼마든지 찾아볼 수 있다. 최근 〈필라델피아 인콰이어러〉에는 뉴저지 주 펨버튼타운십에 거주하는 앨과 로라 밀러 부부의 이야기가 실렸다. 밀러네 식구는 그 동네 철강소에서 기계 관리자로 일하는 남편의 월급만 가지고, 지난 2년간 50여 명의 노숙자들을 집에 들였다. 그중에는 화재로 집을 잃은 사람들, 집에서 쫓겨난 사람들, 알코올이나 약물 의존증에서 회복중인 사람들, 성인이 되자마자 부모에게서 버림받은 십 대들도 있다. 밀러 가족은 최대로 머물 수 있는 기간을 90일로 한정하고, 모든 손님에게 가족 규칙(술과 마약 금지, 침구 정리, 통행금지 등)을 따를 것을 요구했다. 또한 모든 손님은 자기 목표를 글로 작성하고 재정 자립을 위해 힘써야 했다.[2]

같은 신문에 실린 또 다른 기사는 웨스트 필라델피아에 사는 에이다 알렉산더의 사연을 소개한다. 에이다의 동네에는 5년 전부터 캄보디아, 라오스, 베트남, 태국, 중국 사람들이 유입되기 시작했다. 그녀는 이 외국인 가정의 아이들이 쓰레기더미를 뒤져 음식을 찾는 모습을 여러 번 목격했다. 그중 대부분의 아이들은 부모가 뉴저지에 있는 농장으로 일하러 간 여름 내내 홀로 집에 남겨져 있었다. 에이다는 아이들의 신뢰를 조금씩 얻어가면서, 여름 동안 매일 자기 집 현관에서 무료 도시락을 나눠주기 시작했다. 후에 지역 가톨릭 자선단체와 정부기관에서 보조금을 받은 그녀는, 이제 300명이 넘는 아이들에게 날마다 음식을 나누어준다.[3]

지금 있는 곳에서 시작하라

이런 예들은 매우 감동적이다. 하지만, 우리의 근본 질문은 아직 남아 있다. 어떻게 하면 가정에서 자비 사역을 시작할 수 있을까? 이 질문에 대답하기 위해 아래에 나오는 '관심의 원' 도표를 살펴보자. 각 가정은 각각의 원에서 자신들의 구체적 역할을 탐색해볼 수 있다.

〈도표 2〉

안쪽에 있는 원부터 살펴보자.

가장 안쪽의 원은 직계 가족을 포함한 근친이다. 많은 그리스도인 가정에서 가족 중의 장애인이나 노인, 만성질환 환자를 돌보는 일로 자비 사역을 실천했다. 가족 중에 연로하거나 몸이 약한 부모, 어려움에 처한 숙부와 숙모, 사촌을 비롯한 친지가 있다면, 굳이 다른 사람을 찾을 필요가 없다! 오늘날 사회의 높은 이동성과 사유화(사회 이론과 연관된 용어로 개인주의적 태도 등을 포함한다—옮긴이) 뒤에 숨어서, 혈연에게조차 자비의 의무를 다하지 않는 그리스도인들이 얼마나 많은지 모른다.

두 번째 원은 교회다. 좋은 교회에서는 공식 프로그램이나 사역자들이 자비 사역의 주체가 되지 않는다. 오히려 다른 이들의 필요에 민감한 개인들이 주변을 살펴보고, 자기 주머니와 시간, 마음을 털어 그 필요를 채워준다. 어느 자그마한 교회에서는 지역사회와 교회의 궁핍한 사람들을 위해 교역자들이 기금을 조성하여 연간 1만 달러가 넘는 기부금을 전달했다. 하지만 그 교회 목사에 따르면, 교인들이 개인적이고 비공식적인 통로로 다른 이들의 필요를 채워주는 규모는 그보다 두세 배 될 것으로 추정된다.

세 번째 원은 이웃이나 지역 공동체이다. 가정에서는 교회처럼 지역 공동체 전체를 조사할 필요는 없다. 그래도 항상 눈을 크게 뜨고 지켜볼 필요는 있다. 선한 사마리아인은 길에서 강도 만난 사람을 발견하고 자비를 베풀었다. 당신 주변에도, 비유에 나오는 제사장과 레위인처럼 당신이 "피하여 지나갈" 수도 있는 이들이 있지 않은가?

우선, 교회에서 하듯이 가까운 이웃을 살펴보는 것부터 시작할 수 있다. 슬픔, 상실, 질병, 이혼, 노화, 장애, 개인 문제 등으로 힘들어 하는 이웃은 없는가? 가까운 이웃에서 한 걸음 더 나아가 지역 공동체의 필요가 보이는가? 에이다 알렉산더는 동아시아로부터 밀려든 가정의 아이들을 보았다. 밀러 가족은 숲이나 차 안에서 잠을 청하는 노숙자들을 보았다.

여기서 중요한 원칙은 무엇인가? 가정에서는 '먼 곳을 살피기' 전에 '가까운 곳부터 보아야' 한다. 당신 눈앞에, 곧 가정이나 교회나 이웃에 피 흘리는 사람이 없는지부터 확실히 해야 한다. 율법교사는 "내 이웃이 누구니이까?"라고 물었다. 당신이 길에서 발견한 사람은 모두 당신 이웃이다! 그러니 지금 걷고 있는 길을 내려다보라. 가정의 자비 사역은 공식 프로그램을 따르기보다는 자연스럽게 시작하는 것이 좋다. 하나님이 당신에게 인도하시는 사람들의 필요를 채워주어야 한다.

눈을 크게 뜨고 보려는 의지만 있다면, '관심의 원'에 포함된 우리 주변의 필요는 엄청나게 많을 것이다.

멈춰서 보고 들으라

지금쯤 독자들은 자비 사역자가 되려면 세상을 바라보는 방식을 완전히 새롭게 바꿔야 한다는 사실을 알아차리기 시작했을 것이다.

당신은 교회와 이웃 가운데서 정말로 멈춰서 보고 듣는가? 그렇다면, 허다한 필요를 목격할 것이다. 등록금이 없어서 학교를 그만두는 대학생이 있다. 자녀로부터 충분한 지원을 받지 못해 교통편과 말벗 등의 도움이 필요한 어르신도 많다. 다른 방향으로 몸을 돌려 귀를 기울여보라. 이혼이나 사별로 인한 한부모 가정에서, 자녀에게 '엄마 아빠 역할을 다 해주기 위해' 재정적·정서적으로 고군분투하는 소리가 들리지 않는가. 언뜻 보기에는 그리 가난하거나 어려운 것 같지 않지만, 민감한 귀에는 그들의 신음소리가 들릴 것이다.

다음으로는 부모 중 한쪽이 아프거나 부상을 당해 일시적으로 어려움에 처한 가족들이 눈에 띈다. 일시 장애가 아닌 영구 장애로 힘들어하는 가족도 있다. 지적장애 자녀를 둔 가정, 심한 요통으로 아버지가 조기 은퇴할 수밖에 없었던 가정, 어머니가 알츠하이머를 앓는 가정이 있다. 그런가 하면 암이나 백혈병 같은 시한부 질병으로 어려움을 겪는 가정도 있다.

도심 지역에서는 확연히 드러나는 개인 문제가 교외 지역에서는 잘 드러나지 않기도 한다. 알코올이나 약물의존증 환자, 미혼모, 학대 받는 아이, 범죄 청소년들, 사회에 재진입하려고 애쓰는 전과자들이 대표적인 예이다.

다리 놓기

우리가 '멈춰서 보고 듣지' 못하는 한 가지 이유는, 얼마나 많은 필요가 있는지 너무나 잘 알기 때문이다. 그래서 두려운 것이다. 무엇이 두려운가? 크게 두 가지를 두려워한다. 첫째, 그런 사람들과 어떻게 접촉해야 하는지 방법을 알지 못한다. '서먹함을 깨고' 다가가기가 어렵다. 둘째, 우리에게 그들을 도울 수 있는 자원이 없다고 생각한다. 그래서 실패할까 봐 두려워한다.

두려움 다루기

우선 두려움부터 살펴보자. 고통 받는 사람들에게 어떻게 다가가야 하는지 모르는 사람들이 많다. 도움을 청하거나 약함을 인정하기가 얼마나 어려운지 잘 알기에, 상대방이 더 당황하거나 상처 받기를 원치 않는 것이다. 그래서 그쪽에서 먼저 요청하지 않는 한, 길에서 만난 사람에게 도움 주기를 꺼려하는 수동적인 사람이 되고 만다.

그런데 더 좋은 전략이 있다. 상처 입은 사람이 조금 더 수월하게 자기 필요와 약함을 표현하도록 도와줄 수 있다. 우리가 먼저 다가가는 것이다. 낯선 사람을 아는 사람으로 만들고, 아는 사람을 친한 사람으로, 친한 사람을 진정한 친구로 만들어야 한다. 자비 사역을 하는 사람은 교회와 공동체의 주변을 둘러보고 상대방의 필요를 살핀 후, 말씀과 행동으로 그 필요를 채울 수 있도록 의도적으로 그와 관계를 맺으려고 노력해야 한다. 혹 이미 도움이 필요한 누군가를 알고 있다면, 그 사람이 자기 필요를 자연스럽게 털어놓을 수 있는 '안전한 환경'을 마련해주는 관계로 발전시킨다.

이웃 만들기

정말로 이런 관계를 만들 수 있을까? 물론이다. 몇 가지 간단한 제안을 하겠다. 가장 기본적으로, 당신은 '이웃 사람'이 보여주는 일반적 태도를 취해야 한다. 우연히 마주쳤을 때도 따뜻한 미소와 인사와 표정을 건네야 한다.

주변에 아는 사람이 거의 없다면, '사회적 몸짓'을 통해 관계를 만들어보자. 여기서 '사회적 몸짓'이란 상대방을 더 잘 알고 싶다는 열망을 드러내는 노력을 뜻한다. 예를 들어, 이웃을 사귀고 싶다면, 새로 이사 온 이웃으로부터 가장 좋은 반응을 기대할 수 있다. 어떤 '환영 선물'이 좋을지 생각해보자. 새로 이사 온 이웃을 집에 초대하자. 이사하는 동안 도와줄 수 있는 일을 찾아보는 것도 좋다.

가장 기본적인 사회적 몸짓은 손님 대접이다. 이웃과 교인들을 집에 초대하라. 친절하게 전화를 걸어 아침 식사에 초대하라. 자녀, 특히 어린 자녀가 있다면, 아이들이 관계에 다리 역할을 해줄 수 있다. 사람들은 아이들이 있으면 경계를 늦춘다. 아이를 유모차에 태워 동네 산책을 나가 사람들을 집에 초대하라. 혼자 다가갈 때보다 아이를 동반하면 사람들의 반응이 훨씬 적극적일 것이다!

사랑하기

사랑의 행동으로도 관계를 세울 수 있다. 비교적 손쉬운 도움이 필요한 사람들에게 작은 사랑의 행위를 베풀면, 그들이 마음을 열고 더 깊은 필요를 보여주기도 한다. 다른 집에는 흔히 없는 연장이 집에 있는가? 사람들에게 빌려주라. 동네 어르신들을 찾아가서 올 봄에 마당을 정리해주겠다고 말씀드려라. 당신이 동네에서 할 수 있는 사회적 행동이 있는가? 예를 들면, 동네 교통 체증 문제에 대해 여론 조사를 실시하고 주민들과 함께 어떤 대책을 세울 수 있는지 토론해보자. 주변 사람들에게 자연스럽게 선물을 건넬 수 있는 방법은 없을까? 작은 화분이나 운동 경기 입장권을 대량 구매한다. 또는 빵을 많이 굽거나 정원에 토마토를 잔뜩 심는다. 그렇게 해서 남는 것을 이웃이나 직장 동료, 교인 중에 친해지고 싶은 사람들에게 나눠주는 것이다.

당신이 봉사할 수 있는 일이 있는지 찾아보라. 동네 어르신이 장보러 갈 때 차를 태워드릴 수도 있고, 한부모 가정의 아이를 무료로 봐줄수도 있다. 옆집에서 창고를 짓거나 페인트칠을 하면 가서 도와주겠다고 말해보라. 특히 위기 상황을 잘 살피고 달려가서 도움의 손길을 내밀어주라.

지금까지 언급한 제안들은 누구나 다 알 수 있는 내용이다. 사람들은 친구를 사귀려 할 때 자연스럽게 이런 행동들을 한다. 하지만 명심할 것이 있는데, 대부분의 사람들은 자신이 좋아하는 사람, 함께 있으면 즐거운 사람과 관계를 맺으려 한다. 자비 사역을 하는 그리스도인들의 독특한 점은, 가정과 일터와 교회에서 사람들과 의도적이고 체계적으로 관계를 세우려 애쓴다는 것이다. 이는 다른 사람들의 필요를 발견하고 그들이 자신의 약함을 나눌 수 있는 환경을 조성하기 위해서이다.

격려하는 영혼

하지만 단순히 사람을 만나기만 하는 것이 아니라, 상대를 돌보고 격려하고 들어주는 태도가 필요하다. 스스로 마음을 닫아버리고서야 아무리 사람들을 집으로 초대해 시간을 함께 보낸다 해도 아무 소용이 없다.

다른 사람의 이야기를 잘 들어주고 격려해주는 방법을 다룬 좋은 책들이 많이 나와 있다.[4] 그중에서도 가장 통찰력 있는 책으로 래리 크랩의 《격려를 통한 영적 성장*Encouragement: The Key to Caring*》이 있다.[5] 다음 원리들은 이 귀한 책에서 얻은 통찰에 빚진 바가 크다.

사람들은 거절이 두려워 숨는다.[6] 모든 죄인은 아담처럼(창 3:10), 자신이 근본적으로 하나님이 받으실 만한 존재가 아니라는 것을 안다. 이런 생각은 다른 사람이 우리의 진짜 생각과 감정을 몰랐으면 하는, 모든 사람이 지닌 일반적인 두려움으로 나타난다. 사람들이 진짜 내 모습을 알면 거절당할 게 뻔하다고 생각한다. 따라서 우리의 진면목을 감춰 우리를 편하게 만들어주는 행동 방식, 곧 '가면'을 쓰기 시작한다. 이 가면은 자신의 진짜 모습이 드러나지 않게 도와준다. 예를 들어, 수다라는 가면을 쓰는 사람이 있는가 하면, 낯가림이나 과묵함을 가면으로 활용하는 사람도 있다.

두려워서가 아니라 사랑하는 마음으로 도울 때 격려할 수 있다.[7] 사랑보다는 두려움 때문에 남의 이야기를 들어주고 도와주려 노력하는 사람이 있을 수 있다. 예를 들어, 어떤 사람들은 눈에 빤히 보이는 상대방의 문제에 단도직입적으로 접근하기를 주저하기도 한다. 왜일까? 상대가 우리를 거부할까 봐, 그래서 좋은 관계가 깨질까 봐 두렵기 때문이다. 이런 두려움에 사로잡힌 사람은 그저 피상적인 격려를 할 수밖에 없다. 반대로, 거리낌 없이 상대방의 잘못을 지적하는 사람들도 있다. 감 놔라 배 놔라 하면서 상대에 대한 '주도권을 쥐려' 한다.

왜일까? 실수할까 두려워서, 문제를 해결해야 한다는 압력을 스스로 주입하기 때문이다. 따라서 이런 보스 기질의 접근법 역시 두려움에 기초한 것이다. 이렇게 베푸는 우리의 '자비'는 아무에게도 도움이 되지 않는다.

우리의 자비 사역은 하나님께 순종하고 상대를 도우려는 순수한 바람에서 행할 때만 진정한 사랑이 될 수 있다. 하지만 안전지대에 머물거나 남에게 좋게 보이려는 욕구에서 도우려 한다면 우리의 자비는 두려움에 불과하다. 진정한 자비 사역자는 사랑으로 반응하기 위해 어떤 위험이든, 예를 들면 사회적인 어색함, 호된 꾸짖음, 어리석게 보이는 것 등을 모두 무릅쓴다.

상대를 거부하지 않고 그의 두려움을 대놓고 다룰 때 격려할 수 있다.[8] 그리스도인이 상대의 말이나 행동과 상관없이 무조건 그들을 인정하고 포용하여 격려해야 한다고 주장하는 책들이 있다. 그러나 진정한 격려는 상대를 인정하고 따뜻하게 감싸면서도, 상대를 조종하고 있는 두려움을 끄집어내고 직접적으로 다루어주어야 한다. 우리가 두려워하는 까닭은 하나님 없는 사랑과 의미를 추구하기 때문이다. 우리는, 하나님의 사랑과 봉사에서 자기 가치와 안전에 대한 가장 깊은 필요를 충족시킬 수 있다는 사실을 종종 잊는다. 때문에 지위와 인기, 가족이나 친구의 사랑을 잃어버릴까 봐 두려워한다.

사람들은 자신을 노출하면 곧바로 거절당할 거라고 생각해서 숨는다. 우리가 그들을 거부하지 않고 그들의 진면목을 드러내야만 그들을 도울 수 있다. 조금씩 차분하게 사랑하는 마음으로 상대가 마음을 열도록 도와야 상대도 더 많이 마음을 열 수 있다. 반대로 말하면, 성급한 조언과 대답은 우리가 상대를 진지하게 대하지 않는다는 느낌을 줄 수도 있다. 오히려 우리는 하나님 없이도 사랑과 목적을 찾을 수 있다는 사람들의 왜곡된 생각을, 부드러우면서도 확고하게 드러낼 각오가 되어 있어야 한다.

이를 위해서는, 우리 자신의 반응은 한발 늦추고 부드러우면서도 핵심을 찌르는 질문을 던지면서 세심하게 들어줄 필요가 있다. 다음으로는, 우리가 상대의 말을 정확하게 이해하고 있는지 끊임없이 확인해줘야 한다. 우리가 이해한다는 표시를 확실히 해야 한다. 이렇게 하면 상대가 두려움과 문제를 털어놓기가 한결 쉽다. 마지막으로, 상대방에게 진실만을 말해야 한다! 격려는 세심한 조언, 자비로운 꾸짖음, 지지와 확인, 이 모두를 포함한다.

언어 이외의 수단으로 격려를 표현할 때 상대를 격려할 수 있다.[9] 마음으로부터 진실하게 사람을 사랑할 수 있지만, 그 마음이 상대에게는 보이지 않는다! 상대방은 우리 눈과 얼굴과 신체를 보고, 목소리를 듣는다. 우리는 이런 것들을 활용하여 사랑을 표현해야 한다. 상대방의 얼굴을 똑바로 쳐다보라. 앞으로 몸을 숙이고 손과 팔을 벌려라. 눈을 마주치고 긴장을 풀어라. 눈과 입으로 미소를 지으라.

결론

 길에서 죽어가는 사람은 신음소리를 낼 수는 있을지 몰라도, 지나가는 사람을 붙잡거나 통사정할 힘은 없다. 사실상 사람들은 그런 기대를 하지도 않는다. 그런데도 우리는 주변 사람들에게 그런 요구를 하고는 한다. 우리의 가장 큰 문제는, 길에서 피를 흘리며 누워 있는 사람이 우리 발목을 물어뜯을 때까지 그 사람을 고려할 생각을 하지 못한다는 것이다! 얼마나 부조리한 상황인가.

 당신은 적극적인 전임 그리스도인인가, 아니면 수동적인 아르바이트 그리스도인인가? 멈추라. 보라. 들으라. 주라. 행동하라.

9 PREPARING THE CHURCH

자비 사역
준비

개요 자비 사역을 위해 전 교인에게 동기를 부여함으로써 교회의 '풍토를 비옥하게' 준비시켜라. 그 다음에는 교회 내의 기본 필요를 채우고 지역 공동체의 필요를 살피는 '삽질'이 필요하다.

교회라는 정원

지금까지 모든 그리스도인과 가정들은 나름의 자비 사역을 개발해야 함을 살펴보았다. 8장에서는 동네에서 대규모 자비 사역을 실천하는 두 가정의 예도 보았다. 하지만 일반적으로 그리스도인은 지역 교회를 통해 자비 사역을 실천할 수 있는 방법을 찾아야 한다. 그리스도의 몸이 가진 다양한 은사들을 통해 교회에서의 우리 사역은 힘을 얻고 보완된다.

자비 사역의 중요성을 확신하는 그리스도인이라면, 출석하는 교회에 만족하지 못할 수도 있다! 1년에 한 차례, 성탄절이나 추수감사절에 음식을 기부하는 것 외에 이렇다 할 행위 사역을 하는 복음주의 교회는 소수에 불과하기 때문이다. 하지만 이런 상황을 하룻밤 만에 교정할 수 있는 손쉬운 해결책은 없다. 평신도나 목회자를 가리지 않고, 많은 양심적인 그리스도인들이 지역 교회에서 가난한 사람들을 위한 프로그램을 해보려고 애썼던 경우는 적지 않다. 그러나 그 결과는 대체로 실패와 좌절, 분노로 끝났다. 왜 그럴까?

바울이 고린도전서 3장에서 묘사한 것처럼, 교회를 정원으로 생각해보자. 정원에서 토마토를 수확하려면 어떻게 해야 하는가? 입춘이 되자마자 밖으로 나가 땅에 씨를 뿌리는가? 아니다. 씨를 심기 전에 먼저 땅부터 잘 준비해야 한다. 비료를 주거나 땅을 갈아엎어 씨 뿌릴 준비를 한다. 마찬가지로, 교회가 준비되어 있을 때에야 비로소 자비 사역도 꽃을 피울 수 있다. 이 점은 아무리 강조해도 지나치지 않다. 교인들이 준비될 때까지 비료를 주고 땅을 파라!

정원에 비료 주기

'풀뿌리' 동기

평신도들에게 지역 교회를 통해 일하라고 권면하자마자, 우리는 수많은 불만에 부딪힐 것이다. "우리 교회는 자비 사역이 뭔지도 모른다고요! 이 교회에서 뭘 좀 하려면 교역자와 지도자들을 먼저 설득해야 합니다. 내가 이런 문제를 제기할 때마다 성도의 절반쯤은 나를 무슨

'자유주의자' 보듯 하고, 나머지 절반은 '돈이 너무 많이 든다'고 불평합니다. 어디 그뿐인 줄 아십니까? 내가 도대체 뭔데 교회 목사님에게까지 이런 일을 가르쳐줘야 한단 말입니까?"

물론, 얼마든지 큰돈 들여 대규모로 자비 사역을 할 수 있다. 예를들어, 북부 필라델피아 가난한 도심 지역의 어느 흑인 교회에서는 최근에 지역 경제 활성화를 위해 노인 주거 시설과 기독교 병원, 쇼핑센터를 겸한 고층 건물을 건설 중이다. 물론 교회 지도자들이 이 계획을 진두지휘하고 있다. 프로젝트의 전체 예산은 2천만 달러가 넘는다.

그런가 하면, 동전 한 닢 들이지 않고 의미 있는 자비 사역을 할 수도 있다. 어느 교회에서 평신도 다섯 명이 재소자 사역 방법을 놓고 기도하며 연구하기 시작했다. 이들은 교도소를 방문하고 일부 재소자들에게 매주 편지를 보내기 시작했다. 얼마 뒤에는, 한 달에 한 번씩 주일 오전 예배에 (교도관 동반 하에) 재소자들을 초청했다. 예배가 끝난 후에는 교인 40-50명이 그들을 위해 식사를 준비하고 말벗이 되어주었다. 재소자들 중 일부가 복역을 마치고 출소하자 교인들은 그들이 살 곳과 직업을 찾는 데 도움을 주기로 했다.

자비 사역의 핵심 열쇠는 평신도 자원봉사자들의 자발성이다. 사람들이 모여서 구체적 필요를 채워주기 위해 사역하는 법을 배우기 시작하면, 그 사역에 일정한 시간과 정성을 기꺼이 드리기로 결단하면, 그러면 모든 자원을 갖춘 셈이다.

지도자들이 교인들에게 '하향식'으로 자비 사역을 강요할 수 있다고 생각하면 큰 오산이다. 어떤 구체적 필요들에 부담을 느끼는 사람들의 일상 속에서 그 사역이 '솟아날' 때 효과가 가장 크다. 교역자들이 뜬금없이 "좋습니다! 이 동네에 가서 가난한 사람들을 도와줍시다. 원하는 분들은 게시판에 이름을 적어주세요"라고 말할 리 만무하다. 자비 사역은 하나님의 명령인데, 그 명령에 단순하게 반응해서는 곤란하다. 하나님의 자비를 이해하고 체험하여 넉넉해진 마음에서 자연스레 우러나와야 한다. "내 이웃은 어디에 있는가?"라는 질문을 던질 수 있을 때까지 교인들의 마음이 녹아내려야 한다.

그렇다면 자비 사역의 동기는 풀뿌리에서부터 시작되어야 한다. 어느 평신도라도 그 과정을 시작할 수 있다. 성경은 우리가 "서로 마음을 써서[깊이 생각하여, 계획하여] 사랑과 선한 일을 하도록 [각 평신도가 서로에게] 격려"해야 한다고 말한다(히 10:24, 새번역).

회중에게 동기부여하기

동기를 부여하는 가장 주요한 방법은 하나님이 자비 사역에 대해 하신 말씀을 사람들에게 들려주는 것이다.

물론 강단을 통해 교인들에게 동기부여하고 움직이게 하는 것이 중요하다. 설교자라면, 가난한 자들에 대한 자비 행위를 사람들에게 동기화하는 방식으로 은혜의 복음을 가르칠 책임이 있다. 이 책 1-3장에서는 설교자들이 활용할 수 있는 중요한 주제와 논점을 별도로 살펴보았다. 훌륭한 설교 한두 번으로 동기부여가 될 수는 없다. 주기적으로 꾸준히 자비를 가르쳐야 한다.

설교자가 아닌 사람들도, 다른 교인들에게 자비에 대한 성경의 가르침을 전할 수 있는 방법은 많다. 당신이 직분자이고 교회 예배 형식이 허락한다면, 하나님이 주신 은사와 물질을 관리하는 우리의 청지기직에 대해 교인들에게 짧게나마 소개하는 시간을 요청할 수 있다.

성경 공부 소그룹에서는 이스라엘에 가난한 자들의 구제에 관한 합리적인 조항이 있었다는 점을 살펴보아야 한다(신 15:1-11). 가난한 자들에게 베푸는 자비가 참된 경건의 표시라는 선지자들과 예수님의 가르침을 살펴보라(사 58:6-7; 암 4:1-6, 5:21-24; 마 25:34 이하; 눅 9:29-34, 14:13-14). 또 초대교회의 자비 사역을 자세히 살펴보라(행 2:44-47, 4:32 이하; 롬 15:1-18; 고후 8:13-14; 갈 2:10, 6:9-10; 약 1:27-2:16; 요일 3:16-17).

자비 사역의 동기를 부여하는 또 다른 중요한 방법은 강의나 소그룹 공부, 주제와 관련된 책들을 회람하는 것이다. 연구 모임의 중요성은 아무리 강조해도 지나치지 않는다. 자비 사역의 성경적 원리를 함께 공부한 집단에서 시작된 계획과 프로그램이 얼마나 많은지 모른다. 교회의 훈련 프로그램에 선택 과목이 있다면, 최소한 1년에 한 번은 자비 사역을 탐구해볼 수 있는 강의가 있어야 한다.

지금 당신이 읽고 있는 이 책은 그런 연구 모임에서 활용할 수 있도록 기획한 것이다. 모임에서 유용하게 활용할 수 있는 다른 책으로는 버나드 톰프슨Bernard Thompson의《선한 사마리아인의 믿음Good Samaritan Faith》을 비롯하여 프랭크 틸라파우Frank Tillapaugh의《성도가 사역하는 교회 Unleashing the Church》와《당신의 잠재력을 발휘하라 Unleashing Your Potential》, 윌리엄 플레처William Fletcher의《두 번째 큰 계명 The Second Greatest Commandment》, 하비 칸Harvie Conn의《복음 전도와 사회 정의 Evangelism: Doing Justice and Preaching Grace》, 존 퍼킨스John Perkins의《모든 사람을 위한 정의 With Justice for All》가 있다. 자비 행위를 동기부여하는 또 다른 방법은, 말씀과 행위로 효과적인 사역을 하고 있는 실제 교회를 직접 관찰하는 것이다. 어쩌면 그런 교회들은 거리상으로도 멀고 수도 적을 것이다. 하지만 특별히 효과적으로 자비 사역을 감당하고 있는 교회를 안다면 답사를 계획해보라. 사람들과 사역 현장을 찾아가서 그곳 자원봉사자들과 이야기를 나누어보라. 현실적으로 이런 답사가 힘들다면, 다른 교회나 사역 단체에서 일하는 사람을 당신 교회에 초청하여 이야기를 들을 수도 있다.

한 개인이 다른 사람들을 동기부여하여 자비를 베풀 수 있도록 하는 가장 훌륭한 방법은, 자기 삶으로 그 매력을 보여주는 것이 아닐까. 베드로는 장로들에게 "본이 되어" 무리를 이끌라고 권면한다. 경건한 생활 방식으로 윤리적 아름다움을 드러냄으로써 다른 사람들을 설득해야 한다는 것이다. 그중 한 가지 방법이 자비 사역의 대가를 기꺼이 치르려는 마음일 것이다. 어느 교회의 한 가정이 에티오피아 고아들을 입양했다. 그러고 나자, 그 집 가장은 봉사 사역에 사람을 모집하기가 한결 수월해졌다. 그의 진정성이 힘을 얻은 것이다!

종의 마음

당신에게는 종의 마음이 있는가? 종의 마음이 없다면, 다른 사람들에게 사랑과 선행을 권할 수 없을 것이다. 교인들에게 자비 행위에 대한 동기를 부여하려는 많은 그리스도인들이 조바심과 자기 의 때문에 실패한다. 앞서 3장에서 보았듯이, 자기 의는 자비를 베풀려는 마음을 망가뜨린다.

두 젊은이가 교회를 통해 가난한 사람들을 돕기 시작했다. 그들은 자신들이 데려온 다른 인종 사람들 때문에 많은 교인이 언짢아한다는 것을 알게 되었다. 마음이 잔뜩 상한 이들은, 틈날 때마다 교회에 자비가 없다며 불평을 쏟아놓았다. 하지만 이런 억울함과 분노는 자신들의 심각한 편견을 드러낼 뿐이다. 그들은 사람들을 깔보는 교인들을 깔보았던 것이다! 자기들도 오로지 은혜로 인종 편견에서 구원받았다는 사실을 깨닫지 못했기에, 죄에 사로잡힌 다른 사람들을 인내와 온유함으로 바로잡지 못했다(갈 6:1). 그들은 다른 사람들에게 자비 사역의 동기를 부여하는 과정에서, 은혜가 아니라 죄책감에 호소했다. 사람들을 오래 참아주지도 못했고, 하나님의 주권적인 때를 기다리지도 못했다. 결국 두 사람은 교인들을 이끄는 역할을 하지 못했다.

종 되신 예수님

예수님의 마음가짐과 영혼을 갖도록 힘쓰는 것이 중요하다. 요한복음 13장 1-14절에서 제자들의 발을 씻겨주신 예수님을 보라. 더위에 지친 손님들은 저녁 식사 전에 발을 씻겨주면 기분이 좋았겠지만, 이 일은 종들이 하는 천한 일이었다.

왜 예수님이 그런 일을 하셨을까? 누가복음 22장 24-27절을 보면, 첫 번째 성만찬 직후에 제자들 사이에서 누가 제일 크냐는 다툼이 벌어졌다. 예수님이 제자들에게 물으셨다. "앉아서 먹는 자가 크냐, 섬기는 자가 크냐?… 나는 섬기는 자로 너희 중에 있노라." 예수님이 '섬긴다'고 할 때 사용하신 단어는 '디아코네오diakoneo', 즉 시중든다는 뜻이다. 이 단어가 원래 식탁 치우기 같은 허드렛일을 하는 사람이나 웨이터, 곧 사람들의 가장 기본적 필요를 겸손하게 채워주는 사람을 가리켰다는 점을 다시 한 번 기억하라. 예수님은 이 단어로 자신의 사역을 묘사하셨다. 요한복음 13장은 누가복음 22장의 토론과 관계가 있다고 가정하는 편이 좋다. 발을 씻기신 행위는 어떤 의미에서 누가복음 22장 24-27절에 대한 주해요, 따라서 모든 그리스도인이 따라야 할 섬김 사역의 본보기이다.

집사는 특별한 임무와 특별한 태도를 겸비한 사람이다. 집사의 임무는 의식주 같은 인간의 기본 필요를 채우는 것이다. 그래서 가난한 과부들을 돕는 기금을 날마다 배분하는 일을 '디아코니아'라고 불렀다 (행 6:1-6). 집사는 특별한 태도도 갖춰야 하는데, 이는 곧 종의 마음을 갖는 것이다.

발을 씻기신 우리 주님의 예에서 이 태도의 세 가지 특징을 볼 수 있다. 먼저, 예수님은 임박한 죽음에도 불구하고 제자들의 발을 씻기셨다. 예수님은 자신에게 쏟아질 하나님의 진노를 받을 예정이셨다. 그분은 그날 식사 자리에서도 어마어마한 부담을 느끼고 계셨다. 우리라면, 등에 무거운 짐을 지고 힘들어하고 있을 때도 주변을 둘러보면서 씻어주어야 할 사람들의 발을 찾을 수 있겠는가? 사람들을 섬길 작은 방법들을 강구하겠는가? 아니다. 자기 문제에 빠져서 오히려 사람들이 우리를 돌봐주기를 기대한다. 하지만 예수님은 자기 연민에 빠지지 않고 사람들을 사랑하셨다.

진짜 종은 이렇게 말하지 않는다. "정신을 좀 차리면, 우울한 감정이 좀 가시면, 주변이 좀 정리되면 그때부터 사역을 시작하겠습니다." 어쩌면 당신은 상처를 받았는데 아무도 알아주지 않아서 화가 나 있을지도 모르겠다. 하지만 예수님이 당신처럼 하셨다면, 지금 당신은 어떻게 되었겠는가? 다른 사람을 섬기는 것은 우울을 극복하는 최선의 방법이다(사 58:10, "주린 자에게 네 심정이 동하며 괴로워하는 자의 심정을 만족하게 하면 네 빛이 흑암 중에서 떠올라 네 어둠이 낮과 같이 될 것이며").

둘째, 예수님은 자격 없는 제자들을 섬기셨다. 그분은 배신자가 그 자리에 있는 것을 알고 계셨다고 요한은 말한다(13:2, 10). 그분은 제자들을 다 파악하고 계셨다. 배신할 사람 한 명, 부인할 사람 한 명, 도망갈 사람 전부! 예수님이 가장 힘들 때 제자들은 그분 곁을 떠날 것이다. 그중 한 제자의 발은, 예수님의 고문과 죽음을 준비하는 심부름을 하느라 이미 더러워지고 아픈 상태였다. 예수님은 어떻게 하셨는가? 그 발을 씻어주셨다. 차별 없이 사랑하셨다. 우리의 가치를 따지지 않으셨다.

예수님은 종이 최선을 다해 '디아코니아' 사역을 할 때는 인정과 감사를 기대해서는 안 된다고 말씀하신다. 주님이 요청하신 '디아코니아'(눅 17:8)를 하고 난 후에는 "우리는 무익한 종이라. 우리가 하여야 할 일을 한 것뿐이라"(17:10)고 말해야 한다.

그렇다면 진정한 집사는 불친절하고 감사할 줄 모르는 사람들도 섬길 수 있다(눅 6:35). 왜 그런가? 그리스도인은 어느 한 사람의 채권자가 아니고, 모든 사람의 채무자이기 때문이다. 제대로 된 그리스도인이라면 이렇게 말할 것이다. "그리스도 안에서 내가 어떤 존재인지 보십시오! 그분 안에서 나는 온전한 생명을 얻었습니다. 나는 그리스도와 함께 영원히 다스릴 것입니다. 사랑의 하나님이 나를 용납하셨습니다. 하나님은 영광 가운데 그 풍성하심을 따라 내 모든 필요를 채워주실 것입니다. 세상은 내게 아무것도 빚지지 않았습니다! 나는 지옥에 가야 마땅했지만, 하나님의 자비로 이제는 이 세상 백만장자의 원대한 꿈보다 더 풍성한 삶을 누립니다. 내게 남들의 인정과 보상, 위로와 감사의 표현이 필요할까요? 도둑이 백만장자의 주머니에서 동전 한 닢 훔쳤다면 백만장자가 신경이라도 쓸까요? 그런데 내가 어떻게 모욕이나 무시, 감사할 줄 모르는 사람 정도에 흔들릴 수 있겠습니까?"

종의 태도

당신 지금 제정신인가? 당신이 사랑하고 섬겨야 하지만 포기하고 싶은, 감사할 줄 모르는 보기 싫은 사람이 주변에 있지 않은가? 혹시 그가 당신 배우자는 아닌가? 부모나 같은 교회 교인은 아닌가? 목회자들은 다음과 같은 말을 종종 듣는다. "이 교회에서 뼈 빠지게 일했는데 도대체 감사 인사라고는 받은 적이 없어요." 원래 그런 건가? 우리는 감사 인사를 받으려고 섬겼는가? 지금 제정신인가? 섬김은 감사와 박수가 끝나는 곳에서 시작된다. 당신은 좋아하는 사람이나 맘에 드는 사람, 당신과 비슷한 사람만 섬기지 않는가? 죄인들도 그 정도는 할 줄 안다(눅 6:32-34). 그리스도인들은 베드로의 장모처럼 그리스도에게서 치유와 '디아코니아'를 받았기에 자기들도 '디아코니아'를 제공한다(마 8:15).

셋째, 예수님은 그분의 지위와 상관없이 섬기셨다. 우주의 왕이신 그분은 이제 곧 아버지 우편에 있는 자리로 돌아가실 예정이었다. 높은 자리에 올라간 이들은 대개 허드렛일을 하거나 사람들의 필요를 채우거나 겸손한 종의 태도를 취하기 힘들어한다. 하지만 예수님은 높은 지위에도 불구하고 섬기셨다. 자존심을 내세우지 않고 섬기셨다.

자비 사역에 헌신한 그리스도인들이, 자기보다 덜 헌신하는 것처럼 보이는 사람들에게 자기 의를 내세우고 교만하게 구는 경우가 얼마나 많은가? 우리는 가난한 사람들을 깔보는 사람들을 똑같이 깔보기 쉽다. 그러면 우리도 그들과 다를 바 없지 않은가? 가난한 사람들에게 무관심한 사람들 앞에서 우리가 교만한 태도를 취한다면, 우리를 따르는 사람이 아무도 없을 것이다. 종의 마음을 지니지 못했기에 우리를 따라 섬기려는 사람들이 없다는 것이다. 다른 사람들 눈에는 (가끔은 억울하게도) 우리가 '선동가'로 비칠 것이다. 그리스도의 영이 없으면 그런 반감을 씻어내기 힘들다.

종은 겸손하게 섬긴다. 집사 정신은 '남을 돕는 일에서 너무 사소한 일은 없다'는 태도다. 웨이터의 주 임무는 케첩을 가져다주거나 남은 그릇을 치우는 일이라는 걸 잊지 마라. 그런가 하면 너무 큰일이라 남을 도와주기 힘든 경우도 없다. 남을 도우려면 시간과 계획, 목표, 자원과 돈을 희생해야 할지도 모른다. 한 사람을 세우고 하나님께 인도하는 데 어떤 대가가 따른다 하더라도, 종은 그 대가를 감수한다. 집사 정신이 없는 사람들은, 너무 교만해서 사소한 일은 손대지 않거나 너무 게을러서 큰일에도 손을 못 댄다. 이런 섬김은 이도 저도 아니어서 아무도 변화시키지 못한다. 그러나 집사는 작은 일이든 큰일이든 가리지 않는다.

궁극적으로 자비 사역에서 가장 설득력 있는 '변증'은 자비 사역을 하는 사람들이 지닌 종의 마음이라고 할 수 있다.

자비 사역 친구 찾기

교회 전체의 "풍토를 비옥하게" 해야 한다는 점은 이미 언급했다. 앞서 말한 방법들을 활용하다 보면, 하나님이 당신을 특정한 사람들에게 인도하셔서 긍휼 사역의 비전을 보게 하시는 것을 발견하게 된다.

그들을 찾아서 자비 사역을 위해 함께 기도하고 묵상하라. 다음 질문을 던져보라. "자비 사역에 관해 교인들을 자극하려면 우리가 무슨 일을 해야 할까? 다른 사람들에게 긍휼 사역의 모델이 되기 위해서 우리가 어떤 일들을 할 수 있을까?"

이런 사람들은 어디서 만날 수 있을까? 선택 강의나 강연에서 이런 사람들을 만날 수 있다. 이들은 강의가 끝나면 당장 무슨 일이든 실행에 옮기고 싶어 하는 사람들이다. 또한 당신이 자비 사역에 대해 이야기하기 시작하면 관심자들을 찾을 수도 있다. 당신과 비슷한 견해와 목적을 갖고 있는 사람들이 있을 것이다. 당신이 출석하는 교회에서 다른 단체나 집단과 협력하여 자비 사역을 실천하려는 사람들도 있을 것이다. 아니면 사역자나 목회자에게 당신의 비전을 나누어보라. 비슷한 생각을 하는 사람들을 연결해줄 수도 있다.

이런 '친구' 집단은 교회 내에서 자발적으로 임시 대책 위원회task force나 상임 위원회를 조직하여 활동을 시작할 수 있다. 그러려면 먼저 교회 지도자들과 관계를 형성해야 한다.

자비 사역을 함께할 친구들을 찾는 과정에서 교회 리더십을 무시해서는 안 된다. 이 '친구들'이 주로 교역자라면, 문제는 간단하다. 그러나 이 '친구들'이 모두 평신도라면 지도자들과의 관계에서 균형을 잡아주어야 한다. 한편, 반드시 교역자들이 자비 사역을 시작하거나 실행할 필요는 없다. 당신이 평신도인데, 목회자를 찾아가서 자비 사역에 시간을 내달라고 재촉하는 것으로 자비 사역을 시작한다면 큰 실수다. 이미 다른 중요한 요구 사항들이 목회자의 일정을 가득 채우고 있기 때문이다. 목회자들은 처음부터 스스로 생각해낸 사역이 아니라면, 자기 시간을 잡아먹는 새로운 사역에 반대하거나 미루기 십상이다. 하지만 당신의 꿈을 나누고 그 일을 책임 있게 이끌겠다고 제안한다면, 당신이 목회자의 기도 응답이 될 수도 있을 것이다! 교역자들의 지지를 얻지 못해도, 허락을 구하라. 만약 허락을 얻지 못한다면, 적어도 반대하지는 않도록 양해를 구하라. 반드시 확고한 지원이 있어야만 사역을 시작할 수 있는 것은 아니다.

다른 한편으로, 지도자들은 주님 안에서 당신을 감독하는 사람이니 당신에게는 그들이 당신을 감독하도록 허락할 책임이 있다(히 13:17). 지도자들에게 지속적으로 보고하고, 그들이 자비 사역에 동참하도록 계속 초청하라. 그러면서 그들의 관리 감독에 복종하는 것이 중요하다. 지도자들을 참여시키려면, 자비 사역에 관한 선택 강의와 연구 모임에 참여해달라고 강하게 권해야 한다.

땅 파기

이제 두 번째 단계로 넘어갈 차례다. 정원에 비료를 주었는가? 자비 사역을 함께할 친구들을 찾았는가? 교회 지도자들의 허락을 구했는가? 주변 사람들이 조금씩 관심을 보이기 시작하는가? 그렇다면 땅을 갈아엎을 준비가 되었다.

자비 사역의 리더십 조직하기

먼저, 자비 사역의 전반적인 책임자를 정해야 한다. 자비 사역을 위해 모인 '친구들'이 자신들을 교회 상임 위원회로 세워달라고 요청할 수도 있다. 버나드 톰프슨은 '바나바 그룹the Barnabas Group'을 설명하면서 이것이 어떻게 가능했는지 기술했다. 한 강연이 출발점이 된 이 그룹의 목적은 다음과 같다.

풀피트록 교회Pulpit Rock Church의 자비 사역 실천을 독려하기 위함: 필요들을 파악하고 알리기, 개인 사례, 그룹 활동 조직, 전 교회 차원의 활동 구상.[1]

제직회에서 '자비 소위원회' 구성을 요구하는 교회도 있을 것이다. 그런 소위원회가 능력을 발휘하려면, 거기에 임명된 사역자의 다른 일들을 줄여주고 자비 사역에 집중할 수 있게 해주어야 한다.

어떻게 이런 집단을 조직할 수 있을까? 전문화가 한 방법일 수 있다. 위원회에 소속된 각 사람은 이 새로운 사역과 교회 전체를 위해 문제해결사가 되어야 한다. 예를 들어, 어떤 사람은 응급 대피소와 저렴한 임시 숙소를 찾아주는 '전문가'가 될 수 있다. 환자 사역을 전문으로 하는 사람, 노인이나 장애인 사역을 전문으로 하는 사람도 있을 수 있다. 재정 상담을 전문으로 하는 사람이 있는가 하면, 실직자의 구직 활동을 도와주는 데 뛰어난 사람도 있을 것이다. 이런 기회는 무궁무진하다.

둘째, 이 집단이나 위원회는 '사역 팀'으로 역할을 분담하는 법을 배워야 한다. 어떤 가족의 필요가 있을 때 한 사람만 보내서 문제를 해결하게 하는 것은 잘못이다. 그 사람을 자신들의 '생명줄'로 보는 가족들 때문에 그는 금세 녹초가 될 것이다. 둘씩 짝을 지어 객관성을 유지하며 돕는 법을 배우라.

필요를 채워줄 기본 구조 세우기

교인들에게 자비 사역을 할 수 있는 힘을 길러주는 가장 중요한 방법은, 교회 내에서부터 작은 자비 사역을 실천하기 시작하는 것이다. 작게나마 자비 사역의 축복을 직접 보고 체험할 때에야 비로소 교회 전체가 자비 사역의 비전을 확실히 이해할 수 있다. 따라서 자비 사역을 함께하는 '친구들'은 자비 기금(필요를 채워주기 위한 돈)과 봉사 은행(교인들이 지닌 기술 목록)이라는 두 기본 구조를 세우는 편이 좋다. 그런 다음에 사람들의 필요를 세심하게 살펴서 채워줘야 한다. 이렇게만 시작하면 일이 속도를 낼 수 있다.

어느 작은 교회에서 목회자와 교역자들이 말씀과 행위 사역의 중요성을 가르쳤다. 교인들은 머리로는 동의하면서도 교회가 '사회사업'에 동참한다는 데는 의심의 눈길을 보냈다. 어느 날, 한 교인이 목회자에게 혼자 사는 할머니의 사연을 알렸다. 그녀는 자녀들의 지원이 끊어져 한 달에 고작 300달러의 연금으로 생활하고 있었다. 게다가 집의 전기가 늘 말썽이었다. 목사와 집사 한 사람이 어르신을 찾아가서, '고장 난' 형광등 문제를 자연스럽게 꺼낼 수 있도록 분위기를 조성했다. 살펴보니 두꺼비집을 새로 설치해야 할 것 같았다. 소식을 전해들은 집사들은 두꺼비집 구입비를 마련하고 교인 중에 기술자를 찾아 두꺼비집을 교체했다. 어르신이 얼마나 기뻐했는지 모른다. 교회에서 그런 일을 해준 적은 한 번도 없었다. 할머니는 교회에 대한 '좋은 소문'을 퍼뜨리기 시작했고, 사람들은 "우리 교회 지도자들도 자비 사역을 진지하게 생각해볼 필요가 있다"고 입을 모았다.

자비 기금

자비 사역에 필요한 첫 번째 구조는 자비 기금이다. 교회 규모와 상관없이 기금을 조성하여 물리적·물질적 도움이 필요한 사람들을 돕는 일에 쓸 수 있다. 일반적으로는 이 기금을 교회 운영 예산의 일부로 편성하지 않는 편이 좋다. 가능하다면, 자비 사역을 시작할 때 기존 자원을 활용하라. (목회자의 시간을 더 요구해서는 안 되는 것처럼) 다른 사역들을 위해 편성된 교회 예산에서 돈을 요구하지 마라. 자칫 자비 사역에 대한 반대 의견만 자극할 수 있다.

자비 기금은 도움이 필요한 시점에 지정 기부를 받는 별도의 기금이어야 한다. 교회의 다른 사역에 헌금했거나 사용될 돈은 받지 않는다. 그보다는 자비 사역에 헌금했지만 아직 손대지 않은 적립금을 활용한다.

어떻게 이런 기금을 마련할 수 있을까? 개인 지정 헌금과 일반 헌금으로 기금을 유지하는 것이 바람직하다. 처음에 이 헌금을 작정하는 사람들은 '친구들'뿐일지도 모른다. 장 칼뱅은 성만찬을 기념하는 예배라면 어느 예배에서든 가난한 사람을 위해 헌금해야 한다고 가르쳤다(《기독교 강요*Institutes*》 IV.17.44를 보라). 따라서 오늘날 많은 교회들이 성만찬 예배 때 가난한 사람들을 위해 헌금하는 전통을 지킨다. 신년, 사순절, 성금요일, 추수감사, 성탄절 같은 특별 예배에서 거둔 헌금을 전액 자비 기금으로 활용하는 교회도 있다. 그런가 하면 매년 부활절 예배에서 특별 헌금을 거둬 자비 기금으로 사용하는 교회도 있다.

봉사 은행

자비 사역에 필요한 두 번째 구조는 '봉사 은행'인데, 교인들이 가진 기술과 은사를 파악하고 동원하는 것이다. 이번에도 기존 자원을 활용하는 편이 좋다. 행위 사역에 활용할 수 있는 시간과 재능을 가진 평신도들은 아주 많다. 왜 그런가? 대부분의 교회는 지나치게 '말씀 중심적'이어서 사실상 교회에서 가능한 자원봉사 자리로는 교사와 상담자, 복음 전도자뿐이다. 그리스도인으로서 충분히 성숙하고 경험이 있는 자들만 그런 자리를 채울 수 있다. 하지만 자비 사역은 누구라도 즉시 같이할 수 있다! 그렇다면 봉사 은행은 어떤 식으로 운영하는가?

전 교인이 교통정리, 아이 돌보기, 손님 대접, 정원 일, 목공, 회계, 요양 환자 간병, 집안 청소 등 자신이 할 수 있는 봉사를 적은 양식을 작성한다. 그리고 이것을 기술별로 정리한 파일을 만들어둔다.

어느 한부모 가정에서 차가 고장 났는데 수리비가 부족하다는 소식을 들었다고 해보자. 봉사 은행 담당자는 기본적인 자동차 정비를 할 수 있는 교인 목록을 연락 담당자에게 넘긴다. 연락 담당자가 살펴보니 목록에 있는 다섯 사람 중 한 사람은 지난달에 봉사한 기록이 있다. 연락 담당자는 나머지 사람들에게 전화를 걸었고, 그중 한 사람이 차를 살펴보러 가기로 한다. 자비 위원회에 소속된 다른 한 사람이 봉사자와 동행하여 조사한 결과, 새 부품이 필요하다고 판단한다. 자비 위원회 사람은 이 가정의 살림살이가 넉넉하지 않다는 걸 알고는 자비 기금에 요청하여 봉사자를 통해 부품을 구입하게 한다. 자원봉사자는 그대로 진행한다.

연계 시스템

우리 교인들 중에 이런 도움을 필요로 하는 이가 없는데 돈이나 물건을 쌓아두는 건 아무 소용이 없다. 그런데 사람들의 필요를 알아내기가 쉽지 않다! 자비 사역에 대한 무지가 문제다. 대부분의 교인들은 지역 교회가 자신들의 신체적·경제적·실제적 필요를 채워줄 수 있다는 것을 모른다. 부끄러움이나 자의식 같은 자존심도 문제다. 다른 사람을 섬길 정도로 겸손한 사람은 많지만, 다른 사람의 섬김을 받을 정도로 겸손한 사람은 많지 않다! 자비 사역은 중요하지만 쉽지 않은 사역이다. 어떻게 하면 교인들의 필요를 발견할 수 있을까?

앞 장에 나온 원리를 다시 한 번 떠올려보자. 누군가가 꼭 가난해야만 우리가 그리스도의 이름으로 도움을 줄 수 있는 것은 아니다. 우리는 이웃을 내 몸처럼 사랑해야 하는데, 스스로를 돕는 경우에는 형편이 매우 절박해질 때까지 굳이 기다리지는 않지 않는가! 예를 들어, 중산층 교회에도 교통편 제공이나 집안 수리 등 일상에서 도움이 필요한 어르신이 있을 수 있다. 자기 가족한테서 도움을 받기 힘든 한부모 가정, 장애인, 만성질환자, 실직자, 대학생도 있다. 그러니 멈춰서 보고들으라! 도움이 필요한 사람은 어디에나 있다. 하지만 어떻게 그런 사람들을 도울 수 있을까?

연계 시스템을 개발해야 한다. 처음에는 교회가 자비 사역에 얼마나 진지한지 사람들이 확신하지 못해서 이 네트워크가 잘 돌아가지 않을 수도 있다. 그때는 '친구들'이 (최소한 시작 단계에서만이라도) 솔선수범해서 책임지고 눈과 귀를 열어 주변의 필요를 찾아야 한다.

사람들의 필요를 찾는 네트워크에서 중요한 부분은, 자비 사역 지도자들이 교회 내 모든 그룹 지도자들과 정기적으로 소통하는 것이다. 성경 공부 리더, 주일학교 교역자와 교사들, 청소년 사역자, 실버 사역자 등을 정기적으로 만나서 그들이 자기 부서에서 발견한 실제적 필요들이 무엇인지 들어야 한다.

사람들의 필요를 찾는 두 번째 방법은 전 교인 전화 상담이다. 3개월마다 사람을 모집하여 모든 교인에게 전화를 건다. 전화 상담원들에게는 사람들의 상황을 파악할 수 있는 질문 목록을 만들어서 전달한다. 예를 들면 이런 것들이다. "기도 제목이 있습니까? 몸이 아프거나 가족 중에 환자가 있습니까? 배우자와 자녀들은 잘 지내나요? 특별히 부탁할 일이 있습니까?" 그런 다음 이 전화 설문 결과를 모아서 자비 사역을 관장하는 부서에 전달한다.

'도움 카드Need Card'도 사람들의 필요를 확인하는 데 유용하다. 도움이 필요한 사람들에게 시간과 자원을 나누어주는 교회 사역을 간략하게 소개하는 작은 카드를 좌석마다 비치한다. 거기에는, 도움이 필요한 분야와 그 사람의 이름, 카드 작성자의 이름을 적어 넣을 수 있는 칸을 마련하라. 작성한 카드는 헌금함에 넣거나 사역자 또는 목회자에게 직접 전달할 수 있다.

이런 방식은 최소한 한 달에 한 번, 목회자가 교인들에게 이 카드의 사용법을 일깨워줄 때만 효과가 있다. 도움이 필요한 사람들이 자발적으로 이런 카드를 작성하는 경우는 매우 드물다. 그보다는 교인들이 자기가 아는 어려운 사람의 사정을 지도자들에게 귀띔해주는 경우가 많다.

지역 설문 조사

자비 사역을 위해 교인들을 준비시키는 데 있어 지역 공동체의 필요를 파악하는 설문 조사만큼 좋은 방법은 없다. 이런 설문 조사는 사람들의 필요와 잠재적 사역을 '파헤칠' 수 있다. 처음으로 시도하는 설문 조사라면, 교인들을 교육하고 동기를 부여하는 효과가 가장 클 것이다. 대부분의 교인들은 자기가 사는 지역의 아픔과 필요를 잘 안다고 생각하지만, 경험으로 보아 그렇지 않다. 대부분의 중산층은 어려운 사람들과 격리되어 살아가기 때문에 어쩌다 한 번씩 가난을 지나치듯 목격할 뿐이다. 이런 이들의 눈에는 사회적 필요가 그다지 들어오지 않는다.

지역 공동체를 자세히 살펴보는 또 다른 목적은 집중하기 위해서다. '가난한 사람들'을 돕는 프로그램을 마련하는 것은, 병원에 가서 '질병'에 대한 약을 처방받는 것과 여러 면에서 비슷하다. '질병'이란 여러 구체적인 상황을 포괄적으로 가리키는 일반 용어이기 때문에 정확히 말해서 질병에 대한 치료법은 없다. 마찬가지로, 가난도 여러 구체적인 상황을 가리키는 표제어에 불과하다. 지역 공동체에 관한 체계적 조사는 다양한 표적 집단의 특성을 정확히 파악하는 데 도움이 된다.

소극적으로 반응하지 말고 적극적으로 행동하라

지역 조사는 다른 각도에서도 중요하다. 가정에서 자연스럽게 발견한 필요를 가장 잘 충족시켜야 한다고 앞서 말했었다. 하지만 지역 교회도 '우연히 알게 된' 필요를 채우는 데만 급급해서는 안 된다. 도와달라고 크게 소리치는 사람들도 있지만, 대부분의 사람들은 지친 상태로 지역 공동체나 교회에 조용히 숨어 있다. 교회는 사람들의 필요에 단순히 반응하는 것이 아니라 솔선수범해서 행동해야 한다. 그래서 공식적이고 잘 계획된 지역사회 조사가 꼭 필요한 것이다.

이는 아무리 강조해도 지나치지 않는다. 자비 사역을 하는 어떤 집단이든, 도움을 요청하며 다가오는 가족과 개인을 돕는 과정에서 쉽게 '지치고' 만다. 이는 어쩔 수 없다. 훌륭한 자비 사역자들도, 눈에 보이는 열매도 없이 힘든 일을 감당하다 보면 지치고 낙담하게 마련이다. 도움을 요청하는 사람들을 돕는 게 잘못이라는 말이 아니다. 하지만 이처럼 도움을 요청하는 사람들의 다수는, 여러 단체와 교회를 전전하면서 경제적 의존을 고착시킨 경우가 많다. 오히려 가장 도움이 필요하고 가장 가르침을 잘 따르는 사람들은 정작 교회 문을 두드리지 않는 경우가 많다.

물론 어느 교회든 '반응 단계'를 거치는 것이 필요하기는 하다. 중산층 교회의 교인들 대부분은 물리적·경제적으로 도움이 필요한 사람들의 고통을 잘 알지 못한다. 자비 사역에 관심 있는 교인들은 상처 받은 사람들을 도우려 애쓰는 과정에서 "손도 더럽히고" 실수도 해볼 필요가 있다. 하지만 이 경험들을 기반으로, 교회를 찾아오는 사람들뿐 아니라 지역의 어려운 사람들에게 다가가는 적극적인 프로그램을 세우는 것이 중요하다. 교회가 '반응 상태'를 넘어 '활동 상태'로 나아가지 않는다면, 낙담과 정체감이 찾아올 것이다. 활동 상태로 넘어가는 유일한 방법은 지역 조사를 완료하는 것, 즉 도시의 "네트워크를 형성하는" 것이다.[2] 아래에 이 과정의 열 단계를 소개한다.

1. 조사 목표를 세운다

1단계 목표는 기본적 필요의 (a) 종류, (b) 정도, (c) 집중도, (d) 소재지를 찾는 것이다. 성경에서 우리에게 돌보라고 말하는 부류의 사람들을 구체적으로 찾아보라.

우리가 찾은 내용을 어떻게 정리하면 좋을까? 한 가지 방법은 사람-그룹의 관점에서 생각하는 것이다. 아래에 그 목록의 일부를 소개한다(겹치는 부류도 있다는 점을 염두에 두라).

■ **가난한 사람**(갈 2:10)
  노숙자
  알코올의존증 환자
  약물중독자
  지적장애인
  이민 노동자
  저임금 노동자
  실직자
  문맹자

■ **노인**(딤전 5:9)

■ **한부모 가정**(약 1:27)
  과부
  이혼한 사람
  미혼모

■ **환자**(마 25:36)
  만성질환자
  말기 환자

■ **재난 피해자**(행 11:28-29)

■ **불우한 아이들**(시 68:5)
  학대받고 무시당한 아동
  비행 청소년
  학습장애 아동
  지적장애 아동
  학교를 중퇴한 아동

■ **장애인**(레 19:14)
  시각장애인
  청각장애인
  지적장애인
  기타 장애인

■ **재소자**(히 13:3)
  재소자
  전과자

■ **외국인**(레 19:33-34)
  난민
  이민자
  유학생

사람들이 느끼는 필요를 확인하는 방법은 또 있다. 한 공동체를 규정하는 다른 '기준→분류'를 골라 적용해보는 것도 유익하다. 크레이그 엘리슨은 "인간 본성에 대한 다차원적 관점"에 근거하여 사람들이 느끼는 필요를 다섯 영역으로 나눌 것을 제안한다.[3] 그의 구분은 다음과 같다.

- **영적/도덕적 필요**
  자녀 양육
  용서/죄책감으로부터의 자유
  인생의 목적/인도와 지도

- **사회적 필요**
  외로움(노인 등)
  결혼 생활의 난관
  성적 문제: 동성애, 매춘 등
  이혼에서의 회복
  부모/자녀 갈등
  아동 학대/방관
  청소년 범죄
  집단이나 공동체의 불의/억압

- **정서적 필요**
  우울
  내면 및 대인 갈등
  약물 남용
  자살
  슬픔
  스트레스와 걱정
  노화의 문제

- **인지적 필요**
  성인의 기본 학식: 읽고 쓰는 능력
  청소년과 아동을 위한 교육/훈련
  진로 지도
  제2외국어 습득
  사교 기술/구직 기술
  영양/가정 관리 기술
  법적 도움과 변호

- **신체적 필요**
  음식과 영양
  주택
  의복
  육아
  노인 돌봄
  건강관리
  안전
  삶의 질: 경제적 자기 개발
  재난 구호

보시다시피, 두 분류가 겹치는 부분이 많지만 각 '분류'는 다른 분류에서 드러나지 않는 구체적인 필요를 드러내준다. 질문을 던질 때 양쪽 분류를 모두 활용하라.

2단계 목표는, 자비 프로그램을 실행하고 있는 지역의 기존 공공/민간단체를 찾는 것이다. 당신의 목표는 그런 단체가 있다는 사실을 단순히 아는 것뿐 아니라, 어느 정도나 효과를 내고 있는지 살펴보는 것이다.

3단계 목표는 해당 지역의 필요와 제공되는 서비스 사이의 간극을 찾는 것이다. 아무런 행동을 취하지 않아서(혹은 행동이 부족해서) 채워주지 못하는 필요는 없는가? 사람들이 미처 신경 쓰지 못하고 있는 필요에는 어떤 것들이 있는가?

4단계 목표는 도움이 필요한 사람을 만나서 그 필요를 채워줄 방법을 찾는 것이다. 어떻게 하면 그 사람들에게 다가가는 다리를 놓을 수 있을까?

당신이 던져야 할 질문을 요약하면 다음과 같다. 어떤 필요가 있는가? 기존 서비스에는 어떤 것들이 있는가? 서비스의 사각지대는 어디인가? 어떻게 하면 그 사람들을 찾아 도울 수 있을까?

2. 과정을 계획한다

조사의 기본 방법은 면접을 통한 대화이다. 다음과 같은 일반적인 과정별 지침이 필요하다. (a)사전에 약속을 잡는다. 아무 때나 '불쑥 찾아가지' 않는다. 상대방이 예정된 다른 일 때문에 면접을 빨리 끝내려 할 경우, 많은 정보와 도움을 놓치게 된다. (b)면접 목표를 간단히 설명하라. (c)지금 인터뷰하는 사람에게 당신이 만날 만한 다른 사람들을 소개해달라고 요청하라. 당신이 만난 사람 중 많은 이들이, 당신에게나 당신이 다니는 교회에 도움을 요청할지도 모른다. 사람들은 가장 먼저 만난 단체에 긍정적으로 반응하는 경향이 있다. 조사를 진행하다 보면, 당신이 모든 필요를 채워줄 수 없다는 사실을 알게 될 것이다. 면접 조사 과정에서 암시적으로든 명시적으로든 아무 약속도 하지 않도록 주의하라.

일반적으로 다음 네 질문을 던진다. (a) 어떤 도움이 필요한가? (b) 이미 도움을 받고 있는 기존 서비스가 있는가? (c) 좀 더 신경 써주면 좋겠다고 생각하는 부분이 있는가? (d) 우리에게 다른 사람을 소개해주거나, 어떤 식으로든 도움을 줄 수 있는가?

3. 사회복지 단체를 방문한다

여기서는, 대표적인 사회복지 단체와 각 단체에 던질 만한 유용한 질문들을 소개하겠다.

지역 복지/사회사업부　　지리적으로 특정한 필요가 집중된 지역이 있는가?(예를 들어, 난민이나 가난한 노인이 많은 지역 등) 이 지역에는 저소득층 의료보장 제도나 식비 지원 제도, 보충적 소득보장 제도 같은 지원을 받는 사람이 얼마나 되는가? 실직자 중에서 실업 급여가 끝난 사람은 얼마나 되는가?(실업자 숫자에 이 숫자를 더하라) 이 지역의 도움이 필요한 사람들에게 (사회사업부를 제외하고) 제공되는 서비스나 혜택은 어떤 것들이 있는가? 민간단체나 자원봉사 단체가 있는가? 지역 사람들이 이용할 수 있는 서비스 안내 책자가 있는가? 기존 단체에서 가장 놓치고 있는 필요는 무엇인가? 교회가 재정 자원과 인적 자원으로 채울 수 있는 필요에는 어떤 것들이 있는가? 도움이 필요한 부분을 알려주고 우리가 가진 자원들로 그 부분을 감당할 수 있도록 연결해줄 의향이 있는가? 우리 봉사자들을 훈련해줄 수 있는가?

인구조사 기록부/도시 계획가   다음과 같은 통계를 찾아보거나 요청하라. 지역별 수입 차이, 지역별 가장의 직업과 교육 수준, 지역별 가족 크기와 주택 크기와 부동산 가치, 한부모 가정과 1인 가정 숫자, 인종·연령·국적/언어에 따른 인구 분석, 연령과 인종과 국적에 따른 인구 특징, 인구 변화 예상.

보건부/병원 사회복지사   어떤 필요가 있고, 어느 지역에 그 필요가 집중되어 있는가? 집에서만 지내는 노인, 장애인과 유아를 돌보는 가정, 영양 상태, 기타 만성질환에 대한 통계를 요청하라. 건강관리 분야의 필요를 채워주는 민간단체와 자원봉사 단체에는 어떤 곳들이 있는가? 그런 곳들을 소개하는 명단이 있는가? 기존 서비스에서 가장 소홀히 하고 있는 건강관리 분야에는 어떤 것이 있을까? 우리 교회가 재정 자원과 인적 자원으로 채울 수 있는 필요에는 어떤 것들이 있는가? 도움이 필요한 부분을 알려주고 우리가 가진 자원들로 그 부분을 감당할 수 있도록 연결해줄 의향이 있는가? 우리 봉사자들을 훈련해줄 수 있는가?

정신건강 관리부   지체 장애, 지적장애를 비롯하여 부서에서 관리하는 관련 통계를 요청하라. 각 부류 사람들의 생활환경에 대해 물어보라. 시설에서 생활하는 사람들은 얼마나 되는가? 가족과 함께 집에서 생활하는 사람들은? 독립된 주택에 살거나 특화된 주택에 사는 사람들은? 정신건강 분야의 필요를 채워주는 민간단체나 자원봉사 단체에는 어떤 곳들이 있는가? 그런 단체를 소개하는 명단이 있는가? 기존 서비스에서 가장 소홀히 하고 있는 정신건강 분야에는 어떤 것들이 있는가? 우리 교회는 어떤 필요를 채워줄 수 있을까? 도움이 필요한 부분을 알려주고 우리가 가진 자원들로 그 부분을 감당할 수 있도록 연결해줄 의향이 있는가? 우리 봉사자들을 훈련해줄 수 있는가?

공립학교 관계자 다음 사람들에 대한 통계와 소재지를 요청하라. 한부모 가정, 무단결석/비행 청소년, 자녀를 키울 수 없는 가정, 약물중독과 알코올의존증 환자, 학대받는 아동, 충분한 영양분과 건강관리를 제공하지 못하는 가정, 임신한 십 대, 학습 지도가 필요한 아동. 이들의 필요를 채워주는 민간단체나 자원봉사 단체가 있는가? 그 단체들을 소개하는 명단이 있는가? 기본 서비스에서 가장 소홀히 하고 있는 부분은 어떤 것들인가? 우리 교회는 어떤 필요를 채워줄 수 있을까? 도움이 필요한 부분을 알려주고 우리가 가진 자원들로 그 부분을 감당할 수 있도록 연결해줄 의향이 있는가? 우리 봉사자들을 훈련해줄 수 있는가?

기타 단체 경찰서, 소년법원, 국가보훈처, 성직자, 직업 상담소, 부동산 중개인 등도 찾아가라. 각 관계자들에게 다음과 같은 질문을 던져보라. 어떤 필요가 있는가? 기존 서비스에는 어떤 것들이 있는가? 서비스의 사각지대는 없는가? 우리와 협력할 의향이 있는가?

4. 서비스를 제공하는 개인을 방문한다

그 지역 의사, 변호사, 경찰, 집배원, 미용사, 바텐더, 약사, 목사 등과 이야기를 나누어보라. 이들은 '사회복지사'는 아니지만, 다른 누구보다도 지역의 실정을 정확히 파악하고 있을 수 있다. 자세히 살펴보라. 농촌 지역이라면 양곡기 관리자가 핵심 인물일 수도 있고, 도심 지역에서는 특정 마을이나 인종 사회의 연로한 '가장'이 그런 인물일 수 있다.

5. 사업체를 방문한다

지역 사업체나 사업가가 그 지역의 관심사나 개인적 필요를 잘 아는 경우도 있다. 사업가라면 해당 지역의 인구 분포나 통계에 대한 최신 자료를 갖고 있을 뿐 아니라(심지어 국가 기관보다 더 정확한 경우도 있다), 지역 공동체에서 사람들에게 귀중한 식견을 제공한 경험도 많다.

6. 도움이 필요한 사람들과 직접 대화한다

도움이 필요한 사람들을 만나서 그들의 필요와 기존 서비스는 무엇이며, 기존 서비스가 잘 이루어지고 있는지 직접 알아보는 것도 중요하다. 지역사회의 현안을 토론하는 모임에 참석하고, 지역을 돌아다니며 조사하고, 아이들에게 질문을 던져보라.

7. 조사 결과를 정리한다

표적 집단, 필요, 기존 서비스, 사각지대라는 항목으로 조사한 내용을 요약해보라. 조사만 계속할 필요는 없다. 아무리 열심히 해도 모든 정보를 얻을 수는 없다. 끝없는 조사는 결국 아무런 행동도 하지 않는

데 대한 변명으로 전락하고 만다.

8. 조사 결과를 평가한다

각 필요의 중요성을 판단하여 우선순위를 결정하라. 엘리슨은 (a) 각 필요의 강도(중요성)와 (b) 범위(연관된 사람들의 숫자)를 살피라고 제안한다. 가장 중요한 필요를 별도로 구분한 다음에 이렇게 질문하라. 우리 교회는 이런 특정한 필요를 채울 재능과 기술을 보유하고 있는가? 그렇다면, 그런 필요들을 우선적으로 다룬다.

9. 선별 집단의 '영적 프로필'을 작성한다

당신이 확인한 필요를 지닌 사람들을 자세히 살피라. 이들이 추상적인 통계 수준에 머물지 않게 하라. 이런 필요가 진짜 사람들에게 있다는 점을 잊지 마라. 이렇게 자문해보라. 그들은 누구인가? 그들은 점점 더 늘고 있는 동남아시아 이민자 집단인가? 당신 동네의 시설에 살고 있는 어르신들인가? 아파트 거주자들인가? 공공 주택에 사는 한부모 가정인가? 연립 주택에 혼자 사는 과부들인가? 알코올의존증과 싸우고 있는 중년 사업가들인가? 에이즈로 죽어가는 청년들인가? 맞벌이 부부의 자녀들인가? 최근에 이혼한 사람들인가? 공사 현장에서 일하는 외국인 노동자들인가? 그들을 머릿속으로 상상해보라. 주요 집단의 영적 프로필을 작성해보라. 그렇게 하면, 그들을 전인적으로 보고 말씀과 행동으로 어떻게 사역해야 할지 방법을 찾는 데 도움이 될 것이다. 영적 프로필에 들어가는 요소들에는 어떤 것들이 있는가?[4] 다음 다섯 가지를 고려해보라.

1. **필요** 이 집단의 필요는 무엇인가? 그들은 자신들의 가장 큰 필요와 문제를 무엇이라고 생각하는가? 현재 어떤 필요가 가장 소홀히 여겨지고 있는가?

2. **기대** 이들의 가장 큰 기대와 관심사는 무엇인가? 그들이 바라는 것(과 그래서 가장 두려워하는 것)은 무엇인가?

3. **가치관** 이 집단의 보편적인 관습이나 가치 중에서 성경적 원리와 가장 거리가 먼 것은 무엇인가? 가장 비슷한 것은 무엇인가?

4. **세계관** 이들의 종교적 관점이나 세계관은 어떠한가? 이들은 기독교의 기본 진리를 얼마나 많이 알고 있는가?

5. **사역의 역사** 이 집단을 위한 기존 사역에는 어떤 것들이 있는가? 그 사역들이 효과가 있거나 없는 이유는 무엇인가?

이 요약을 토대로 이 집단의 사람들에게 다가갈 수 있는 종류의 사역을 상상해보라. 그중 많은 부분이 '꿈같은 이야기'에 지나지 않을 수도 있지만, 어쨌든 꿈부터 꿔보자! 12장에서는 당신이 발견한 내용에 근거하여 사역 모델을 세울 수 있는 좀 더 구체적인 방법을 논의할 것이다.

10. 조사 결과를 전달한다

당신은 이 내용을 어떻게 활용할 작정인가? 이 내용을 사람들과 나누고, 그것을 놓고 기도하고, 사고를 자극하는 데 활용하라. 지금 당장 새로운 사역 프로그램을 기획하는 기초로 활용할 수도 있고, 이런 프로그램을 시작하려는 연구/활동 그룹의 생각을 자극하는 도입 질문으로 활용할 수도 있다. 어떤 식으로든, 봉사하기 위해 당신을 찾아온 사람들을 이끌고 우선순위를 세우는 데 도움이 될 것이다.

결론

사역의 땅을 '비옥하게' 준비하고 '땅을 갈아엎는' 과정에 대해 이야기했다. 교인들은 자비 사역에 대한 열정이 동기가 되어, 지역사회의 필요를 찾아내야 한다. 이 부분에서 적절한 조언이 필요하다. 교인들에게 동기를 부여하고 지역을 조사하는 것은 둘 다 끝이 없는 일이다. 물론 자비 사역에서 이 중요한 책임을 먼저 실천하지 않고 서둘러 앞서 나가서는 안 된다. 하지만 사전 조사와 준비만 탓하며 아무것도 안하고 마냥 기다려서도 안 된다. 기도하면서 성령님을 의지하고 경건한 지혜를 구하는 자들만이, 언제가 '앞으로 나가야' 할 때인지 분별할 수 있다.

교회
동원

개요 우리는 교회 전체의 프로젝트와 풀뿌리 소그룹 조직, 세심한 프로그램 기획을 통해 실제로 자비 사역을 '심을' 수 있다.

9장에서는 교회를 자비 사역에 준비시키는 방법을 살펴보았다. 먼저, 성경 진리로 교인들을 양육하고, 하나님이 일깨우시는 자비 사역의 '친구들'을 찾아서 사역의 땅을 '비옥하게' 했다. 다음으로는, 작은 방법으로라도 교회 내에서 사람들의 필요를 채우기 시작하는 사람들을 그룹으로 조직하여 '땅을 팠다.' 공동체에는 많은 잠재적인 사역과, 직접적 행동을 위한 접촉점과 가능성을 찾아내는 조사가 필요하다. 그렇다면 이제 어떻게 하면 열정적인 자비 사역이라는 과제를 시작할 수 있을까?

우리는 '하향식' 사역과 '상향식' 사역 모두로 '정원을 가꾼다.' 교회에서 사역을 시작하는 기본 방식은 두 가지이다. 첫 번째 방법('하향식')

은 지도자들이 프로그램을 개발하고 실행하는 것이다. 지도자들은 자신들이 하는 일을 교인들에게 납득시키고, 자원봉사자들을 모집하여 훈련하고 감독한다. 두 번째 방법('풀뿌리' 또는 '상향식')은 평신도 개인이나 집단이 사역에 대한 아이디어를 가지고 지도자층에 접근하는 것이다. 평신도들은 교회 지도자들의 전반적인 인도 하에 자신들의 목적을 도출해내고 다른 동역자들을 모집한다.

교회에서 자비 사역을 시작하려면 두 방식을 모두 활용할 필요가 있지만, 사역이 배가되려면 교인들에게 항상 '풀뿌리' 방식을 강조해야 한다. 사도행전 6장은, 교회 목회자와 장로들은 말씀 사역에 집중하고 행위와 자비 사역은 지혜롭고 영적으로 성숙한 사람들에게 맡겨야 함을 보여준다. '말씀 사역'과 달리, 자비 사역은 초신자든 성숙한 그리스도인이든 가리지 않고 사실상 모든 교인을 활용할 수 있다. 자비 사역은 강력한 풀뿌리 지지가 있을 때에 가장 성공할 수 있다.

공동체에 자비 사역을 심는 네 단계를 소개하고자 한다. 여기에는 '상향식'과 '하향식' 방법이 모두 들어 있다. 창의적인 혼용이 중요하지만, 반드시 정해진 순서는 없다.

교회 차원의 프로젝트 시작하기

교인들 사이에 비전이 형성되고 자비 사역의 기본 구조를 마련했으면, 교회 차원에서 한두 가지 자비 사역 프로젝트를 시도할 때이다. 교회에서 선택하는 프로젝트는 다음과 같아야 한다. (1) 모든 사람이 연합할 수 있도록 매우 구체적인 필요에 집중한다. (2) 단기간에 하거나 혹은 최소한 기간을 정한다. (3) 가능한 많은 사람이 동참할 수 있다. (4) 목회자들에게 부담을 주지 않고 평신도들이 운영할 수 있다. (5) 상대적으로 눈에 보이는 결과를 기대할 수 있다.

이 프로그램은 사람들의 진짜 필요에 기초해서 계획해야 하지만(지역사회 조사에서 힌트를 얻을 수 있다), 그와 동시에 자비 사역에 대한 교인들의 관심을 자극하는 수단도 될 수 있어야 한다. 따라서 시작 단계에서는, 오랜 기간에 걸쳐 서서히 결과를 볼 수 있는 어려운 사역은 피하는 편이 좋다!

어떤 예를 들 수 있을까? 경우에 따라, 봉사 은행을 조금 확장하여 프로젝트로 진행할 수도 있다. 교회에서 한꺼번에 많은 자원봉사자들을 동원하여, 지역사회나 교회의 어르신 또는 가난한 가정의 주택을 수리해주는 작업을 할 수 있다. 교회가 정기적으로 지역의 자비 사역을 돕는 프로젝트를 진행할 수도 있다. 예를 들면, 동네 미혼모 보호시설에 찾아가 임부복과 유아 의류 및 용품을 전달하는 '베이비 샤워'를 정기적으로 열어주는 것이다.

조지 그랜트George Grant는《단을 거두리로다Bringing in the Sheaves》에서 정기적인 "종이봉투 프로젝트Brown Bag Project"를 제안한다. 모든 교인에게 종이봉투와 함께 통조림과 건조식품 목록을 나눠주고, 특정 주일을 정해서 그 음식들을 봉투에 담아 교회로 가져오는 것이다. 교회는 그 음식을 모아 지역 구호단체나 교회가 설립한 단체에 전달한다. 어느 경우이든, 그런 프로젝트를 정기적으로 하는 교회는 식량 구호단체의 고질적 문제인 재고, 보관, 영양 불균형, 심지어 직원 배치

문제까지도 해결해줄 수 있다.[1]

버나드 톰프슨은 교회 전체의 초기 프로젝트로 난민 재정착을 제안한다.[2] 교회가 복음주의협회National Association of Evangelicals 산하 월드 릴리프World Relief나 다른 난민 정착 단체와 연락하여, 당신 공동체가 한 가족을 입양하도록 도와줄 수 있다. 자비 사역의 '친구들' 위원회는 이 일을 단독으로 처리하지 말고 다른 사람들과 연계하여, 이들에게 집과 직장을 구해주고, 언어 습득을 도와주고, 가구·의류·세간을 제공하고, 의료 및 법적 도움을 주어야 한다.

교회 전체 프로젝트가 갖는 가치는, 교인들에게 자비 사역의 정체성과 목적을 심어준다는 것이다. 초기에는 너무 야심차거나 어려운 프로젝트를 선택할 필요가 없다. 그래도 자비 사역이 실망을 안겨주는 경우는 종종 있다.

톰프슨은 자기 교회에서 어느 베트남 가족을 도와줬던 얘기를 들려준다. 교회에서 거처를 마련해준 지 5주밖에 되지 않았을 때 그들은 갑자기 친척들과 덴버로 이사하겠다고 했다. 교회가 힘들게 수고한 여러 일이 무용지물이 되는 듯했다. 하지만 톰프슨은, 그 경험을 통해 교인들이 앞으로의 자비 사역에 대해 매우 소중한 교훈을 배웠다고 한다. 교회가 효과적인 자비 사역을 '준비하려면' 실전에 돌입하여 시행착오를 통해 배우는 길밖에 없다.

영적 은사를 통한 사역의 성장

전교인 사역 이해하기

'하향식' 프로그램과는 별도로, 우리는 교인들 마음에 자비 사역의 씨앗 심는 일을 구체적으로 시작해야 한다. 이 작업의 출발점은 '전교인 사역every-member ministry'의 신학을 정기적으로 분명하게 표현하는 것이다. 말씀 사역은 이런 방식으로 강조하지 않더라도 교회에서 어느 정도 꽃피울 수 있다. 하지만 행위 사역은 이런 신학이 회중 가운데 심기지 않으면 성장할 수 없다.

강단에서, 강의에서, 입소문으로, 모든 평신도는 사역자요 사역은 그리스도의 왕되심을 전파할 목적으로 사람들의 필요를 찾아 채우는 것이라는 사실이 전달되어야 한다. 교인들이 확신하고 인정해야 할 교리를 아래에 소개한다.

모든 그리스도인은 선지자요 제사장이며 왕이다. 우리 모두는 선지자이다(욜 2:28-29; 행 2:14 이하). 모든 그리스도인은 권면하고(히 3:13), 권하고(롬 15:14), 복음을 전하고(행 8:4), 자기 안에 "풍성히 거하는" 말씀으로 가르쳐야 한다(골 3:16). 말해야 한다!

제사장인 우리(벧전 2:9)는 옛 제사장들처럼(마 27:51; 히 4:14-16) 하나님의 임재로 나아갈 수 있다. 영적 희생 제물과 자비 행위를 드릴 책임이 있다(롬 12:1-2; 히 13:12, 16). 즉, 섬겨야 한다!

왕인 우리(계 1:5-6)에게는 세상(요일 5:4)과 육신(롬 6:14 이하)과 마귀(눅 10:19)를 다스리는 권세가 있다. 견고한 진과 그리스도의 나라를 가로막는 방해물을 무너뜨릴 하나님의 능력이 있다. 주도권을 잡아야 한다!

이 교리를 그리스도인의 "보편적 임무"라고 하는데, 이는 가히 혁명이라고 할 수 있다.[3] 평신도는 (선지자로서) 말씀 사역과 (제사장으로서) 행위 사역을 모두 감당하는데, (왕이기 때문에) 목회자가 요구할 때까지 기다릴 필요가 없다. 예수님도, 하나님나라에서는 극히 작은 자라도 세례 요한보다 크다고 친히 말씀하셨다(마 11:9-11). '평범한' 그리스도인보다 더 높은 사람이 누가 있을까? 아무도 없다! 그래서 모든 평신도는 말씀과 행위 사역을 시작하고 계획하고 이끌고 관리할 책임이 있다. 평신도는 수동적이어서는 안 된다.

영적 은사 이해하기

모든 그리스도인은 선지자요 제사장이요 왕이지만, 각 사람은 특정한 사역 분야에서 특별히 열매를 맺도록 하는 영적 은사를 받았다.

고린도전서 12장 4-6절은 "은사는 여러 가지나 성령은 같고 직분은 여러 가지나 주는 같으며 또 사역은 여러 가지나 모든 것을 모든 사람 가운데서 이루시는 하나님은 같으니"라고 가르친다. 이 본문은 다음 세 질문으로 자세히 설명할 수 있다.

첫째, "영적 은사란 무엇인가?" 영적 은사는 다른 사람들의 필요를 채울 수 있도록 성령이 주시는 능력이다(고전 12:7). 성령은 모든 믿는 이에게 은사를 주신다. 그리스도인이라면 누구나 은사를 한두 개씩 가지고 있다("각 사람에게"). 7절은 그것을 "나타내심", 곧 눈에 보이도록 하셨다고 말한다. (예를 들어, 화가 난 사람이라도 화난 상태에서 어떤 행동을 해야 비로소 그 분노가 드러난다.) 따라서 영적 열매(곧 성령의 열매, 갈 5:22 이하)는 사람의 됨됨이를 가리키는 반면, 영적 은사는 사람의 행동을 가리킨다. 각 은사는 다른 사람의 "덕을 세우고"(고전 14:4), 그리스도의 나라를 전파하고(엡 4:8), 교회를 세우는(고전 12:7) 능력이다. 따라서 하나님은 사람의 타고난 '재능'을 취하여 영적 은사로 삼기도 하시지만, 종종 전문가가 수준 이하라고 판단하는 실력을 통해 복음을 전하기도 하신다.[4] 그 훌륭한 예가 바로 동시대의 위인 무디D. L. Moody와 스펄전C. H. Spurgeon이다. 타고난 달변가였던 스펄전은 사역자로 부름 받지 않았더라면 영국의 총리가 되었을지도 모를 일이다. 반대로 무디는 수사나 언변에는 재능이 없었다. 하지만 하나님은 이들 각각의 설교를 사용하여 큰일을 이루셨다. 그래서 J. I. 패커는 "카리스마는 행동 형식이 아니라 하나님이 주신 복이다"라고 했다.[5]

영적 은사는 대개 세 가지로 분류할 수 있다. 말하는 은사(예언, 가르침, 권면, 지식, 복음 전도, 분별, 선교)와 이끄는 은사(정치, 행정, 지혜, 믿음), 섬기는 은사(기부, 봉사, 도움, 자비, 손대접)가 있다.

둘째, "사역이란 무엇인가?" 영적 은사는 특정한 '사람들의 필요'에 집중하는 특정한 섬김의 통로인 사역으로 표현된다(5절). 한편, 한 가지 은사가 많은 사역의 통로로 활용될 수 있다. 예를 들어, 권면의 은사는 서로 격려하고 세우는 능력이다. 이 은사를 가진 사람은 한부모 모임의 리더로 섬길 수 있다. 한부모들은 정서적 지원이 절대적으로 필요하기 때문이다. 혹은 목회자에 의해 6개월 동안 새신자들을 돕고 양육하는 자리에서 섬길 수도 있다. 같은 사람이 훌륭한 교사와 팀을 이루어 전도를 위한 가정 성경 공부를 시작할 수도 있다. 이 사람은 상담가 훈련 프로그램에 들어갈 수도 있다. 각각의 다양한 사역들은 다양한 사람들의 필요에 집중하지만, 똑같은 은사가 사용될 수 있는 것이다.

반대로, 다양한 은사를 가진 사람들이 한 사역 분야에서 섬길 수도 있다. 예를 들어, 주일학교 교사의 자질을 생각해보자. 복음 전도의 은사가 있는 사람은 좋은 주일학교 교사가 될 수 있고, 그 학생들은 훌륭한 복음 전도를 할 수 있다. 자비의 은사가 있는 사람은 어르신들에게 좋은 교사가 될 수 있고, 그 그룹에서는 서로 돌보는 좋은 교제가 있을 것이다. 가르침의 은사가 있는 사람은 가르치는 내용과 수업에 강조점을 두면서 잘 가르칠 것이다. 어쩌면 이 사람은 모임의 사회적 측면과 봉사 활동에 대해서는 크게 생각하지 않을 것이다. 그렇다면 (당신이 속한 주일학교의 목적과 철학에 따라) 가르침의 은사를 가진 사람만 가르치기를 원할 수도 있다!

셋째, 6절에 나오는 "일"(새번역, 개역개정 성경에서는 "사역"으로 번역했다-옮긴이)은 무엇인가? 하나님이 주권적으로 사람들에게 허락하신 능력과 효율성의 다양한 수준을 뜻할 것이다. 가르침의 은사가 다 똑같지는 않다. 다른 교사보다 더 뛰어난 교사가 있기 마련이다. 사역의 통로와 은사 자체의 '에너지 수준'이 얼마나 다양한지를 고려해보면, 다양한 사역의 가능성이 얼마나 큰지 보게 된다. 한 사람이 한 가지 은사에만 몰두해야 한다는 법은 없다. 오히려 그리스도인들은 자신의 한계와 장점을 깨닫고, 그 영역 안에서 열매 맺는 사역의 통로를 찾을 수 있어야 한다.

소명 찾기

그러면 어떻게 해야 자신의 은사를 '발견하여' 활용할 수 있을까?

이 질문에는 귀납법과 연역법, 이렇게 두 가지 기본 접근법이 있다. 요즘 가장 흔한 접근법은 연역적 방법인 것 같다. 대표적 제안자인 피터 와그너는 그리스도인들에게 (1) 각 영적 은사의 정의를 연구하고 (2) 나름대로 인식한 내용을 적어보고 자신의 은사에 대해 잠정적인 결론을 내린 다음 (3) 그 은사가 필요한 사역 분야에서 은사를 활용하도록 조언한다. 나중에는, (4) 그 효과에 대한 피드백을 받아 우리의 영적 은사들을 계속해서 재평가해야 한다.[6] 이 방법은 대부분의 상황에 맞아떨어진다. 자신의 은사를 분별할 수 있는 질문지가 고안되기도 했다. 일부 교회 성장 전문가들은 와그너의 방법을 새신자 훈련 프로그램에 집어넣어서 모든 새신자들이 자신의 영적 은사를 발견할 수 있게 하라고 교회들에 조언한다.

다른 접근법은 귀납적 방법이다. 진 게츠는 그리스도인들이 영적 은사를 찾아서 확인하지 말아야 한다는 결론을 내렸다. 그가 보기에는 이런 행동이 혼란과 합리화, 기만을 낳는다는 것이다. 그는 사람들이 "이건 내 은사가 아니야"라고 말하면서 (복음 전도 같은) 그리스도인의 의무를 "회피한다"고 생각한다. 또한 그리스도인들이 스스로를 속여서 자신에게 바람직한 은사와 능력이 있다고 믿게 된다고 말한다. 게츠는 사람들에게 특정한 은사를 찾으라고 하기보다는, 교회를 통해 섬기고 일할 수 있는 기회들을 제시하는 편이 낫다고 한다.[7]

여기서는 좀 더 균형 잡힌 귀납적 방법을 추천하고 싶다. 그 출발점은 교인들이 사역의 통로를 발견하도록 돕는 것인데, 이것이 나중에는 자신의 은사를 발견하도록 도와준다.

먼저, **교인들에게 교회 안팎의** (은사가 아니라) **필요를 알려준다.** 많은 교회에서 교인들에게 은사 목록을 주고 각자의 은사를 찾아보라고 권하면서 '전교인 사역' 개념을 소개한다. 이것은 다소 추상적인 방식이다! 그보다는 목회자와 지도자들이, 교회 안팎에서 채워지지 못한(혹은 더 채워져야 할) 사람들의 필요를 정기적으로 꾸준히 목록으로 만들어 알려야 한다. 이 목록에는 제자 훈련이 필요한 새신자, 도움이 필요한 장애인 교우, 새로 시작해야 할 어린이 사역, 혼전 상담이 필요한 예비 부부 등이 포함될 수 있다. 앞서 9장에서 교회 안팎의 절실한 필요들을 소개한 바 있다. 사람들에게 이 목록을 보여주라.

둘째, **다섯 가지 도입 질문을 던져준다.**[8] 다음 단락에서 소개할 질문들을 통해 교인들은 자신의 도움이 필요한 곳이 없는지 생각해보게 된다(아래 나오는 질문 1, 2를 보라). 교회에 어려운 사람들을 위한 사역이 이미 있다면, 거기 동참하면 된다. 교회에 그런 사역이 없다면, 사역을 시작하기 위한 단계를 밟아야 한다(이 장 마지막에 나오는 질문 3-5를 보라).

셋째, **상당 기간 사역에 동참한 이후에 영적 은사 목록을 작성해본다.** 교인들이 어느 정도 사역을 진행한 후에는 그 효과에 대한 피드백을 받을 것이다. 그때 가서 영적 은사 목록을 작성해보면 자신의 은사를 확실히 분별하는 데 도움이 될 수 있다.

다섯 가지 도입 질문

질문 1: **당신의 마음을 '울리는' 특정한 필요가 있는가?** 당신이 돕고 싶은 구체적인 문제나 상처가 있는가? 하나님의 은사와 부르심을 분별할 수 있는 한 가지 방법은 자신이 가장 민감하게 느끼는 필요를 파악하는 것이다. 피아노 뚜껑을 열고 B플랫 건반을 치면, B플랫 줄만 울린다. 왜 그런가? 그 건반에는 'B플랫이라는 재주'가 있기 때문이다. 그 줄은 B플랫 파장을 내도록 만들어졌고, 나머지 줄들은 B플랫 음정을 낼 수가 없다. 마찬가지로, 우리 마음을 울리는 특정한 종류의 필요가 있다. 젊은 시절에 목회할 때, 우리 교회에 복음 전도가 부족하다고 불평하는 교인들이 있었다. 구조가 허술하다고 불평하는 사람도 있었고, 노인들에 대한 배려가 부족하다고 불평하는 사람도 있었다. 각 사람이 피아노 줄 같다는 생각이 들었다. 자신의 구체적인 은사 때문에 특정한 한 가지 문제에 마음이 움직이는 것이었다. 우리는 다양한 인간의 필요를 살펴보면서, 하나님이 특별한 종류의 필요에 부담을 주시는 건 아닌지 여쭤보아야 한다.

질문 2: **이 필요를 채울 수 있는 어떤 개인적·정서적·영적 자원이 당신에게 있는가?** 사역에 대한 열정만으로는 부족하다. 능력도 있어야 한다. 어떤 사람은 자신의 영적 성숙도나 일정, 다른 우선순위들에 너무 무리가 되는 사역에 참여하기도 한다. 당신에게 정말로 이 사역을 감당할 만한 역량이 있는가? 우리는 여기서 매우 주의해야 한다. 모든 사람은 하나님 앞에서 자신의 무능함을 인식하고, 그분 없이는 아무것도 할 수 없다는 생각으로 사역에 임해야 한다. 하지만 그와 동시에 정확한 자기 이해가 필요하다. 하나님이 우리를 훈련시키고 충분히 준비되게 하시기 전까지는 무리하게 사역을 밀고 나가서는 안 된다.

이쯤에서, 교회에 이미 이 사람들의 필요를 채워주는 사역이 있다면 우리가 동참할 수 있는지 여부를 판단해야 한다. 예를 들어, 어린이 사역에 부름 받은 어떤 사람이 교회에 이미 동역할 수 있는 통로가 있다는 것을 알게 될 수도 있다. 하지만 그런 사역이 없으면 어떻게 해야 할까? 그럴 때는 나머지 세 질문을 검토하면서 홀로 새로운 사역을 개척하는 것에 대해 고려해보아야 한다.

이렇게 해서 자연스럽게 질문 3으로 넘어간다. **당신이 느끼는 부담을 공유하거나 당신의 비전을 나눌 수 있는 사람이 교회 내에 최소한 두세 명이 있는가? 어떻게 그 사람들을 찾을 수 있을까?** 목회자나 다른 지도자들에게 부탁하여 교인들에게 당신의 관심사를 알려라. 교회 게시판에 이런 글을 올리는 것도 한 가지 방법이다.

지적장애 여성 수용 시설 사역에 부담을 느끼고 있는 샐리 스미스라고 합니다. 오늘 저녁예배 후에 같이 토론하고 연구하고 기도하면서 이 사역의 가능성을 탐색해보는 데 관심 있는 여러분과 만나고 싶습니다.

이렇게 알렸는데도 아무런 반응이나 지지가 없으면 어떻게 할까? 그럴 경우에는 가족과 함께 자비 사역을 시도하거나 개별적으로 교인들에게 전화를 걸어볼 수 있다. 아니면, 하나님이 우리 교회에 이 사역을 허락하시지 않는다고 결론을 내릴 수도 있다. 하지만 절대로 이렇게 말해서는 안 된다. "이 교회는 왜 이 모양이야? 도대체 사랑이라고는 눈곱만큼도 없어." 우리는 하나님이 우리 마음을 관리하신다는 사실을 기억해야 한다. 당신이 부담을 느낀다면, 그것은 하나님이 주신 마음이다. 당신이 착한 마음씨와 사랑을 타고 났기 때문이 아니라는 말이다. 하나님이 다른 사람들에게 같은 마음을 주시지 않는다면, 그것 또한 하나님의 인도하심으로 볼 수 있어야 한다!

질문 4: 당신이 사역할 수 있는 기회가 열려 있는가? 예를 들어, 지역의 지적장애자 시설이나 그 가족을 대상으로 사역하는 교회가 이미 (너무) 많이 있다는 것을 샐리 스미스가 알게 되면 어떻게 해야 할까? 그런 시설에서 스미스가 시작하려는 사역을 어떻게든 방해하려 한다면 어떻게 해야 할까? 이 사역이 꼭 필요하고 시기적절한지 자문해봐야 한다. 열정, 능력, 기회는 모두 하나님의 부르심을 결정하는 중요한 요인이다. 열정과 인적 자원과 능력이 아무리 뛰어나다고 해도, 그것만으로는 하나님의 부르심을 확신하기 어렵다.

질문 5: 사역을 시작하기 전에 '대가를 충분히 계산해'보았는가? 이 사역을 하려면 무엇이 필요한지 상세히 계산해보았는가? 당신(과 가족)은 그런 투자를 할 수 있을 만큼 헌신되어 있는가?

새신자 강의를 할 때, 연구 모임이나 사역자 세미나를 마칠 때 위와 같은 질문들이 나올 수 있다. 하지만 설교 시간과 수련회 강연, 교회 소식지 등 전체 교회를 대상으로 이런 질문들을 다루어야 할 때도 있다.

그러나 이 질문들의 가장 중요한 용도는 교회 지도자들이 절차를 구성하는 틀로 사용하는 것이다. 목회자나 사역자들이 평신도들로 하여금 사역을 하게 할 때, 이 다섯 단계 중 하나라도 빠뜨려서는 안 된다. 사람들에게 자신의 부르심을 열심히 탐색해보라고 권면해야 하지만, 그와 동시에 이들의 성숙도와 자원도 충분히 검토되어야 한다. 그런 다음에야 이 주제를 좀 더 면밀히 연구할 수 있다.

대개는 사역에 비전을 품은 사람들이 소모임에서 함께 책을 읽고 현장 조사를 실시하고 정기적으로 기도할 것이다. 이 기간에 지도자들은 이들을 인도하고 돕고 기도해야 하지만, 이들을 통제하거나 직접 관여할 필요는 없다.

이런 접근법의 결과로 자비 사역은 물론 제자훈련, 교제, 복음 전도, 음악, 예배, 교육 등의 분야에서 다양한 사역을 감당하는 모임들, 평신도가 이끄는 수많은 모임들이 생겨나야 한다. 이제부터는 이런 모임에 '미션 그룹'이라는 이름을 붙이고, 주로 자비 사역에서의 활용법을 살펴보려 한다.

미션 그룹 만들기

'풀뿌리' 사역을 심는 이 과정은 어떤 결과를 가져올까? 소그룹이 성장하기 시작할 것이다. 어떤 그룹은 규모가 점점 커져서 자원봉사자가 12-20명에 달하여 더 이상 '소'그룹이 아니게 된다. 그런가 하면 소규모를 유지하면서 조직이 탄탄해지는 경우도 있다. 각 그룹은 나름의 특징과 성격을 발전시켜 나가게 된다.

이 개념을 활용하는 교회마다 사역 형태를 두고 다양한 이름을 붙였다. 워싱턴 D.C. 세이비어교회Church of the Saviour에서는 '미션 그룹 mission group', 콜로라도 주 덴버 베어밸리침례교회Bear Valley Baptist Church에서는 '표적 사역target ministries'이라고 부른다. 이 책에서는 '미션 그룹'이라고 부르기로 한다.

미션 그룹의 특징

미션 그룹은 교회 내 양육과 후원보다는 교회 밖 필요에 집중한다는 측면에서 여타 소그룹과 다르다. 각 미션 그룹은 봉사 활동을 선택한다. 복음 전도와 자비 행위로 사람들의 충족되지 못한 필요를 채워주는 것을 목표로 한다. 사랑받고 섬김을 받고 그리스도를 만나고 싶은 특정 집단 사람들의 의식적/무의식적 필요를 채우는 데 중점을 둔다.

이 그룹의 목적에 헌신한 그리스도인들만이 소속될 수 있다. 미션 그룹의 구성원은 개인 기도와 성경 공부, 기도와 훈련을 위한 정기 모임, 사역의 책임 등 최소한의 규율에 충실해야 한다.

그룹은 단계를 거쳐 성장한다. 첫 번째 단계는 대개 책을 읽고 현장 조사를 나가서 표적 집단의 필요나 그 사람들의 현 상태를 파악하는 연구 그룹이다. 정보를 수집하고 논의하고 그 내용을 놓고 기도한다. 두 번째 단계에서는 기획 그룹으로 발전한다. 구성원들의 재능과 관심사를 파악하여 목록으로 작성한다. 개발 중인 자원들을 확인하고 사역 전략을 세운다. 마지막 단계에서는 사역을 실행하고 감독하는 행동 그룹이 된다.

미션 그룹은 교회 리더십 아래 있지만, 목회자와 교역자들의 통제를 받지는 않는다. 오히려 미션 그룹은 교회 지도자들에게 자신들의 사역에 관한 폭넓은 정보를 제공하고, 정기적으로 목회자와 교역자들의 지도와 평가를 유도한다. 대개는 교역자들과의 공식 연락책을 세운다. 이 그룹은 지역 교회를 대표하기 때문에 회중의 교리 기준과 정책을 준수해야 한다. 다른 한편으로 이 그룹이 교회의 교리적·윤리적 권위 아래 있다고는 해도, 나름의 정책을 세우고 결단을 내릴 자유와 권위가 있다(그렇지 않으면, 이미 다른 일들로 시간과 관심이 모자란 목회자와 장로들에게 모든 일이 돌아갈 것이다). 따라서 일반적으로 미션 그룹은 초기에는 교회에 예산을 요구해서는 안 된다. 모임 구성원들이 스스로 자금을 조달하다가, 사역이 성장하고 효과를 내기 시작하면 교인들에게서 기금을 받을 수 있다.

미션 그룹은 상임 위원회가 아니다. 미션 그룹은 이 사역의 부담과 목적을 공감하는 헌신된 사람들이 있는 동안에만 존재한다. 관심자들이 그만두거나 어쩔 수 없이 그만두어야 하는 상황에서 대체할 사람들이 부족하다면, 명예롭게 미션 그룹을 해체하는 것이 수순이다. 자원봉사자들의 죄책감에 호소하여 이탈을 막아가면서 억지로 사역을 유지할 필요는 없다. 미션 그룹은 하나님이 주신 소명과 열정으로 유지되어야 한다.

미션 그룹의 모델

미션 그룹 '사역'의 모델로는 어떤 것들이 있을까? 미션 그룹의 가장 좋은 본보기는 도심 지역 교회들에서 찾을 수 있다. 도심 환경은 매우 다양하고, 비교적 가까운 거리에서 다양한 인종·사회·문화·필요를 지닌 집단을 많이 접할 수 있다. 따라서 활발한 도심 교회들 중에는 열 개 이상의 미션 그룹이 활동하는 경우도 있다. 교외나 시골의 교회들은 여러 면에서 동질적인 지역에 위치한 경우가 많아 도심에 비해 미션 그룹이 적은 편이다.

워싱턴 D.C. 세이비어교회는 지난 20년간 미션 그룹의 개념을 개척한 교회이다. 이 교회는 다음과 같은 미션 그룹들을 동시에 운영하고 있다. (1) 워싱턴 '주니어 빌리지Junior Village' 위탁 센터에서 아이들을 입양할 가족들을 모집하고 훈련하는 그룹, (2) 교회 안팎의 소그룹들이 사용할 수 있도록 지역 농장에 피정의 집을 짓는 그룹, (3) 지역 교도소에서 성경 공부와 사역을 이끄는 그룹, (4) 도심 빈민 지역의 무너져가는 집들을 수리하고 개조해주는 그룹.[9]

덴버의 베어밸리침례교회는 '표적 사역'을 배가시키는 교회로 유명세를 타고 있다. 사역이 새로 생기기도 하고 없어지기도 해서 숫자는 늘 유동적이지만, 최근에 조사한 바로는 스물네 개가 넘는다. 이곳에는 다음과 같은 미션 그룹들이 있다. (1) '길거리의 예수Jesus on Main Street': 떠돌이와 도망자, 정신질환자, 알코올의존증 환자, 약물중독자, 매춘부, 노숙자에게 복음을 전하고 자비를 베푸는 사역, (2) 케어 컴퍼니Care Company: 학대당하고 불우한 아동들을 돕는 사역, (3) 덴버 길거리 학교Denver Street School: 가난한 사람들, 특히 고등학교 중퇴자들에게 교육과 학습 지도를 제공하는 사역, (4) 도심 건강센터Inner City Health Center: 형편이 어려운 사람들에게 의료와 건강관리 서비스를 제공하는 사역, (5) 재소자 사역, (6) 입양 부모 모임Stepparenting Outreach: 새로 '가족을 이룬' 사람들을 돕고 지원해주는 사역, (7) 터닝 포인트Turning Point: 알코올의존증 환자들과 가족을 돕는 사역, (8) 무한한 인생Life Unlimited: 미혼모 사역, (9) 믿음의 방패Shield of Faith: 이단들에게 복음을 전하는 사역.

필라델피아 도심에 위치한 제10장로교회Tenth Presbyterian Church는 1980년대 중반부터 '미션 그룹' 형식의 사역을 개발하기 시작했다. 이 교회의 봉사 그룹에는 (1) 성인 문맹 퇴치 프로그램, (2) 음식과 의류 나눔, (3) 구직과 법률 서비스, (4) 노숙자들을 위한 '자비의 한 끼mercy dinners', (5) 동성애자 공동체를 위한 '하베스트Harvest', (6) 에이즈 환자를 위한 사역, (7) 유대인 공동체를 위한 '나의 백성Ammi', (8) 유학생들을 위한 말씀과 행위 사역 '국제유학생사역International Students Fellowship', (9) 원치 않는 임신을 한 도시 여성을 돕는 '알파 모성보호 서비스Alpha Pregnancy services' 등이 있다.

이런 모델들을 보고 위축되는 교회가 많다. 인적 자원이나 기술, 노하우, 재정 등 모든 면에서 자격 미달이라고 느낀다. 그러나 '평범한' 교회라면 모든 교인이 작고 불완전한 단계에서 출발하여 시행착오를 통해 배울 수 있다는 점을 염두에 두어야 한다. 자비 사역이 처음이라면, 이미 전문성을 갖추고 있어서 자신들을 후원해줄 수 있으며 잘 알려진 단체와 손을 잡는 것도 좋다. 월드 릴리프, 월드비전World Vision, 재소자 선교회Prison Fellowship, 기독교행동협회Christian Action Council, 베다니 크리스천 서비스Bethany Christian Services, 해비타트Habitat for Humanity 등을 예로 들 수 있다.

재정 자원이 거의 없다시피 한 중소 규모 교회에서 다른 종류의 미션 그룹들이 활발하게 활동하는 모습도 많이 보았다. 예를 들면, 어느 미션 그룹은 고작 네 사람이 다였다. 그들은 그 지역 연방 교도소에서 사역하고 싶어 했다. 이들은 함께 모여 조사하고 공부하는 중에 교도소에서 성경 공부와 예배를 인도하는 교회가 많다는 사실을 알게 되었고, 창의적이고 다차원적인 행동 계획을 세웠다. 우선, 주말마다 교도소에 가서 재소자들을 만나 관계를 맺었다. 둘째, 몇몇 재소자들과 개인적으로 편지를 주고받기 시작했다. 셋째, 전과자들의 사회 재적응을 돕는 (비그리스도인들이 운영하는) 기존 프로그램에 동참했다. 이 작은 그룹은 이런 경험을 통해 재소자들이 출소했을 때 직업과 거처를 찾는 일을 도울 수 있게 되었다. 마지막으로, 이들은 재소자 열 명이 교도관의 보호 아래(초과 근무 수당을 지급해야 했다) 일요일에 교회에 올 수 있는 프로그램을 개발했다. 예배가 끝난 후에는 친교실에서 자원봉사 가족들이 집에서 장만해온 음식으로 식사를 대접했다. 그러면서 개인적으로 복음도 전하고 관계도 맺을 수 있었다.

어느 젊은 부부 모임에서는 아버지가 없는 아이들, 고아들, 방치된 아이들에 대한 성경 말씀을 연구하기 시작했다. 이들은 모두 자녀를 입양하기로 헌신한 사람들이었다. 우선, 이 주제를 다룬 책들을 같이 읽었고, 가정들이 자녀를 입양할 때마다 모임에서 (훈계 방법 등에 대해 서로 조언해주는 등) 문제를 같이 중재해주었다. 또 전체 가족 나들이를 주선하는 등 든든한 후원자가 되어주었다.

그런가 하면, 어떤 미션 그룹에서는 스스로 '방문 돌봄 사역'이라 이름 붙인 활동을 하고 있다. 이 그룹의 목적은 신체적·정서적/영적 필요가 있는 사람들에게 임시로 가정 방문 돌봄 서비스를 제공하는 것이었다. 회복 중인 환자, 노인, 미혼모, 방황하는 십 대, 난민 등이 대상에 포함되었다. 이 그룹은 병원, 소년법원, 사회복지단체 등과 손잡고 도움이 필요한 사람들을 물색했다. 그리고 교회 내 대여섯 가정이 훈련을 받은 후, 사람들을 맡아서 몇 주에서 몇 개월에 이르기까지 일정 기간 돌봤다. 또한 식사와 교통편, 재정, 자녀 돌봄, 기도 등을 도와줄 다른 가족들을 모집하여 이들을 후방에서 지원했다.

급격하게 불어나는 노인 인구를 섬기는 데 집중하는 미션 그룹도 있다. 이들이 감당하는 사역에는 요양원 사역, 가정 방문, 전화 상담, 가사 도우미 프로그램, 식사 배달, 은퇴자들의 재능 기부 프로그램(교회나 지역 공동체에서 노인들의 재능을 활용할 수 있는 방법 찾기), 매주 교통편 제공 등이 있다.

학습 지도와 자녀 양육이 어려운 부모들의 보조 역할, 야외 놀이 프로그램, 언니/오빠 되어주기, 소년범 지도 등을 통해 청소년과 아동에 초점을 맞춘 미션 그룹도 있다. 그 밖에도 한부모 가정, 다양한 신체·정신장애인, 말기 암 환자 등을 돕는 그룹도 있다.

미션 그룹의 중요성

많은 교파의 미성숙한 지도자들이 자기 머리에서 나오지 않은 일은 무조건 나서서 반대하는 경우가 비일비재하다. 예를 들어, 개혁 교회에서는 설교자Minister of the Word의 직분을 높이 평가하는 경향이 있다. 안타깝게도, '그리스도인의 보편적 임무'에 대한 평가는 그에 발맞추어 높아지지 못했다. 모든 그리스도인은 선지자와 제사장과 왕이라고 성경이 가르치는 것을 확실히 알면서도, 이 성경 교리를 놓쳐버린 교권주의 태도가 만연해 있다.[10] 이는 단순한 교리의 오류에 불과하지 않다. 회중 위에 '군림'해야 할 필요성, 자만심과 두려움을 드러내는 것이다(벧전 5:1-6).

교권주의에 사로잡힌 목회자나 교역자는, 그것이 자비 사역에 아무 소용이 없다는 것을 곧 알게 된다. 미션 그룹의 '분권' 모델이 없다면 교역자들은 점점 더 큰 책임을 지게 될 것이다. 뿐만 아니라 머지않아 교인들은 믿지 않는 이들, 특히 무력하고 (때로는) '나와 다른' 사람에게 다가가는 사역을 중단하라는 압력을 가할 것이다.

사역 위원회가 둘인 교회에서도 이런 일이 생길 수 있다. 교회에서는 장로들 밑에 자비와 행위 사역을 담당하는 집사 위원회를 둔 경우가 많다. 하지만 집사들은 교회에서 자기들이 유일한 자비 사역자라고 생각해서는 안 된다. 집사들이 환자와 노인, 실직자, 원치 않는 임신을 한 사람, 재소자 등을 위한 사역을 홀로 감당하려 했다가는 얼마 못 가 '지쳐서 나가떨어지고' 말 것이다. 자비 사역은 사람들이 함께하는 공동 사역이어야 한다.

하향식 사역 시작하기

평신도가 이끄는 풀뿌리 자비 사역의 필요성을 강조했으니, 이제부터는 몇 가지 자질을 추가해야 한다. 목회자와 교역자들은 자비 사역과 거리를 두고 모른 체하기 쉽다. 특히 (나를 포함한) 목회자들은 지식 사업에 종사하는 이들이다. 어떤 문제에 대한 대화와 토론과 글쓰기에는 익숙하지만, 행위 사역에 대해서는 사실상 아무런 훈련을 받지 못했다. 어르신의 기저귀를 갈아주거나 약물중독자의 토사물을 치우는 경험은 아무리 좋게 말해도 혼란스럽기만 하다. 복음주의 교회의 교역자들은 '행위 중심'보다는 '말 중심'의 전문직 출신인 경우가 많다.

교회 전체가 자비 사역에 온전히 헌신하는 모습을 보려면, 교역자들이 자비 사역을 세심하게 기획하고 중요한 교회 자원들을 활용할 수 있어야 한다.

사전 질문

교회에서 사역을 선택할 때 지도자들은 다음 세 질문을 던져보아야 한다.

1. **이곳에서 가장 크고 긴급한 필요는 무엇인가?** 사역을 결정함에 있어, 지역사회의 필요를 평가하는 것은 가장 기본적인 일이다. 구체적인 필요를 찾았다면, 이를 사역 프로그램의 대상으로 최종 결정하기 전에 좀 더 광범위하고 집중적으로 알아봐야 할 수도 있다.

2. **다른 사람들이 이 필요나 문제를 다룬 적이 있는가?** 다른 교회나 기관에서 당신이 지금 고려하는 것과 비슷한 사역을 시작한 적이 있는지 파악하는 일은 매우 중요하다. 그런 사역이 있다면, 그곳의 홍

보물을 살펴보거나 전화 상담을 하거나 (가장 좋은 방법은) 직접 찾아가서 프로그램을 살펴보면 좋다. 가능한 많은 정보를 확보하여 기존 프로그램에서 당신 상황에 적용할 수 있는 부분을 찾아내라.

3. 이 프로그램에 딱 맞는 은사와 부르심을 지닌 평신도들이 있는가? 이것이 '하향식' 프로그램이기는 하지만, 프로그램을 책임질 핵심 리더도 없이 진행해서는 안 된다. 성숙한 교회 지도자들은, 아무리 계획을 잘 세워도 그 계획을 이끌어갈 '적임자'가 없다면 사역의 효과를 볼 수 없다는 사실을 경험으로 알고 있다.

유망한 평신도 지도자 후보군이 없으면 프로그램의 실현 가능성은 낮다.

단계별 프로그램 기획

이제 '청신호'가 켜졌는가? 대부분의 교역자들도 눈으로 확인하고 동의할 만한 지역의 필요들이 있는가? 우리가 지혜를 빌릴 수 있는 다른 사역 모델이 있는가? 가능성 있는 평신도 지도자들이 있는가? 이런 질문들을 해결했다면, 실제 프로그램 기획 여부를 결정할 수 있다.

다음에 소개하는 접근법은 교역자들뿐 아니라, 사역 프로그램을 준비하는 어느 미션 그룹에게도 유용하다.[11]

1. 문제/필요 내역을 상세하게 기록한다. 누군가가 겪고 있는 불편한 상황을 아주 구체적으로 묘사하되, 다음 내용을 반드시 포함해야 한다. (a) 당면한 문제나 필요를 갖고 있는 표적 집단이나 인구, (b) 좌

절된 필요들, (c) 예상 결과나 부작용, (d) 문제를 불러온 원인이나 조
건. 예를 들어보면 다음과 같다.

- 우리 동네에 거주하는 65세 이상 인구는 1천 명 정도로 추산한다.
- 홀로 거주하는 어르신 중에 몸이 불편하여 자기 몸이나 집을 돌보기 힘
  든 사람들이 있다.
- 그로 인한 외로움, 위험하고 우울한 거주 환경, 만성 건강 문제, 영양 결
  핍 등을 예상할 수 있다.
- 현대인의 사회적 이동성을 문제의 주원인으로 꼽을 수 있다. 노인 중 대
  다수는 가까이 살면서 돌봐줄 자녀나 친척이 없다. 또 다른 원인은 X 회
  사에서 이들에게 지급하는 턱없이 부족한 연금이다. 이들 중 대다수는
  이 동네에 50년간 자리 잡고 있는 X사에서 노동자로 일했다. 어르신들
  의 다수가 자신이 받을 수 있는 기타 혜택(소득 보조금 등)을 모르고 있다
  는 점도 무시할 수 없는 요인이다. 또한 이 사람들의 평균 교육 수준은
  초등학교 졸업에 그친다.

  2. **목표나 비전 선언문을 작성한다.** 표적 집단 사람들에게 기대하
는 미래의 상태를 구체적으로 묘사한 내용을 적어본다. 말하자면, 문
제 위주로 적었던 앞의 내용과 정반대라고 할 수 있다. 여기에 반드시
포함해야 하는 요소는 다음과 같다. (a) 당신이 도우려는 집단의 규모,
(b) 그 집단에서 나타나길 바라는 변화나 상황, (c) 시간표. 예를 들어
보자.

올 연말까지 우리 교회의 사역으로 인해, 어르신 열 분은 안전한 주택에 살면서 영양소 면에서 균형 잡힌 식사를 하고, 정기적으로 건강관리를 받고, 매주 65세 이상을 대상으로 하는 친교 모임에 참여하게 될 것이다.

3. 브레인스토밍 과정을 통해 전략을 선택한다. 어떻게 하면 이 목표에 도달할 수 있겠는가? 이런 바람직한 미래 상황을 달성하려면 어떤 전략이나 수단이 도움이 될 것인가?

조사와 브레인스토밍을 통해 다양한 대안을 모색한다. 조사가 가장 먼저다. 다른 교회나 프로그램에서 이미 시도한 일들을 찾아보라. 그다음에는 함께 모여 한두 차례 브레인스토밍을 한다. 브레인스토밍은 잘 알려진 회의 방식으로 규칙은 간단하다. 모든 참여자가 자기 머리에서 나오는 생각을 무엇이든 다 쏟아놓는다. 그리고 모든 생각을 일일이 기록한다. 처음에는 다른 사람들의 생각을 절대로 평가하거나 비판하지 않고, 내 생각을 얹어놓기만 한다.

그리고 나서 각 전략의 실행 가능성을 평가한다. 각각의 전략이 표적 집단을 위한 목표를 달성할 수 있을지 묻는다. 다음으로는 교회의 목적과 정책에 어긋나지 않는지 묻는다. 마지막으로, 다음 네 가지 영역에서 이 전략을 실행에 옮길 만한 자원이 교회에 있는지 묻는다. (a) 인적 자원(사람들 숫자와 종류), (b) 재정 자원(초기 비용과 이후의 비용), (c) 물리적 자원(설비와 도구), (d) 기술 자원(정보나 기술, 노하우와 훈련), (e) 정치 자원(핵심 인물과 교인들로부터 받을 수 있는 지원). 너무 비관적으로만 볼 필요는 없다. 단순히 "이런 자원이 과연 가능할까?"라고만 묻지 말고, "어떻게 이런 자원을 찾거나 개발할 수 있을까?"를 묻는다.

이렇게 해서 한 가지 혹은 그 이상의 전략을 선택한다. 예를 들면 이렇다.

전략 1: 지원 팀 체제. 프로그램에 속한 각 어르신에게 자원봉사자 두 사람이 한 조가 된 팀이 배정된다. 이 팀은 일주일에 두 시간씩 어르신을 방문하여 (a) 사랑, 우정, 복음, 대화를 나누고, (b) 집안일과 요리를 하고, (c) 다른 그룹과의 협업으로 채울 수 있는 다른 필요는 없는지 살핀다.

전략 2: 어르신들의 집과 거주지에 찾아가서 집수리를 하는 자원봉사자들이 필요함.

전략 3: 혈압 측정, 당뇨 검사 등 기본 건강 상태를 확인하는 무료 클리닉을 한 달에 한 번 교회에서 진행.

전략 4: 노인들을 위한 교제/친교 모임을 일주일에 한 번 주중에 교회에서 진행.

4. 프로그램을 개발한다. 각각의 전략 실행에 필요한 활동을 파악하되, 전략 선언문에서부터 하나씩 거꾸로 생각해본다. 이 프로그램을 시작하려면 무엇부터 해야 하는지 자문해보라. 그다음에는, 그 활동이 일어나기 위해 무슨 일을 해야 하는지 물어보라. 이런 식으로 계속해서 질문을 던져본다.

각 활동에 대해서는 다음과 같은 질문을 해본다.

- 언제 이 일이 필요한가? 시간표에 따르면 이 활동은 언제 해야 하는가?
- 이 활동을 책임지는 사람은 누구인가? 누가 책임자인가? 그 사람의 구

체적인 임무는 무엇인가? 이 사람은 누구에게 보고해야 하는가? 문제가 생겼을 때는 누구를 찾아가야 하는가?

- 이 활동에는 어떤 자원이 필요한가? 인적 자원, 재정 자원, 물리적 자원, 기술 자원, 정치 자원? 어떻게 이 자원들을 할당할 것인가?

5. **조직을 구상한다.** 이 단계의 개요를 설명하거나 모델과 예시를 제시할 때 지나치게 구체적일 필요는 없다. 조직은 다양할 수 있고 다양해야 한다. 창의력을 마음껏 발휘할 수 있는 여지가 있어야 한다. 그러나 조직도나 개요를 그릴 때는 반드시 다음 질문들을 다루어야 한다. 일단 프로그램이 제대로 돌아가기 시작하면, (a) 사역의 기본 분야는 무엇이 될 것인가? (b) 각 분야는 누가 책임질 것인가? (c) 누가 각 자원봉사자들을 책임지는가? 각 봉사자들은 어떤 사람에게서 지원을 받을 수 있는가? 모든 내용을 단순하게 유지하는 것이 좋다!

6. **평가 방법을 구상한다.** 여기에는 네 단계가 있다. (a) 사역의 구체적인 진행 내용을 감독관에게 정기적으로 전달할 수 있는 정보 체제를 개발한다. (b) 이 사역이 주님을 위해 효과적인지 여부를 평가할 수 있는 기준을 마련한다. (c) 평가 시점을 정한다. (d) 결과를 평가할 사람을 지정한다.

프로그램 계획: 개요

■ 사전 질문

사람들이 느끼는 가장 주요한 필요는 무엇인가?

다른 사람들이 이 필요를 다룬 적이 있다면, 우리는 그들에게서 무엇을 배울 수 있겠는가?

이 프로그램에 적절한, 가능성 있는 평신도들이 있는가?

■ 단계별 프로그램 기획

1. 문제나 필요를 적어본다.
   a. 표적 집단을 묘사한다.
   b. 필요를 목록으로 작성한다.
   c. 문제의 구체적인 결과를 명시한다.
   d. 문제의 원인을 분석한다.

2. 목표나 비전 선언문을 작성한다.
   a. 당신이 섬기려는 사람들의 숫자
   b. 당신이 해결하려는 상황
   c. 시간표와 일정

3. 전략을 선택한다.
   a. 브레인스토밍을 한다.
   b. 제안된 전략을 평가한다.
      사람들의 목표를 달성해줄 수 있는가? 교회의 목적과 정책에 부합하는가? 필요한 자원을 가지고 있는가/개발할 수 있는가?
      인적 자원
      재정 자원
      물리적 자원(설비와 도구)
      기술 자원(기술, 훈련, 전문성)
      정치 자원(후원과 지지)

   c. 한두 가지 전략을 선택한다.

4. 프로그램을 개발한다.

    a. 전략을 실행하는 데 필요한 활동을 확인한다.

    b. 각 활동에 대해 다음 사항을 파악한다.

        책임자는 누구인가?

        그 사람의 임무는 무엇인가?

        어떤 자원이 필요할 것인가?

        목표 달성을 위한 시간표

5. 조직을 구상한다.

    a. 기본 사역 분야는 무엇인가?

    b. 각 분야는 누가 책임지는가?

    c. 각 분야를 어떻게 연결할 것인가?

    d. 누가 각 활동가를 책임지는가? 활동가들은 누구로부터 지원을 받는가?

6. 평가 방법을 구상한다.

    a. 정보 전달 체제

    b. 평가 기준

    c. 평가 시점

    d. 평가 책임자

〈도표 3〉

결론

공동체에 자비 사역을 뿌리내리게 하려면, '하향식'과 '풀뿌리' 접근법을 결합해야 한다. 초기에는 교회 전체가 동참하는, 아주 구체적인 단기 프로젝트를 통해 자비 사역의 동기를 부여할 수 있다. 그러나 자비가 넘치는 교회를 만들기 위해서는, 모든 교인이 사역자라는 사고방식을 심어주는 것이 중요하다. 지도자들은 교인들이 사역을 제안하고 시작하여 자신의 재능을 발휘할 수 있도록 격려해야 한다. 또한 관심 있는 평신도들이 미션 그룹을 만들어서 사람들의 필요를 채우는 사역을 실천할 수 있도록 도와야 한다. 궁극적으로, 교역자들은 교회와 지역 공동체에서 도움이 필요한 사람들을 찾아내 의미 있는 자비 사역을 계획하고 실천함으로써 대규모 자비 사역의 본보기를 보여야 한다.

이런 방법들을 실행할 때에만 대부분의 복음주의 교회에 만연한 중산층 감금 상태에서 벗어날 수 있다. 프랭크 틸라파우가 말한 "요새 교회fortress church" 심리에 사로잡힌 교회가 너무 많다. '요새 교회 심리'란 의식적으로나 무의식적으로나 다음과 같은 태도를 갖는 것을 말한다. "얼마든지 오십시오! 우리 교회 문은 언제든 열려 있습니다." "우리는 춥고 가혹한 세상을 피해 교회에 와서 우리의 필요를 채웁니다." 하지만 이런 요새 성벽에 부딪혀 무너진 성경 진리가 있다. 모든 교인은 사역자라는 것이다. 모든 교인에게는 강력한 진을 파할 수 있는 하나님나라의 능력이 있다. 예수님은 우리를 통해 계속해서 세상 사람들의 필요를 돌보신다.

시야
확장

개요 많은 교회에서 자비 사역이 효력을 거두지 못하는 주요한 이유 중
하나는 개인주의 때문이다. 우리는 복음의 사회적 차원을 주시하고, 구제
와 사회 개혁, 정의 사역을 개발해야 한다.

자비 사역이 주춤하는 이유

이 장은, 당신 교회가 이미 자비 사역을 위한 땅을 '비옥하게 하고',
'갈아엎고', '씨를 뿌렸다'고 전제한다. 자비 사역을 그리스도인의 실
생활과 교회 생활에서 핵심 부분으로 이해하는 교인들이 점점 더 많
아지고 있다. 교회 안팎에서 많은 필요가 채워지면서, 사람을 보살피
는 교회라는 명성을 얻기 시작하는 중이다.

이쯤에서 안주하기가 얼마나 쉬운가! 다른 교회들과 비교해도, 당신
교회는 아주 활발하게 움직이고 균형이 잡혀 있다. 하지만 교회가 사

회에 미쳐야 할 영향을 고려한다면, 이제 시작에 불과함을 알게 될 것이다.

자비 사역의 씨를 뿌렸다면, 그 식물이 자라는 둥 마는 둥 하다가 쥐꼬리만 한 열매를 맺지 않도록 "물을 잘 주는" 것이 중요하다. 자비 사역을 잘 시작한 교회가 묘목 단계에서 더 이상 자라지 못하고 성장을 멈추는 이유에는 네 가지가 있다. (1) 도움이 필요한 사람들과 관계를 발전시키지 않는다. (2) 적극적으로 계획을 세우기보다는 들어오는 요청에 반응하는 수준이다. (3) 사역을 공유할 다른 사람들을 모으지 못한다. (4) 지역 공동체의 변화를 위한 '넓은 시야'가 없다.

마지막 네 번째 이유를 이 장에서 다루고, 나머지 세 이유는 다음 장에서 다룰 예정이다. 많은 교회에서 자비 사역이 주춤하는 이유는 지나치게 개별적인 관점 때문이다. 사람들은 응급 지원이 필요한 경우만 보는 경향이 있다. 이런 경우가 긴급한 필요이기는 하겠지만, 장기적으로 보면 열매가 없을 것이다. 근본적 원인보다는 증상만 다루기 쉽기 때문이다. 처음부터는 아니더라도, 차차 장기적인 개발과 개혁 전략도 필요하다. 교회는 지역 전체와 그 사회적 체제에 영향력을 미치도록 힘써야 한다.

복음의 사회적 차원

자비 사역이라고 하면, 이 사역의 대부분을 유발시키는 사회적 조건의 변화보다는 무료 급식이나 의류 기부 등을 떠올리기 쉽다. 많은 복음주의 그리스도인들이 사회 개혁이라는 책임을 논의하기만 하면 예민해지는 이유가 무엇일까?

중산층 감금 상태

한 가지 이유는 "계층 감금class captivity" 때문이다. 대부분의 복음주의자들은 중산층인데, 사회 체제에 어떻게 개입해야 할지 모른다. 레이먼드 바키Raymond Bakke는 어떤 모임에서 그리스도인의 사회적 행동에 반대한다는 사람의 이야기를 들었다. 그 사람은 자기 주장을 마무리하면서 "내가 보기에 사회적 행동은 사회 복음이나 마찬가지"라고 말했다. 바키는 그 사람에게 사는 곳과 왜 그곳에 사는지를 물었다. 그는 자기 동네가 안전하고 학교도 좋고 집값이 괜찮아서 그리로 이사했다고 대답했다. 다시 말해, 그 사람은 그 지역의 사회 체제가 딱 맞아서 이사한 것이다. 바키는 그 그리스도인이 "사회적으로 꽤 깊숙이 개입하고" 있다고 지적했다. 자신의 사회적 가치들을 실현할 수 있는 장소에 자기 인생과 가족을 위탁한 셈이었다. 그렇다면 다음과 같은 논리가 가능하다.

좋은 학교와 직장이 있는 동네에 의도적으로 정착한 사람이, 사회 체제가 제대로 작동하지 않는 곳에서 그 체제를 회복하려고 힘쓰는 사람들을 어떻게 비판할 수 있는가? "그냥 복음만 가르칩시다"라고 말하는 사람들은 대개 훌륭하게 작동하는 사회 체제가 이미 자리 잡은 곳에 살고 있다.[1]

악의 체제

그리스도인들이 사회 개혁을 두고 혼란을 느끼는 또 다른 이유는, 특정 집단 사람들의 필요를 만들어내고 유지하는 법·행정·정책 상황과 제도 기저에 있는 조직적 악이라는 개념을 이해하지 못하기 때문이다.

구체적으로 말하자면, 10장 끝부분에서 언급한 다음 예를 떠올려보기 바란다. 어느 교회에서, 그 지역 노인 다수가 가난하게 사는 이유 중에 하나가 그곳 주요 기업에서 퇴직자들에게 너무 적은 연금을 지급했기 때문이라는 사실을 발견했다. 그리스도인들은 지나치게 낮은 연금에 대해 그 회사에 이의를 제기해야 하는가?(렘 22:13) 그 기업에는 가난한 어르신들에게 사기를 치려고 작정한 사람은 아무도 없고, 좋은 의도를 가진 착한 시민들, 심지어 그리스도인들이 많을지도 모른다. 그렇다면 우리는 그 기업이 악을 저지르지 않았다고 말할 수 있는가? 아니면 그들이 어느 정도는 죄에 가담했다고 말할 수 있는가? 두 질문에 대한 대답은 모두 '그렇다'이다.

중산층 사람들은 '공동 책임'이나 '구조적 악'이라는 말을 제대로 이해하지 못했다. 우리는 성경에서 구성원 한 사람의 죄를 군대 전체와 가족 전체가 책임진 것을 볼 수 있다. 아간이 대표적인 예이다(수 7:10-11). 성경에서 하나님은 사람들을 가족과 국가 같은 대단위로 다루신다. 그래서 그중 한 사람이나 일부가 죄를 지으면 집단 전체에 벌을 내리신다. 존 머리가 말한 "개인주의와 독립주의의 착오"에 감염된 사회에 살아가는 우리는 혼란스럽다. 그는, 조직과 기관이 그에 속한 어떤 개인보다 더 높은 차원에서 죄가 있을 수 있으며, 따라서 거기 소속된

개인들은 그 죄에 동참하게 된다는 사실을 성경이 가르친다고 말한다.[2]

궁핍한 사람들을 위해 사역하려는 그리스도인들에게 이것은 무슨 의미인가? 개인이 변해야 할 뿐 아니라, 법·사회·정치 체제도 함께 바뀌어야 한다는 뜻이다. 한편으로, 개인이 단체를 구성하기 때문에 죄를 저지른 기업에 속한 개인에게도 죄가 있다는 점을 기억해야 한다. 다른 한편으로, 우리가 직접 다루어야 할 체제와 상황의 원인은 조직이다. 그 어떤 개인도 그에 대한 책임을 지지 않기 때문이다. 경제나 정치, 정의 체제는 그 체제를 지지하는 많은 사람들이 그 영향력을 제대로 의식하지 못할 때 이기적이고 억압적이 될 수 있다.

따라서 개인은 물론, 법과 정책도 함께 바뀌어야 한다. 개인 전도만으로는 그리스도의 주되심을 온 사회에 퍼뜨리기에 역부족이다. "주권 전도Lordship evangelism"는 "죄처럼 온 세상에 퍼져나가기"를 추구한다. 주권 전도는 이기적 개인과 이기적 사회 체제를 모두 복음으로 다룬다.[3] 그렇다면 그리스도인들은 다친 사람들에게 붕대만 감아줘서는 안 된다. 그들을 공격한 사람들을 찾아내야 한다. 응급 구조만으로는 부족하다. 사회 개혁도 함께 필요하다.

이데올로기의 덫

복음주의 그리스도인들이 행위 사역에서 변혁과 개혁 차원의 필요성을 간과하는 세 번째 이유는 이데올로기적 편향에 사로잡혀 있기 때문이다. 대부분의 그리스도인들은 '진보주의'와 '보수주의' 정치 스펙트럼의 중간 어디쯤에 있는데, 복음주의자들은 보수주의 쪽에 좀 더 몰려 있는 경향이 있다. 하지만 어느 쪽 이데올로기도 정답은 아니다. "자본주의도 공산주의도 가난한 사람들에게 정의를 가져다줄 수 없다."[4] 하나님은 그 백성을 통해 정의를 불러오실 것이다.

미국의 자유주의는 교회에 공적 권리와 공적 기능이 있어야 한다는 주장에 적대적인 경향이 있다. 그보다는 국가를 사회 질병의 만병통치약으로 본다. 국가가 사회를 정의롭고 공평하고 이성적인 방식으로 다스려야 한다는 것이다. 이러한 자유주의의 뿌리는 18세기 계몽주의이다. 계몽주의는 정의로운 사회 건설에 필요한 모든 지식은 오직 이성만이 줄 수 있다고 가르쳤다.[5] 자유주의도 개인주의적이기는 마찬가지여서, 가족(자녀가 부모에 반대할 수 있는 권리)과 교회(동성애자가 교회에서 일할 수 있는 권리) 같은 사회 제도에 맞서 개인의 권리를 수호하려 애쓴다.

그러나 똑같이 합리적이고 개인주의적인 미국의 보수주의는 진정한 대안이 되지 못한다. 예를 들어, 정부가 "개인적 도덕성"(전통적인 가족의 가치관을 따르는 것 등)을 규제하기를 보수주의자들이 기대한다고 하더라도, 정부는 "사회적 도덕성"(가난한 자들에게 베푸는 것)이 완전히 자발적이어야 한다고 주장한다. 이 영역에서 의무는 있을 수 없다. 이것은 근본적으로 모순이고, 자유주의적 개인주의와는 정반대이다.

보수주의는, 빈곤을 낳는 탐욕과 이기심의 조직적 기업 구조에 눈을 감아주는 경향이 있다. 오히려 보수주의는 개인의 주도적 행동으로 가난이 사라진다고 본다. 자유주의가 큰 정부를 신뢰하는 것처럼, 보수주의자들은 대기업을 맹신한다. 우파 이데올로기는 완전히 자유로운 기업, 곧 어떤 제약이나 규제도 받지 않는 비즈니스가 국가를 번영하게 하고, 가난한 사람들이 이 "통화 침투" 효과를 본다고 주장한다.

그러나 자유기업에는 인간의 탐욕이라는 심각한 흠이 있다. 성경 역사와 미국 역사 모두 탐욕스런 인간이 경제적 자유를 착취에, 곧 다른 사람을 희생하여 이익을 내는 데 사용할 것이라는 점을 반복해서 일깨워준다. 고용주는 근로자의 경제적 이익을 자기 이익만큼, 혹은 철저한 그리스도인답게 자기 이익보다 더 중요하게 여기기는커녕 이익을 극대화하기 위해 근로자들에게 가능한 적게 지급한다. 광고업자들은 종의 마음이 아니라 순전한 탐욕에 의해 아무에게도 필요 없는 상품을 위한 시장을 형성한다. 사업 성공 여부는 하나님께 영광을 돌리고 사람들을 섬겼는지의 여부가 아니라, 순전히 경제적 이익만으로 판단한다. 진정한 기독교 경제와는 너무나 동떨어져 있다!6

큰 정부와 대기업 모두 인간의 죄 때문에 착취와 부패가 발생한다. 자유주의 정부든 보수주의 정부든, 하나님이 자비를 위해 만드신 주요한 사회 구조 곧 가족과 교회를 인정하고 지지하지 않기 때문이다. 성경은 정부 관리와 사업가들을 향해 궁핍한 자들을 위한 자비와 정의를 실천하라고 명령한다. 하지만 정부와 기업은, 사회 문제에 맞선 싸움에서 자기들이 교회와 가정, 자원봉사 단체들을 대체할 수 없다는 것을 인식해야 한다.

그리스도인들은 정치적 편견 때문에 수동적이 되지 않도록 주의해야 한다. 가족과 교회, 기타 자원봉사 단체를 통한 자비 사역은 절대적으로 중요하다.

복음의 사회적 차원에 대해 듣고 이해한 결과는 무엇인가? 그리스도인들은 지역 공동체에 미치는 영향력 면에서 시야를 확장할 수 있다. 그리스도인들은 가난한 사람들에게 단순히 지원금만 전달하는 것이 아니라, "하나님의 축복이 저주의 땅까지 흘러가서"[7] 그들을 망가뜨리는 모든 삶과 구조를 바꿀 수 있게 만들어야 한다. 변화와 개혁을 소홀히 하면 하나님이 주신 시간과 자원을 제대로 활용하지 못하는 부족한 청지기가 된다. "적절한 개혁을 무시하면 가난한 사람들이 끝없이 이어져서 우리는 스스로 종신 구제형을 내리는 것과 같다."[8]

지역사회에 영향력 미치기

이제 우리는 자비 사역이 단순한 '구제'가 아니라 다양한 차원의 개입이 필요한 사역임을 알 수 있다. 긴급한 필요를 채우는 데만 급급하다 보면, 장기적인 효과를 보기 어렵다.

소피아의 사례

필라델피아에 사는 싱글맘 소피아는 두 자녀의 엄마이다. 정부가 발행하는 식권 외에 매월 187달러의 보조금을 받는다. 너무 적은 수입이라 선택의 여지가 별로 없다. 소피아가 지낼 수 있는 곳은 연방 정부의 지원을 받는 저소득층 주택단지 정도가 유일하다. 황량한 상자 모양의 이 망가진 구조물에는 비슷한 처지의 사람들이 수천 명 살고 있다. 이 지역은 필라델피아에서 약물 관련 폭력이 가장 빈번한 곳으로, 자녀를 키우기에 쉽지 않은 곳이다. 소피아는 패스트푸드 음식점부터 영화관에 이르기까지 매달 여러 일터를 돌아다니며 일자리를 찾아보지만, 글을 잘 읽지도 못하고 셈도 느린 그녀에게 직장 문턱은 높기만 하다. 글을 배우려고 한 교회에서 자원봉사자가 가르쳐주는 학교를 다니기 시작했다. 그러나 차비를 감당할 수 없어서 학교까지 수 킬로미터를 걸어 다닌다. 소피아가 빠듯하게 세운 예산 계획은 가끔씩 차질을 빚곤 한다. 한번은 아들 친구 녀석이 한 달치 식권을 훔쳐가는 바람에 다른 급식소에 도움을 요청할 수밖에 없었다. 여덟 살짜리 딸은 생일 파티에 친구들을 초대하고 싶어 해서, 초청장과 케이크 재료를 사느라 돈을 빌려야 했다.

가난하다는 것은 무슨 뜻인가? 소피아에게 가난은 원치 않는 곳에서 살아야 한다는 뜻이다. 남들이 시키는 일을, 그들이 원하는 때에 해주어야 한다는 뜻이다. 살면서 고를 수 있는 대상이 별로 없다는 뜻이다. 이러지도 저러지도 못한다는 뜻이다.

• 가난: 명사. 1. 희망이 없는 상태. 2. 자기 삶을 바꿀 능력이 없는 것.[9]

이 사례는 사람들의 필요가 다차원적이라는 것을 보여준다. 소피아에게는 단순 후원금 이상이 필요하다. 직접적인 도움이 필요하다. 자립할 수 있게 도와줄 사람이 필요하다. 소피아가 살아가는 위험하고 파괴적인 사회 체제를 바꿔줄 수 있는 사람들로부터 도움을 받아야 한다.

구제와 변혁

성경은 자비 사역의 세 차원을 보여준다. 먼저, 구제가 있다. 기본 필요가 채워지지 않아서 받는 고통을 경감해주는 것이다. 신변을 보호해주고 응급치료를 해주고 방값을 내준 선한 사마리아인도 이 구제의 모델이다(눅 10:30-35).

둘째, 변혁이라는 측면이 있다. 상대방이 자립할 수 있도록 세워주고 개발하고 회복하는 것이다. 이를 '경제 발전'이라고 부르는 사람도 많았지만, 최근에는 '변혁'이라는 단어를 더 선호한다.

구제 프로그램만 실시하면 의존성을 키울 수 있다. 하나님은 종의 빚이 탕감되어 그를 놓아줄 때는 곡식과 도구와 새 생활을 위한 자원을 마련하여 가져가게 하라고 말씀하셨다(신 15:13-14, "그를 놓아 자유하게 할 때에는 빈손으로 가게 하지 말고 네 양 무리 중에서와 타작마당에서와 포도주 틀에서 그에게 후히 줄지니 곧 네 하나님 여호와께서 네게 복을 주신 대로 그에게 줄지니라").

존 퍼킨스는 작은 마을에 사는 가난한 흑인들 손에 보조금을 쥐어주기만 하는 것은 부자 백인 은행원과 사장들 계좌에 돈을 넣어주는 결과밖에 되지 않는다고 말한다. 정부의 빈곤 프로그램은 사람들을 '구제'했지만, 지역사회의 소유권을 보장해주는 면에서는 도움이 되지 않았다. 그래서 흑인들은 늘 남에게 의지하고 가난했다. 그러나 퍼킨스가 미시시피 시골에서 가난한 사람들을 모아 농장 협동조합, 주택 협동조합, 소비자 신용조합 등을 세우기 시작하자 이들은 돈과 일자리, 일에 필요한 훈련 등을 얻을 수 있었고 결국 그 동네를 개발하게 되었다.[10]

시편 41편 1절은 가난한 자를 "보살피는" 자에게 "복이 있다"고 말한다. 여기서 '보살핀다'는 말은 실제 행동 프로그램으로 생각을 발전시킨다는 뜻이다. 하나님은 단순한 구제가 아니라 회복에 관심이 있으시다. 교육, 직업 훈련, 사업을 시작할 수 있는 자본 등은 가난한 사람들의 발전에 필수적이다.

개혁: 정의 실천

셋째, 개혁이라는 차원이 있다. 사회 개혁은 물리적 필요를 제공하는 것을 넘어서서, 이러한 필요들을 유발하는 사회적 조건과 구조를 바꾸는 것을 의미한다. 사람들의 상처를 꿰매주는 데서 그치지 않고 상해를 입힌 사람들을 색출하는 것이다. 욥은 헐벗은 사람에게 옷을 입혀주었을 뿐 아니라 "불의한 자의 턱뼈를 부수고 노획한 물건을 그 잇새에서 빼내었느니라"(욥 29:17)라고 말한다. 불공평한 임금(렘 22:13), 부패한 사업 경영(암 8:2, 6), 부자와 영향력 있는 사람들 편에서 변호하는 법 체제(신 24:17; 레 19:15), 없는 사람을 갈취하는 대출 체제(레 19:35-37, 25:37; 출 22:25-27)는 하나같이 성경에서 비난하고 반대하는 것들이다. 사회 개혁은 이스라엘의 믿는 사람들 사이에만 퍼진 것이 아니었다. 포로가 된 다니엘은 느부갓네살의 이교도 정부에 가난한 사람들한테 자비를 베풀어야 한다고 요구한다(단 4:27).

역사적으로 부흥기를 보면, 그리스도인들은 정의와 자비를 위한 사회 구조 변화를 꾀했다. 18세기 영국 대각성 운동은 사회 개혁 면에서 많은 열매를 낳았다. 윌리엄 윌버포스William Wilberforce는 처음에는 노예 매매를, 그다음에는 노예제 자체를 폐지했다. 재커리 매콜리Zachary Macaulay는 해방된 노예들의 국가, 갓 태어난 식민지 시에라리온의 출발을 도왔다. 섀프츠베리 백작 앤서니 쿠퍼Anthony A. Cooper는 아동과 청소년에 대한 노동력 착취를 막기 위해 아동 노동법 투쟁을 이끌었다. 존 하워드John Howard는 막대한 사재를 털어 유럽 전역을 돌아다니면서 교도소 환경을 개혁하고자 애썼다. 토머스 버나드 경Sir Thomas Bernard은 가난한 사람들에게 더 나은 교육 기관이, 산업 노동자들에게 더 나은 주거 및 환경 계획이 필요하다고 주장했다.[11] 사회 개혁을 통해서 말씀을 선포하기 위한 방법은 무궁무진하다.

필요 개입의 원

이런 성경적 '차원'의 관점에서 보면, 구제에서 개혁에 이르기까지 필요 개입의 '원'을 몇 가지로 구분할 수 있다. 여기서는 개입 전략의 일곱 동심원 모델을 제안하려 한다.[12]

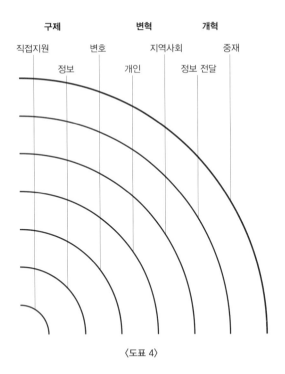

〈도표 4〉

구제 사역

원 1: 직접 지원   어려운 사람들을 돕는 가장 기본적인 방법으로, 대부분의 복음주의자들이 자비 사역을 생각할 때 떠올리는 방법이다. 직접 지원은 의식주와 의료 서비스, 기초 생필품 같은 시급한 필요를 채워준다.

직접 지원의 예는 다양하다. 무료 급식, 중고품 판매(헌옷이나 기타 생필품을 팔거나 무료로 나눠주는 것), 임시 숙소, 저소득층 가정을 위한 주택 수리, 무료 진찰과 건강 검진, 노인과 장애인을 위한 가정 도우미, 시설이나 집에서만 지내는 사람들에게 대화 상대 제공, 위기 상담, 정기적인 교통편 제공(예를 들어 노인들이 식료품이나 기타 생필품을 구입할 수 있도록) 등이 있다.

원 2: 정보 제공과 상담   상담은 이 사역의 한 형태이다. 물론 다양한 종류의 상담이 필요하다. 어떤 사람들은 '말'로 하는 이 사역을 '행위' 사역으로 보지 않겠지만, '사회적 문제'가 있는 사람들에게 꼭 필요하고 그들과 밀접하게 관련된 서비스이다. 몸이 아프거나 경제적으로 힘든 사람들에게는 스트레스, 우울증, 결혼 생활, 자녀 양육, 이혼 후 회복, 약물중독, 알코올의존증, 성 문제, 슬픔, 질병 등의 트라우마를 다루는 상담이 필요하다.

상담은 개인 면담 형태를 취하기도 하고, 다양한 중독, 성 문제, 섭식 장애, 정서 장애, 질병이나 말기 질환 등이 있는 사람들이 함께 참여하는 책임/지원 집단 형태를 취하기도 한다. 가족, 고용인과 근로자, 집주인과 세입자 사이에서 갈등을 중재해주는 형태의 상담도 있다. 재정 상담도 중요한 서비스이다.

정보 제공 사역의 또 다른 형태로는 정보 센터가 있다. 어려운 형편에 처한 사람들 중 많은 이들이 정보가 부족하다. 어떻게 하면 일자리와 집을 얻을 수 있는지, 각종 보조금 혜택에 지원할 수 있는지, 자기를 도울 사람을 어떻게 찾을 수 있는지 잘 모르는 경우가 많다. 예를 들어, 노인들은 정부 보조 주택이나 자원봉사 프로그램, 의료 혜택, 식품영양센터, 친교 모임 등을 알선하는 집단과 기관, 기회가 많다는 사실을 잘 알지 못한다. 장애와 만성질환이 있는 사람, 한부모, 약물중독자, 법적 문제가 있는 사람들도 모두 자신의 현 상황이 어떤지, 어떤 도움을 받을 수 있는지에 대한 정보가 필요하다. 복음주의 교회들은 온갖 종류의 문제와 필요들에 대한 정보를 제공하는 정보 센터 역할을 해야 한다.

교회는 정보 제공 사역과 관련해서 두 극단 중 하나에 빠질 때가 많다. 어떤 교회들에서는 지역 봉사 기관의 명단을 입수해서 정보와 추천서를 그냥 나눠주기만 한다. 하지만 많은 정부 기관과 민간 사회단체들은, 인간 본성과 도덕성에 대해 세속적 전제를 기반으로 한 서비스를 제공한다.

교회에서 다른 집단을 추천하고 네트워킹 할 때는 주의해야 한다. 반면, 많은 교회들이 다른 기관이나 심지어 다른 교단의 교회와도 협조하지 않는 경우가 있다. 교회가 자신의 신학적 헌신을 타협해야 하는 경우가 아니라면, 기꺼이 다른 기관들과 협력해야 한다.

원 3: 변호   어려운 형편에 처한 사람들은 단순한 정보 이상이 필요하다. 그들 편을 들어줄 수 있는 사람, 그들을 대표해줄 사람들의 적극적 지원이 필요하다. "너는 말 못하는 자와 모든 고독한 자의 송사를 위하여 입을 열지니라. 너는 입을 열어 공의로 재판하여 곤고한 자와 궁핍한 자를 신원할지니라"(잠 31:8-9). 사람들은 살 곳을 찾을 때 도움을 주거나 반응 없는 집주인을 상대해줄 변호사가 필요하다. 부부나 가족 관계, 노사 관계에서 생기는 갈등을 중재하는 경우에도 변호사가 필요하다.

법률 지원도 한 가지 예다. 많은 사람들이 수많은 대안과 의무, 규제라는 미로를 헤쳐 나갈 수 있게 이끌어줄 변호사, 곧 법률 전문가들의 도움을 필요로 한다. 몇몇 형태의 기독교 법률 지원 서비스가 사람들을 돕고 있다.

그중에서 가장 훌륭한 예가 시카고의 오스틴크리스천법률센터Austin Christian Law Center(이하 ACLC)인데, 건강관리, 상담, 비상 주택, 직업 훈련 등을 제공하는 서클어반미니스트리Circle Urban Ministries의 지부이다. ACLC의 그리스도인 변호사들은 법적인 문제 이외에도 다른 여러 분야에서 도움이 필요한 고객을 받는다는 이점이 있다. 따라서 고객은 전인적인 사역을 받게 된다. ACLC 대표는 프로 보노(pro bono, 각 분야 전문가들이 사회적 약자를 돕는 활동 - 옮긴이) 소속 그리스도인 변호사들에게 많은 사건을 맡긴다. 이렇게 해서 ACLC는 소수의 인원으로 훨씬 많은 일을 할 수 있다. 이런 사역의 또 다른 예로는 보스턴 지역의 이매뉴얼법률서비스Emmanuel Legal Service와 뉴멕시코 주 앨버커키의 기독교법률지원서비스Christian Legal Aid and Referral Service가 있다.[13]

변혁 사역

원 4: 개인의 변혁   어떻게 하면 단순 원조를 넘어서서 어려운 사람이 자립할 수 있는 조건을 만들어줄 수 있을까? 이를 위한 몇 가지 종류의 사역이 있다. 첫째, 읽고 쓸 수 있는 능력과 기본적인 교육 제공이다. 미국의 수많은 사람들이 글을 읽지 못하고 기본적인 연산 기술도 부족하다. 이민자들의 경우에는 영어 습득도 필요하다. 교회는 성인 교육 프로그램이나 외국인을 위한 영어 교실을 열 수 있다. 장학금 지급이나 학교 설립도 고려해볼 수 있다.

둘째는 주거 사역이다. 형편이 어려운 사람들에게는 집이 필요하다. 교회에서 가난한 사람들에게 집을 지어주거나 현재 살고 있는 낡은 집을 대대적으로 수리해주는 일을 하기 시작했다. (안전한 집을 세주는 것도 좋은 방법이지만, 진정한 변혁은 가난한 사람들이 자기 집을 소유할 수 있도록 도와주는 것이다.)

멤피스에 있는 네이버후드크리스천센터Neighborhood Christian Center에서는 '임시 주거 프로그램Interim Housing Program'을 실시하고 있다. 저소득층 가정이 월세 50달러만 내고 센터에서 마련한 집에서 최장 2년까지 지낼 수 있는 프로그램이다. 이 가정들은 대개 센터의 도움을 받아 1년에 3천 달러씩 저축하여 도심에 저렴한 집을 구입한다.[14]

세 번째로는 직업을 찾을 능력이나 수단이 없는 사람들에게 진로지도와 직업 훈련, 직업소개소를 제공하는 일자리 프로그램이 있다. 그밖의 개인 변혁을 위한 사역으로 기본 재정 관리와 사회성 기술 훈련이 있다. 변혁 프로그램의 가장 큰 유익은 사역의 씨실과 날실에 복음 전도를 쉽게 엮을 수 있다는 점이다. 직접 지원의 경우에는 복음 전도를 프로그램에 별도로 '집어넣어야' 하지만, 변혁의 경우에는 자연스럽게 일부가 될 수 있다.

직업 사역 모델

조지아 주 애틀랜타의 어느 성경 공부 소그룹에서는 실직자들을 돕기 위해 '직업 소개 은행'을 시작했다. 교인들 중에서 적극적인 그리스도인 사업가들을 골랐고, 직업 소개 은행에 취업 기회를 제공하기로 한 지역사회 고용주들을 추가하여 명단을 작성했다. 이 사역에 동참한 교회에서 선정된 지도자들이 실업자들을 추천했다. 3년 뒤, 이 기독교 고용협동조합Christian Employment Cooperative은 116개 교회, 자원봉사자 186명의 조직으로 성장했다. 이 단체는 700명 넘는 사람들에게 직장을 찾아주었다. 직업훈련, 후속 조치, 이력서 작성, 상담 등은 모두 자원봉사자들이 도맡고 있다.[15]

펜실베이니아 주 세위클리의 성스데반성공회교회St. Stephen's Episcopal는 HOPEHelp Offer People Employment 사역을 시작했다. 이 사역은 해고 근로자에게 임시직을 찾아주고, 구직 중에 7주간의 직업훈련을 제공하며, 의식주, 자녀 돌봄, 돈 등을 단기로 제공해주는 것이다. 구직 과정의 일환으로 복음을 전하는데, 15-20명 가량이 신앙을 갖게 되었다.[16]

풋힐스 잡스Foothills Jobs는 1984년에 월드비전의 보조로 시작된 기독교 사역이다. 설립 이후 2년 반 동안 500명 넘는 사람들의 취업을 도왔다. 집중 직업 준비 훈련 프로그램에는, 상담자들이 구직 지원자들의 동기와 역량을 평가할 수 있는 시간이 있다. 구직자들은 3주 동안 신뢰성과 정확성, 자신감을 개발하는 과제를 받는다. 구직 희망자들이 이 기관의 지역 사업체 협의회를 통과하면 일자리를 얻는다. 일정 기간이 지나면 상담자들이 취직한 근로자와 고용주를 방문하여 근로자의 적응도를 검토한다.[17]

많은 지역사회에서 구직보다 더 중요한 것은 일자리 창출이다. 시카고 웨스트가필드파크 지역에 있는 베델뉴라이프Bethel New Life 교회는 다섯 가지 일자리 마련 프로그램을 운영 중이다. 스티치언리미티드Stiches Unlimited는 재봉사 25명을 고용하였고, "쓰레기가 돈이 되는" 재활용 프로그램, 가정방문 서비스, 즉석 요리 훈련, 부동산 관리 등을 제공한다. 모든 프로그램은 자활 프로그램으로, 해마다 2,000명에게 제공된다.[18]

영국 그리스도인들은 실직자를 위한 구직 관련 자료를 훨씬 더 많이 갖고 있는데, 영국이 미국보다 실직 문제가 더 심각하기 때문이다. 피터 엘솜과 데이비드 포터가 공저한 책에는 새로운 사업체에 '벤처 캐피탈'을 빌려주고, 협동조합을 설립하고, '직업소개소'를 마련하는 등의 교회가 활용할 수 있는 여러 전략이 수록돼 있다. 직업소개소는 새 일자리를 창출한다. 2주에 한 번씩, 최소 2시간의 노동력에 돈을 지불할 수 있는 최대 40명의 교인 명단을 작성하여 새로운 일자리를 만드는 것이다. 단순 노동직에서 기술직까지 일의 종류는 다양하다.[19]

원 5: 지역사회의 변혁　　지역사회 변혁은 사람들에게 힘을 실어준다. 단순히 경제력만 가져다주지 않고, 지역사회의 자기 결정권을 강화하는 소유권을 가져다준다.

다소 감상적이지만 통찰력 있는 영화 〈멋진 인생It's a Wonderful Life〉(1945년)은 지역사회의 변혁이 어떻게 가능한지 생생한 예를 통해 보여준다. 인정 많지만 조금은 낙심해 있는, 한 작은 마을의 대부업자 베일리가 어느 날 환상을 본다. 그는 마을의 '힘없는 사람들little people'이 제대로 된 집을 사고 사업을 시작하도록 도왔었는데, 그런 그가 없었다면 마을이 어떻게 되었을지 보여주는 환상이었다. 그 환상에는 가난한 마을, 힘없는 사람들, 깨진 가정들, 도덕적 타락 등이 등장한다.

존 퍼킨스는 이렇게 썼다.

우리 가운데 억압 받는 사람들은, 자신들을 가난하게 만든 그 억압적인 세력이 무엇보다도 그들을 옭아매려 한다는 것을 너무 잘 안다. 전기기술자인 한 흑인 청년은 신용 등급을 쌓을 기회가 없었다. 따라서 그가 창업에 필요한 연장과 도구를 구입하기 위해 자본을 모으는 것은 불가능에 가깝다. "자본이 있어야 자본을 손에 넣을 수 있기" 때문에, 체제는 오히려 빈부 격차를 고착하고 확대할 뿐이다.[20]

소기업

웨슬리와 횟필드가 이끈 대각성 운동 이래로, 교회는 소기업을 지원하여 사회 개혁을 도왔다. 소기업들은 새로운 일자리를 창출할 뿐 아니라, 어려운 이웃을 돕는 가정과 사업체를 세운다. 또 지역 공동체에 자본과 기술을 유치한다. 소기업은 지역 조사를 통해 발견한 해당 지역의 필요를 직접적으로 채워주는 핵심 방안이다. 주택이 심각하게 망가진 상태라면, 주택 개조와 수리 사업을 시작한다. 싱글맘들이 의류와 음식 구입, 자녀 양육 때문에 경제적 부담이 크다면, 이를 지원해줄 수 있는 사업을 시작한다.

가장 효과가 좋은 지역사회 변혁 프로젝트로는, 상호 저축 대부 조합이나 투자 공사가 있다. 이 분야의 훌륭한 모델로 자주 꼽히는 드웰링하우스 저축대부업체Dwelling House Savings and Loan는 저소득층 가정에 돈을 빌려주어 가난한 동네에 투자하는 회사다.[21]

이런 사업들은 개인과 지역사회의 변혁을 불러온다. 예를 들어, 시카고의 베델뉴라이프 교회가 운영하는 쓰레기와 알루미늄 재활용 센터는 매년 15만 달러를 벌어들인다. 이들은 이 돈을 프로젝트에 동참한 그 지역 210가구에 돌려준다.[22]

하지만 소기업 운영은 생각보다 복잡하다! 사업을 시작하기 전부터 조직과 관련된 진지한 질문들을 던져야 한다. 이 기업을 공동으로 소유할 것인가? 교회에서 비영리 사역으로 운영할 것인가? 기관/자회사가 소유한 독립 영리 사업체로 운영할 것인가? 소유권은 회원제, 주식회사, 계약 중에서 어떤 형식으로 할 것인가? 이런 질문들을 상세하게 검토해야 한다.[23]

협동조합

많은 사역 중에서, 지역사회 변혁의 주요 전략으로 경제 협동조합을 꼽았다. 협동조합은 기업과 여러 면에서 다르다. (1) 기업은 대중을 대상으로 이익을 도모한다. 협동조합은 조합원을 대상으로 원가만 건진다. (2) 돈이 좌지우지하는 기업에서는 한 주당 한 표를 행사한다. 사람이 좌지우지하는 협동조합에서는 조합원 한 사람이 한 표를 행사한다. (3) 기업에서는 보유 주식에 비례하여 주주들에게 이윤을 지급한다. 협동조합에서는 후원금에 비례하여 조합원들에게 잉여 수입을 배분한다.

가난한 동네에 협동조합을 설립하는 것은 세 가지 이유에서 큰 도움이 될 수 있다. 첫째, 협동조합은 대부분의 기업보다 훨씬 더 합리적인 가격으로 재화와 용역을 제공할 수 있다. 둘째, 기업 소유주들은 가난한 사람들과 가까이 살지 않기 때문에 기업의 수익은 소비자들의 지역사회를 떠난다. 하지만 협동조합의 돈은 지역 공동체에 남아 개인의 수입과 저축, 자본이 되어 더 많은 일자리 등을 만들어낸다. 셋째, 가난한 사람들이 소유한 협동조합은 전문 기술을 개발할 수 있는 동기가 된다. 협동조합은 가난한 지역사회로부터 사람들이 이탈하는 것을 줄여주고, 따라서 전반적인 사회·경제 환경을 향상시킬 수 있다.

교회는 무슨 일을 할 수 있을까? 교회는 자본과 기술, 훈련을 제공하고 협조적인 분위기를 조성하여 협동조합 출범을 도와야 한다.[24] 존 퍼킨스는 자신의 책에서 한 장을 할애하여 마케팅, 구매(식료품점, 휴게소 등), 서비스(전기, 보험, 주택, 건강관리, 신용, 어린이집 등) 분야의 다양한 협동조합을 시작하는 방법에 대해 간략하지만 구체적으로 설명해준다.[25] 그는 미시시피 주 멘덴홀과 잭슨에서 자신의 사역을 통해 많은 협동조합이 탄생하는 과정을 지켜보았다. 지금은 '갈보리의 목소리 사역 Voice of Calvary Ministries'을 통해 이들 협동조합이 지속적으로 활동하고 있다.

지역사회 변혁을 좌우하는 단어는 창의성이다. 시카고 베델뉴라이프 교회는 자립 주택 프로그램을 개발하여 저소득층 마을에 사는 사람들과 사회 체제에 영향을 미치고 있다. 교회 주변 1제곱마일 면적에 협동조합을 세워 주택을 짓고 개조한 것이다. 이 프로젝트는 은행과 '노동 제공형 가옥 소유 제도'(sweat equity, 참가자가 돈 대신 노동 시간을 기부하는 것)를 설립하고 자금을 조달하여 시작되었다. 지원자들은 계약금 550달러를 내고, 자기 집과 다른 사람들 집을 짓는 데 750시간의 노동력을 제공하기로 계약했다. 이 사역을 통해 9년간 350가구가 넘는 저소득층 주택이 지어졌다.[26] 클라이드 존슨은 이 협동조합의 최초 참가자 중 한 사람이었다.

2년 전, 다 쓰러져가는 시카고의 한 아파트에서 아내와 다섯 자녀와 함께 살던 56세 배관공은 겨우 입에 풀칠이나 하는 형편이었다. 집에 난방을 하기 위해 버려진 건물의 석탄 통을 뒤지고 다녀야 할 정도였다. 집을 사는 것은 꿈도 못 꿀 일이었다. 그는 이렇게 회상한다. "지옥 같은 생활이었습니다. 일거리가 부족해서 내가 하고 싶은 것도 못하고, 아이들에게 사주고 싶은 것도 못 사주고 있었으니까요." 하지만 그에게는 기술이 있었다. 그 기술 덕분에 베델뉴라이프 교회에서 후원하는 자립 주택 프로젝트에 지원할 수 있었다. … 1년간 열심히 일한 뒤에 그의 가족은 새 집으로 이사했다. 그는 자랑스럽게 말한다. "시카고 최고의 난방 시설을 갖췄어요. 내 배관 기술을 쏟아부었죠. 내가 살 집을 지을 수 있다니, 평생 이런 기분을 느껴보기는 처음입니다. 한편으로는 안타까운 마음도 듭니다. 모든 사람에게 이런 기회가 있어야 하는데 말이죠."[27]

개혁

원 6: 정의를 위한 정보 전달   교회나 그리스도인이 사회 제도에 영향을 미칠 수 있는 핵심 방법 중에는, 정책 입안자들에게 사람들의 중요한 필요와 사회적 조건을 알리는 것도 포함된다. 의사 결정자들에게 정보를 제공하는 것이야말로 더 좋은 학교, 경찰의 보호, 위생 서비스를 얻는 방법이다. 이것은 하나님이 교회에 주신 예언자적 사역이나 마찬가지다. 신학자 존 머리는 이렇게 썼다.

> 교회는 하나님의 가르침을 어떻게 선포할 것인가? 두 가지 수단이 있는데 … 설교와 논평이다. 교회는 세상 속에 사는데 … 교회가 그 사명에 충실하려면 대중의 질문들에 대답을 들려주어야 한다.[28]

교회가 정책을 입안하는 사회 지도자들을 사귀고 그들에게 정보를 전달할 방도를 찾아야 한다는 뜻이다. 이것이 바로 예수 그리스도의 교회가 감당해야 할 사회 개혁의 의무이다.

정의를 위한 이 '예언자적' 사역의 형태는 의외로 간단하다. 지역사회가 경찰의 보호를 비롯한 기타 서비스를 잘 받도록 도우려면, 편지 쓰기 캠페인이나 정책 입안자들과의 면담 등이 필요하다. 하지만 이런 서비스에는 훨씬 더 큰 차원이 있을 수도 있다.

1970년대에 타이완 장로교회는, 타이완을 중국의 종속국이라고 주장하는 중국인들의 생각에 반대하는 목소리를 내기 시작했다. 본토 출신 만다린 난민들이 운영하는 북경 정부와 중국 국민당 정부도 중국인들의 생각에 동의했다. 그러나 17세기 이래로 그곳에 터를 잡고 인구의 다수를 차지하게 된 민남인들은, 미국인들이 스스로를 영국인으로 생각하지 않듯이 스스로를 중국인으로 생각하지 않았다.

장로교회는 (타이완어 성경 몰수를 포함하여) 정부의 만다린어 강요 정책에 반대했다. 이들은 타이완 국민을 대표하는 새로운 정부를 수립하여 타이완 국민의 운명을 스스로 결정할 수 있게 해달라고 요구했다. 교회는 미국 대통령에게 공개서한을 보냈다. 정부의 반응은 가혹했다. 이런 사회적 문제가 교회 성장에는 어떤 영향을 미쳤을까? 어느 타이완 목사는 이렇게 말했다.

> 타이완 장로교회는 더 이상 낯선 기관이 아니라, 타이완 국민의 교회이다. 새로운 사람들이 많은 관심을 보인다. … 전에는 몰랐던 사람들이 나를 찾아와서 연대감을 표현할 뿐 아니라 "당신의 하나님이 이제 우리 하나님이 될 수 있다"고 말해준다.[29]

이 같은 역동적인 움직임은, 신약성경에서 이웃의 병이 낫는 기적과 예수님을 하나님의 거룩하신 분으로 고백하는 모습들을 사람들이 목격했을 때도 나타났다.

원 7: 정의를 위한 개입　　사회 개혁의 마지막 형태는 법적 개입 혹은 정치적 개입인데, 법률 발안과 제정, 보이콧 후원, 사회 구조와 상황에 영향을 주기 위해 압력을 가하는 것을 가리킨다.

그리스도인들은 정치적 개입에 있어서 교회의 역할을 두고 의견이 분분했다. 흑인 복음주의 교회들은 오랫동안 정치에 관여한 반면, 백인 복음주의 교회들은 대체적으로 정치 개입을 거부하는 편이었다. 이와 관련된 주요 원리 두 가지를 살펴보자.

첫째, 교회의 변혁 사역과 구제 사역은 확실히 사회 구조를 바꾼다. 구제와 개혁을 명확히 구분하는 것은 불가능하다. 둘은 밀접한 관련이 있다. 어느 사역이 지역사회에서 가난한 사람들의 삶을 격상시킨다면, 그 사역은 사회 질서를 철저히 바꿔놓을 것이다. 따라서 교회가 사회 구조의 변화를 꾀해서는 안 된다고 말하는 것은 잘못이다.

둘째, 교회는 그리스도를 좇고자 하는 구도자들에게 불필요한 걸림돌이 되어서는 안 된다. 교회를 찾아온 사람에게는 예수 그리스도를 섬길 것만 요구해야 한다. 그 사람이 교회의 교제권에 들어오기 위해 자유주의 민주당원이나 보수주의 공화당원이 될 필요도 없고, 그것이 교인의 기준이라고 느끼게 만들어서도 안 된다. 특정 정당이나 후보자의 정치 견해에 지나치게 빠져 있는 교회는 주되신 그리스도가 아니라 이데올로기의 노예처럼 비쳐질 수 있다. 그리스도의 교회가 특정 후보자나 정당을 공개적으로 지지하는 것은, 그 정치적 대의에 그리스도의 이름을 끌어들이는 것으로 비쳐질 수밖에 없기 때문에 매우 위험하다.

이런 이유로, 아주 분명하고 거시적이고 기본적인 공공 문제(많은 교회들이 낙태를 그런 문제로 여긴다)를 제외하고는, 사회 구조 변화를 위한 정치적 개입은 정치권력을 활용할 수 있는 자원봉사 기관이나 파라처치 단체에서 실행하는 것이 최선이다.

크게 생각하기

교회는 크게 생각해야 한다. "만일 [이 크신] 하나님이 우리를 위하시면 누가 우리를 대적하리요?"

캘리포니아 사례

크레이그 엘리슨이 모든 봉사를 완비한 교회 모델로 제시하는 교회는 캘리포니아 주 오클랜드에 있는 앨런템플 침례교회Allen Temple Baptist Church다. 앨런템플 교회는 지역 초등학교와 협력하여 청소년을 위한 학습 지도 프로그램과 장학금 제도, 성인 교육, 자유 시간 프로그램을 후원한다. 건강관리 차원에서는 치과 진료, 혈액은행, 암 검사 등 다양한 의료 클리닉도 제공한다. 교회는 노인을 위한 가구 75호를 짓고, 동네 주택 수리와 보수를 도왔다. 취업 박람회 위원회Job Fair Committee에서는 직업 알선을 돕는다. 교회에서 시작된 신용협동조합은 교인들에게 돈을 빌려주고 지역사회에 투자한다. 교회 사역에는 상담과 지역사회 여가 프로그램도 포함되어 있다. 이 교회는 전면적이고 적극적인 복음주의 사역들이 서로 긴밀하게 연계돼 있다.[30]

뉴욕 사례

1980년대 초, 뉴욕 브룩클린 지역 교회들이 연합한 이스트브룩클린 교회연합East Brooklyn Churches(이하 EBC)은 지역사회 변혁의 가장 놀라운 예라고 할 만하다.

브룩클린 브라운스빌 구역의 버려진 건물과 잡석이 널린 부지는 들

개들과 갱단의 독무대였다. 1975년까지 그곳에는 공공 주택 외에는 아무것도 없었다. 보스턴의 케빈 화이트 시장은 그곳을 "우리 사회 종말의 출발점"으로 여겼다. 뉴욕 시의 공공 주택 감독관은 그 사업을 접고 공공 주택 거주자들을 살 만한 다른 지역으로 이동시킨다는 계획을 발표했다.

하지만 EBC는 이 계획을 추진한 도시 전문가들을 반박할 단체를 설립했다. 수많은 회의를 거쳐 지역의 권력 구조를 연구하고 그것을 활용하기 시작했다. 처음에는 새로운 도로 표지판 세우기, 지역 '담배 가게' 단속, 보이콧을 통한 지역 식료품 가게 정화 등 작은 목표를 세웠다. EBC에는 새로운 유권자가 10,000명 등록했는데, 그중 70퍼센트가 아프리카계 미국인과 웨스트인디언 흑인이었다. 1984년 대선 때 유권자 숫자는 2배로 뛰었다. EBC는 지역사회 봉사에 대해 논의하기 위해 정당 대표들에게 면담을 요청함으로써, 지역 권력가들을 놀라게 했다.

결국 EBC는, 예루살렘 성벽을 재건한 선지자의 이름을 딴 '느헤미야' 주택 프로젝트에 착수했다. EBC는 교단과 재단에서 9백만 달러를 조성했고, 시는 열다섯 구역을 제공했다. 그곳에 1인 가구가 살 수 있는 주택 1,000호를 건설했다. 주는 낮은 이율로 돈을 빌려주었다. 이 주택 구매자의 절반은 간호사, 법무 보조직, 보조 교사, 교통 노무자 등 얼마 안 되는 비상금과 꿈을 지닌 공공 주택 거주자 출신이었다.[31]

결론

교회는 교인들뿐 아니라 세상을 위해서도 존재한다. 교회는 궁극적으로 하나님을 위해 존재하기 때문이다. 우리가 하나님을 향할 때, 우리 편 사람들과 교인들의 필요를 최우선으로 여기지 않을 수 있다. 또한 위를 향할수록 안보다는 밖을 보게 된다.[32] 교회는 하나님나라 공동체인 동시에 하나님나라를 전하는 대리인이다.

지금까지 자비 사역의 여러 차원과, 교회가 지역사회를 바꿀 수 있는 필요 개입의 원들을 살펴보았다. 교회는 세상의 빛이요(마 5:14; 빌 2:15), 새 인류요(엡 4:24), 오는 세상의 밑그림이다. 교회는 왕께 복종하라고 세상에 도전한다. 기회와 가능성은 무궁무진하다! 교회는 이 무한한 가능성에 움츠러들어서는 안 된다. 그런 필요 앞에서 부족하다고 느끼지 말고, 미래를 위한 비전, 곧 교회가 전체 사회에 미칠 수 있는 영향에 대한 비전을 세워야 한다.

사역
관리

개요 자비 사역을 유지하고 세우기 위해서는 계획하고 관리하는 법을 배워야 한다.

예상되는 문제들

11장 앞부분에서, 좋은 의도가 많은데도 불구하고 교회에서 자비 사역을 주춤하게 되는 몇몇 문제점들을 언급한 바 있다. 그리고 그중에서 한 가지, 즉 복음의 사회적 차원보다 개인의 관심사를 우위에 두는 경향을 다루었다. 이제는 나머지 세 가지 문제점들을 다룰 차례다.

첫째, 많은 교회들이 자비 사역에 주춤하는 이유는 교인들을 넘어서서 지역사회와 관계 맺는 법을 배우지 못했기 때문이다. 교회들은 자기 교인들 중 소수의 필요를 채워주고 나서, 더 이상 자기들이 가진 자원을 받아줄 '수혜자'가 없다는 사실을 발견한다. 그래서 자기들 주변에는 도움이 필요한 사람이 많지 않다고 믿기 시작한다. 하지만 교회가 상처 받은 사람들과 차단되어 있을 뿐이다.

많은 교회에서 자비 사역이 주춤하는 두 번째 이유는, 교회를 찾아온 소수의 필요에만 지나치게 집중하느라 모든 사람의 에너지를 다 써버리기 때문이다. 이러한 현상은 개별 사회사업의 기술이 부족하기 때문에 발생한다. (이 주제는 13장에서 다룬다.) 하지만 다른 한편으로는 적극적으로 행동하기보다 주어진 상황에 반응하기만 하는 교회의 자연스러운 성향 때문이기도 하다. 즉 교회는 '비전을 세우지' 못한다. 교인들은 그 지역에서 할 수 있는 일에 대한 비전을 세우기 위해 끊임없이 지역사회를 연구하고 목표를 재정립해야 한다.

셋째, 자비 사역의 '친구들'(전문 사역자이든 평신도이든)은 자원봉사자 모집과 감독, 다른 교회와의 협력 등과 같은, 작전 기지를 확장하는 방법을 모를 때가 많다. 비전이 크면 돕는 손길도 많아야 한다! 다른 사람들을 격려하여 사역에 동참하게 하는 법을 알지 못하면, 야심찬 계획도 아무 소용이 없다. 마음을 같이하는 교회들과의 연대도 매우 중요하다. 따뜻한 마음을 품은 헌신된 그리스도인들이 모여 작은 핵심 그룹이 형성되어도, 그 그룹이 확장되지 못해서 구성원들만 과로에 시달리는 경우가 많다.

그래서 자비 사역이라는 묘목을 심는 것으로는 부족하다. 교회에서 꾸준히 '물을 주지' 않으면 나무는 자라지 않고 열매도 맺히지 않을 것이다. 이 장에서는 이 세 가지 문제점을 각각 살펴보고, 자비 사역이 잘 자랄 수 있도록 '물 주는' 방법을 논의해보려 한다.

관계 맺기

교회의 자비 사역이 주춤하는 첫 번째 주요한 이유는, 도움이 필요한 사람들에게 다가가서 그들과 접촉하는 법을 모르기 때문이다. 도움이 필요한 사람들을 실제로 만나지 않는다면, 지역사회에 영향을 미치는 원대한 꿈을 꾼다고 해도 무슨 소용이 있겠는가?

많은 교회들이, 노숙자와 어려운 이웃을 위해 음식이나 옷을 모았지만 전혀 쓸모가 없었던 경험을 해봤을 것이다. 왜 그랬을까? 대부분의 중산층 사람들은 어려운 사람들과 접촉할 일이 없다시피 하다. 지역의 토박이들조차 가까운 곳에 어려운 사람들이 있어도 어디에 있는지 잘 모르는 형편이다. 예를 들어, 대부분의 사람들은 가난한 사람들이 도심 빈민가에 살고 있다고 믿는다. 하지만 가난한 사람들의 36퍼센트만이 도시에 살고 있고, 39퍼센트는 시골에, 26퍼센트는 교외 지역에 산다. 중산층 거주 지역으로 알려진 교외 지역에서 빈곤이 무서운 속도로 퍼지고 있다. 교회는 이 사람들에게 어떻게 다가갈 것인가? 몇 가지 방법을 제안해보려 한다.

1. 지역사회 참여

교회는 전문가든 자원봉사자든 사회봉사 단체에 참여하거나 기관을 도울 수 있는 교인들을 파악해야 한다. 간호사, 의사, 사회복지사, 보육교사, 요양원 근무자 등은 도움이 필요한 사람들의 형편을 잘 알고 있을 가능성이 높다. 교회에 그런 사람들이 없다면, 교인들에게 다양한 민간단체의 자원봉사자로 일할 것을 권유할 수 있다. 그러면 이들을 통해 당신이 사는 지역에는 어떤 도움이 필요한지 확인할 수 있다. 이 교인들이 또한 도움이 필요한 사람들을 연결해줄 수 있다.

2. 스텝

스텝STEP은 개념이기도 하고, 이를 바탕으로 한 기관 이름이기도 하다. 그 개념은 이렇다. 자원이 많은 중산층 교회가 필요가 많은 그 지역의 다른 교회와 연계한다. 후자의 교회에는 신체적·경제적·개인적 필요를 지닌 교인들이 많고, 전자의 교회에는 그런 필요를 채워줄 수 있는 기금과 기술, 재능이 풍부하다. 각 교회는 위원회를 세우고, 두 위원회는 한 기구 아래 만나 필요와 자원과 재능을 연결해주는 일을 담당한다.

이런 접근법에는 이점이 많다. 도움을 받는 가난한 사람들은 이미 교회에 소속되어 다른 그리스도인들과 교제하는 그리스도인들이다. 그러므로 재능과 서비스를 주는 사람들과 받는 사람들 사이에 책임 의식이 훨씬 크다. 또 다른 이점은, 중산층 교회가 한 동네에 사는 그리스도인 형제자매들을 통해 도움이 필요한 이웃들과 관계를 맺을 수 있다는 점이다. 두 교회가 함께 지역사회의 믿지 않는 사람들에게 다가갈 수 있는 전략을 세울 수도 있다. 전자의 교회에는 도와줄 수 있는 자원과 동기가 있고, 후자의 교회에는 연락망과 정보가 있지 않은가. 이런 개념을 알리고 교회가 이런 관계를 맺도록 돕는 기관이 있다.

3. SOS 계획

11장에서 봉사 은행 설립법을 간단히 소개한 바 있다. 봉사 은행에는 두 가지 기본 요소가 필요하다. 자원봉사자들의 기술 목록과 교회 내의 필요를 알려주는 정보 시스템이다. SOS(서비스 전략Strategy of Service) 계획의 기본 구조도 이와 같지만, 교회 밖 지역사회 전체를 기반으로 한다는 점이 다르다. SOS라는 명칭은 이 프로그램의 자세한 구성 방법을 알려주는 윌리엄스의 책에서 따온 것이다.[1]

이 프로그램은 다음 단계를 따른다.

a. 사역의 지리적 경계를 정한다.

b. 그 경계 내에서 추천 네크워크를 만든다. (1) 당신의 지리적 경계 내에 있는 아무 지원 단체나 사회복지사 등에 연락을 취한다. (2) 경찰, 우체부, 약사, 미용사 등 개인 서비스 제공자와 접촉한다. (3) 거주자들(특히 노인 같은 표적 집단)에게 편지를 보내거나 직접 해당 지역을 찾아가 이 사역을 알린다.

c. 자원봉사 제도를 만든다. 이를 위해서는 (1) 지속적인 자원봉사자 모집, (2) 필요와 자원봉사자를 연결해주고 기록으로 남기는 책임자, (3) 자원봉사자 지원 시스템이 충족돼야 한다. 자원봉사자들의 방문은 (필요를 파악하고, 지원하고, 기도하고, 복음을 전하고, 어떻게 도울지 계획하는) '평가 방문' 혹은 (집에 갇혀 있는 사람들, 외로운 사람들, 환자와 노인들에게 사랑과 관심을 보여주는) '친교 방문'일 수 있다. 자원봉사자들이 하는 일에는 교통편 제공, 가벼운 집안일, 24시간 가족을 시중드는 보호자에게 휴식

제공, 학습 지도, 음식이나 월세·공공요금 등의 긴급 지원 등이 포함된다.

4. 공적 가시성과 목록

규모와 위치 덕분에 도움이 필요한 사람들 눈에 잘 띄는 교회들에는 매주(심지어는 매일) 사람들이 찾아와 돈이나 음식 등을 요구한다. 그런가 하면, 홍보나 소문을 통해 자신들이 신체적·경제적 도움을 주는 데 관심이 있다고 지역사회에 알리는 교회들도 있다. 어떤 교회에서는 신문이나 전화번호부에 광고를 내서 사람들이 찾아와 도움을 청하도록 유도하기도 한다.

이렇게 도움이 필요한 분야와의 '중개'는 가장 관리하기 힘든 부분이다. 추천 네크워크에서처럼 사람들을 가려 받지 않기 때문에 서비스를 받는 쪽의 책임성을 관리하기 어렵다. 이런 중개에서는 다른 어떤 프로그램이나 접근법보다도 불성실하고 부정직한 수혜자의 비중이 높다. 빈곤 통계 조사는, 대부분의 가난한 사람들이 일하거나 일을 찾고 있거나 일할 수 없는 형편임을 보여주지만, 그렇지 않은 나머지 소수 중의 대부분이 교회를 찾는 것처럼 보인다.[2] 많은 그리스도인들이 이런 식으로 도움을 구하는 사람들의 사연에 환멸을 느끼거나 화가 치밀어 오른 적이 있을 것이다. 이를 예방하는 방법을 몇 가지 소개한다.

a. **최소한의 가려 받기는 필요하다.** 지원 요청을 모두 기록으로 남겨서 그 사람이 이전에도 도움을 받은 적이 있는지 알아보아야 한다.

그 사람이 동네 교회란 교회는 모두 돌아다니면서 도움을 요청하고 있지는 않은지 확인할 필요가 있다.

b. **도움이 필요한 사람을 직접 만난다.** 필요한 것만 그냥 전달하지 말고 상대방과 만나 대화하라. 교회가 제공하는 서비스에 담긴 복음의 동기와 상대에 대한 관심을 표현하는 것이 좋다.

c. **그럼에도, 어느 한 사람의 활동만 두드러지지 않도록 교회 전체 공동체를 통한 지원에 힘쓴다.** 결정권자요 집행자로 비쳐지는 그 한 사람(간사, 목사 등)은 괴롭힘과 조작, 부패의 책임에 노출된다.

d. **현금보다는 '현물'을 지원한다.** 음식과 옷을 살 수 있는 돈 대신에 음식이나 옷을 직접 건네라. 공공요금이 밀려 있다면, 사업자에게 직접 요금을 지불한다. 그래야 수혜자가 다른 유혹에 노출되는 것을 예방할 수 있다.

e. **처음 도와줄 때는 '다른 조건을 달지' 말아야 한다.** 당신의 도움이 (예상된 필요가 아니라) 진짜 필요를 채워주기 바란다 하더라도 말이다. 수혜자가 두세 차례 도움을 재요청할 때는, 교인 두 사람과 만나 재정 상태를 점검받고 전반적으로 평가받을 것을 요구하는 정책이 필요하다(13장을 보라). 어떤 교회에서는 노동 프로그램을 만들어서, 두 번 이상 요청하는 사람들은 교회 안팎의 수리나 잡일을 통해 돈을 벌도록 유도한다.

f. **의사소통을 확실히 한다.** 나중에 수혜자를 만나 복음을 전한다. 효과적인 시스템을 만들되, 복음을 받아들이는 조건으로 지원한다는 인상을 주지 않아야 한다. 그렇게 하면 소위 '쌀밥 그리스도인'만 양성하게 된다.

계획과 목표 설정

자비 사역은 굉장히 인격적인 일이어서, 자비 사역자들은 두어 사람의 사적인 문제에 깊이 관여하기 쉽다. 이는 교회의 전반적인 사역에 매우 치명적일 수 있다. 우리는 우리 공동체와 기존 자비 사역을 끊임없이 재평가하여 성장 목표를 세워야 한다.

교회는 어떻게 비전, 곧 지역사회에 이상적인 교회의 모습을 세울 수 있을까? 여기서는 'Y형 비전 세우기 모델'을 제안하려 한다(도표 5). 이 모델은 이제 막 자비 사역을 시작한 교회에는 썩 좋은 방법이 아닐 수도 있다. 몇몇 자비 사역 프로그램을 이미 심었고, 이제는 정원에 '물을 주고' 그 비전을 확장하려는 교회에서 최소한 3년에 한 번씩 실행하면 좋을 것이다.

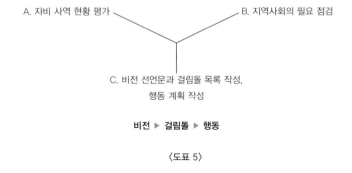

A. 자비 사역 현황 평가　　　　　　　　B. 지역사회의 필요 점검

C. 비전 선언문과 걸림돌 목록 작성,
행동 계획 작성

비전 ▶ 걸림돌 ▶ 행동

〈도표 5〉

사역 현황을 평가한다

필요 개입의 일곱 가지 원을 활용하여 당신 교회에서 현재 진행하고 있는 자비 사역의 차원이 몇 가지나 되는지 파악한다. 다음으로는

지금 진행 중인 사역들을 살펴보고 평가한다. (1) 이 사역을 통해 어느 표적 집단을 섬기고 있는가? (2) 어떤 필요를 다루고 있는가? (3) 얼마나 많은 사람을 섬기고 있는가? (4) 직접 지원(재정을 비롯한 구체적인 자원)은 얼마나 되는가? (5) 자원봉사자들의 봉사 시간은 얼마나 되는가? (6) 이 사역은 목표 달성에 얼마나 효과적인가?

지역사회의 필요를 점검한다

이런 설문 조사의 구체적인 내용은 앞장에서 이미 다루었다. 기간을 정해두고 조사를 반복해서 실시해야 한다. 지역사회의 필요가 끊임없이 변하고, 당신의 인식도 계속 성숙하고 있기 때문이다. 이번에는 일곱 원의 관점에서 필요를 찾아보라. 개혁을 통해, 변호를 통해, 지역사회 변혁을 통해, 가장 잘 채울 수 있는 필요가 보이는가?

비전 선언문을 작성한다

현재 사역과 지역사회의 필요를 평가한 내용을 취합하라. 두 보고서는 포괄적이고 사실에 근거해야 한다. 당신의 계획 그룹에서는 이미 두 보고서를 철저하게 분석했다. 이제는 만나서 브레인스토밍을 하고 전략을 세운다. 다음 세 단계로 진행하면 좋다.

1단계: 비전 선언문 당신이 가장 중요하게 생각하는 미래의 상황을 목록으로 작성한다. 다음과 같은 질문을 던진다. (a) 아직 개발되지 않은 당신의 잠재력은 무엇인가? (b) 어떤 상황을 개선할 필요가 있는가? (c) 그런 개선은 어떻게 가능할까?(누가, 무엇을, 언제, 어떻게)

목록에 있는 내용 중에 가장 중요한 것을 결정한다. 덜 중요한 것부터 삭제한다. (a) 당신이 바라는 미래의 그림 중에 가장 중요한 부분은 어떤 것인가? (b) 각 변화를 통해 누가, 어떻게 유익을 얻을 것인가? (c) 이런 변화가 없다면 어떤 일이 벌어질까? (d) 이 변화는 어느 정도나 가능성이 있는가? (e) 당신은 왜 이 미래 상황이 가능하다고 생각하는가?(성경, 다른 교인들의 경험, 다른 삶의 영역 등)

이제 최종 목록을 작성한다. "우리는…을 달성하기 원한다." 이것이 당신의 비전 선언문이다.

2단계: 걸림돌과 기회 목록   어떤 상황에서든 변화를 일으키는 원동력과 그에 저항하는 장애 요소가 있기 마련이다. 변화는 균형점을 옮기게 하고, 강하게 추진할 수 있는 기회를 활용하게 하고, 걸림돌을 제거한다.

'걸림돌'을 분별하라. 각 목표를 살펴보면서 다음 문장을 완성한다. "이 미래 상황은 주로 … 때문에 이루어지기 힘들 것이다." (a) 현 상황은 당신이 꿈꾸는 상황과 어떻게 다른가? (b) 인적 자원, 기술, 공간, 자금, 시간 등 어떤 자원이 부족한가? (c) 핵심 인물들이나 집단의 지원이 부족하지는 않은가? 사람들의 관심이나 가치와 기대가 부족한가? (d) 할당된 책임, 확실한 동의, 규율과 전통, 의사결정 과정 등 구조적 요인이 빠져 있지는 않은가? (e) 비전의 구체화, 의사소통의 빈도 등 소통 요인이 부족하지는 않은가?

기회를 분별하라. 각 목표를 살펴보면서 다음 문장을 완성한다. "이 상황에서 긍정적인 변화를 가져올 원동력은 … 이다." "긍정적인 변화의 기회는… 이다." (a) 어떤 세력이나 힘이 당신이 바라는 영역에서 변화를 요구할 수 있겠는가? (b) 이 상황에서 누구와 연대할 수 있을까?

당신의 행동으로 제거할 수 있을 만한 걸림돌이 무엇인지 정하고, 어떤 기회가 가장 큰지 결정한다. 그런 다음에 각 목표에 따라 걸림돌과 기회를 적은 최종 목록을 작성한다.

3단계: 행동 계획(목적이나 행동 단계를 적은 목록)   각각의 걸림돌과 기회 목록을 보고 다음 질문에 답해본다. "이 걸림돌을 제거하거나 기회를 활용하여 목표를 달성하려면 나는 어떤 행동(들)을 취해야 할까?" 각각의 답이 해결책 혹은 목적이 된다. 해결책을 찾으려면 다음과 같은 질문을 던진다. (a) 당신이 현실적으로 바꾸기 힘든 원동력이나 걸림돌은 어떤 것인가? (b) 어떤 구체적인 행동이 이 걸림돌을 제거하거나 줄여줄 수 있을까? (c) 어떤 구체적인 행동이 변화를 위한 원동력을 키워줄 수 있을까?

각 목표에 따른 목적을 목록으로 작성한다. 목적이 너무 많은 경우에는, 덜 중요한 것부터 하나씩 삭제한다.

이제 이 최종 목록에 항목별로 시간표와 책임자를 적어 넣는다.

자원봉사자 관리

다른 사역과 마찬가지로 자비 사역에서도 사역의 짐을 나누어 지는 것이 가장 중요하다. 여기서는 봉사자들에게 동기를 부여하고 그들을 감독하는 원리들을 논의하려 한다. 자비 사역을 이야기하는 책에서 왜 이런 내용이 필요한가? 자비 사역을 하는 사람들이 이 부분을 잘 못해서 낙심하고 그만두는 경우가 많기 때문이다. "정말로 신경 쓰거나 헌신된 사람은 아무도 없어"라며 환멸을 느끼지만, 문제의 많은 부분은 사람을 다루는 능력 부족에서 비롯된다. 봉사자들을 어떻게 관리해야 하는지 잘 아는 평신도는 드물다. 직장에서 관리직에 있는 사람들 중에서도 직원 감독과 자원봉사자 감독이 어떻게 다른지 모르는 이들이 많다. 몇 가지 기본 원리를 아래에 소개한다.[3]

1. 모집

대부분의 교회에서 "10퍼센트의 사람이 90퍼센트의 일을 한다"는 속담이 회자되는 이유는, 영성과 헌신 부족인 경우가 많다. 하지만 형편없는 모집이 원인일 수도 있다. 자원봉사자들의 수준은 모집 방법 수준에 비례하는 경향이 있다. 채용하는 사람이 급하게 날림으로 사람을 모집했다면, 자원봉사자들은 그 자리를 그 정도로 가볍게 여긴다는 것이다.

첫째, 즉시 투입할 인력이 아니라 사전 교육에 참가할 봉사자를 모집한다. 다시 말해, 봉사자가 필요한 시기보다 훨씬 앞서 모집을 시작해야 한다. "2주 후에 이 소그룹을 인도해줄 수 있나요?"가 아니라, "소그룹 인도를 생각하고 있는 사람들을 위한 사전 교육에 와줄 수 있나요? 이 자리를 놓고 생각해보고 기도해주시겠어요?"라고 물어야 한다. 가능하다면, 봉사 예정자는 자기가 할 일을 직접 현장에서 관찰해보아야 한다. 눈앞에 닥친 책임에 대한 동의를 얻어내기보다는 생각해볼 시간을 갖자는 말에 동의를 얻기가 훨씬 쉽다.

둘째, 구체적인 업무가 아니라 팀으로 모집한다. 봉사자에게 함께 일할 사람들이 누구인지, 활동을 지원해줄 사람이 누구인지 알려준다. 지원은 매우 중요하다. 문제가 생겼을 때 도와주고, 필요할 때 대신해주고, 훈련이나 전문성을 제공해줄 사람이 누구인지 알면 두려움이 줄어든다.

셋째, 무한정한 의무가 아니라 정해진 시간표에 따라 모집한다. 일을 시작하고 끝내는 때를 봉사자에게 정확하게 알려준다. 정해진 마감 없이 일을 맡기면 봉사자는 일에 대해 부담감을 갖게 되고, 이는 죄책감으로 느껴질 수도 있다. 봉사자는 쉽게 단념하는 사람으로 보이거나 모집인에게 부담을 주고 싶지 않을 것이다. 그래서 좌절감에 지칠 때까지 대개는 그만두겠다고 말하지 못한다. 그렇게 그만두면 다시 뽑히기 어려울 테니 말이다.

넷째, 죄책감이 아니라 재능과 부르심에 호소한다. 그리스도인이라면 누구나 섬겨야 할 책임이 있지만, 자원봉사자를 모집하는 사람은 하나님이 당신의 사역에 정말 이 사람을 부르신 건지 확신할 수 없다. 당신은 하나님의 주권에 복종하고, 모든 사람이 당신과 함께 일하라는 부르심과 은사를 받은 게 아니라는 것을 깨달아야 한다. 단순히 의무감에 호소하기보다는 섬기는 기쁨을 열정적으로 이야기하는 편이 좋다. 이것이 사람을 끌어당기는 접근법이다.

2. 사전 교육

새로운 자원봉사자들은 최소한 사전 교육 면담이나 사전 교육 모임을 해야 한다. 사전 교육에는 다음 내용이 포함된다. (a) 시간과 구체적인 내용을 포함하여 봉사자의 업무에 대한 확실한 서면 설명, (b) 만날 사람, 현장 교육, 참고 도서 등의 자료 목록, (c) 봉사자의 업무가 사역의 전반적인 목적과 비전에 어떻게 들어맞는지에 대한 확실한 묘사, (d) 가능하다면, 실제로 사역이 어떻게 진행되는지 볼 수 있는 기회.

최고의 사전 교육에는 새로운 봉사자를 위한 정식 훈련이 있어야 한다. 효과적인 훈련에는, 실제로 사역 현장을 탐방하고 사역에서 할 일을 미리 해본 후 평가하는 것 등이 포함된다.

3. 업무 배정

이제 봉사자에게 실제로 담당 업무를 배정할 시간이다. 직접 얼굴을 맞대고 수많은 질문이 오간 후에 결정해야 할 일이다. 가능한 한 다양한 시간과 장소와 책임 중에서 고를 수 있게 하여 업무 내용을 봉사자에게 맞춰준다. 자원봉사자가 어떤 일을 하고, 누구에게 보고해야 하는지를 분명히 한다. 봉사 기간과 각 업무에 어느 정도 권한이 있는지를 정한다. 예를 들어보자. 이 자원봉사자는 어떤 일을 시킬 때까지 가만히 기다려야 하는가? 어떤 행동을 추천하고 허락이 날 때까지 기다려야 하는가? 계획하고 행동하고 곧바로 보고해야 하는가? 계획하고 행동하고, 요청이 있을 때만 보고해야 하는가? 각각의 경우, 뒤로 갈수록 권한이 많아진다. 자원봉사자가 어느 정도 수준에서 일해야 하는지를 확실히 한다. 업무에 따라 봉사자에게 차등적으로 권한을 부여할 수도 있다.

마지막으로, 봉사자의 입으로 직접 각오를 들어야 한다. 양쪽 모두 상대에게서 기대하는 바를 확실히 이해했음을 확인한다.

4. 감독

전화 통화, 직접 면담, 보고서 등으로 일상 업무를 확인하고 의사소통하는 시간을 정한다. 감독하는 쪽에서 먼저 연락해야 한다. 봉사자가 지원을 요구할 때는 신속하게 제공한다. 공개적으로 칭찬하고, 비판은 사적인 자리에서만 한다. '상향 위임'(당신이 자원봉사자에게 맡긴 일을 자원봉사자가 다시 되돌려주는 것)에 주의하라. 봉사자가 문제를 들고 찾아왔을 때는 혼자서 문제를 다 해결하려고 애쓰지 말라. 봉사자에게 대안을 요구하고 함께 문제를 풀어가려고 노력한다.

감독관은 정해진 기간마다 자원봉사자를 만나 포괄적인 평가를 해야 한다. 평가 정도는 맡은 책임이 어느 정도냐에 달려 있다. 다음 여섯 가지 질문을 갖고 만난다면, 봉사자와의 회의에 꽤 소득이 있을 것이다. (a) 최근에는 어떤 책임들을 맡고 있으며, 그것이 원래 직무 내용과 일치하는가? (b) 맡은 일을 감당하기 위해 감독관이나 교회가 해주었으면 하는 일이 있는가? (c) 지금까지 달성한 목표에는 어떤 것들이 있는가? (d) 가장 개선이 필요한 부분은 무엇인가? (e) 다음 회의 때까지 당신의 목표는 무엇인가? (f) 그 목표를 달성하기 위해 필요한 자료들은 무엇인가?

1년에 세 번씩, 자원봉사자에게 종이 석 장을 주고 앞의 질문들에 대한 답을 작성해달라고 한다. 그런 다음, 한 시간에 걸쳐 그 내용을 함께 살핀다. 감독관은 자원봉사자가 어느 부분이든 내용을 고치거나 첨가할 수 있도록 도와준다. 시간이 다 되면 각자 이 답안지의 복사본을 가져가서 다음 회의의 기초 자료로 사용할 수 있게 보관한다. 이런 훈련은 교회 자원봉사자들을 좌절과 피로에 빠뜨리는 전형적인 문제들을 예방하는 데 크게 기여한다.

5. 마무리

자원봉사자 관리에서 가장 소홀히 하기 쉬운 부분이 마무리다. 봉사자의 공로를 인정하고 감사를 표시한다. 떠나는 사람으로부터도 간단한 보고를 듣는다. 앞에서 언급한 평가 회의의 처음 세 질문을 활용한다. 필요한 경우, 봉사자가 비판과 실망을 표현할 수 있는 시간을 준다. 또 필요하다면, 서로 사과하고 화해하고 양자가 이 경험에서 얻은 교훈으로 서로 도와주는 시간을 갖는다. 마지막으로, 봉사자가 그만둔 뒤에 어떤 일이나 사람도 '방치되지' 않도록 주의한다.

다른 교회와의 협력

대부분의 교회는 규모가 작다. 미국 교회의 75퍼센트는 출석 교인이 200명 이하이다. 자비 사역의 좋은 모델들은 대개 큰 교회라서, 평균적인 교회를 다니는 교인들은 실망하기 쉽다. "이 돈으로 교회 운영하기도 빠듯한데 어떻게 지역사회에 영향을 미칠 수 있겠어요?" 이런 우려에 대한 한 가지 대답이 바로 미션 그룹이다. 의미 있는 자비 사역을 하려면 돈보다는 자원하는 사람들이 필요하다.

이 문제에 대한 또 다른 대답으로 다른 교회와의 협력과 네트워킹을 꼽을 수 있다. 이 책에서 소개한 흥미진진한 프로젝트들은 한 교회가 감당하기에는 버거워 보이지만, 여러 교회가 뭉치면 해볼 만하다. 운 좋게도 당신 교회 주변에 같은 생각을 가진 교회가 있다면, 교회 연합체를 만들거나 기존의 지역 단체에 자비 사역 네트워크를 연계할 수 있다.

예를 들어, 장로교회는 각 교회의 목사와 장로들로 구성된 '노회'라는 행정 기구의 감독을 받는다. 각 교회의 장로회 밑에는 자비 사역자로 일하는 집사회가 있다. 몇몇 장로교회가 모여서 각 교회의 집사 대표로 구성된 집사 연합을 만든다. 이 집사들을 통해 연합한 교회들은 많은 프로그램을 진행할 수 있다. 미시건 주의 캘러머주에 있는 개혁교회들이 모여 집사 협의회Deacons Conference를 구성했다. 이 협의회에서는 유급 간사 3인을 고용했고, 1986년 한 해 동안 자원봉사자 207명의 재능을 활용했다. 이들이 자비 사역에 봉사한 시간은 총 16,000시간에 달했다. 캘러머주 지역에서 5,500가구 이상이 직접 지원과 집사회의 도움을 받았다.⁴

교회가 같은 교파나 교단에 속한 교회들과만 협력해야 하는 것은 아니다. 덴버 지역의 '관심 있는 복음주의자들Evangelicals Concerned'은 여러 다양한 교단의 복음주의 교회들이 지원하는 단체다. 최근 이 단체에서 실천하거나 후원하는 사역은 다음과 같다. 덴버 해비타트, 원주민 도심 이전 프로그램(Native American Urban Transition Program, 보호 구역을 떠난 미국 원주민들이 도시에 정착하도록 돕는 사역), 호프 커뮤니티(Hope Communities, 저소득층의 주택 문제를 돕는 사역), 프렌즈(F.R.I.E.N.D.S, 정신질환자 대상 사역), 콤파 음식 사역(COMPA Food Ministry, 음식 기부 사역), 위기 임신 센터Crisis Pregnancy Center, 학습 지도 사역(Tutoring Ministry, 도심의 아동과 청소년 대상 사역), 베트남인 재정착 프로그램(Vietnamese Resettlement Program, 난민 80가구의 재정착을 돕는 사역), 선라이즈 미니스트리(Sunrise Ministries, 알코올의존증 환자와 가족 대상 사역), 킹즈 미니스트리(King's Ministries, 동성애자 대상 사역).

어떻게 하면 협력 사역을 시작할 수 있을까? 이번에도 지역사회의 필요를 자세하고 정확하게 파악하는 것이 그 출발점이다. 그런 다음에는 함께 일할 만한 지역교회 지도자들을 한자리에 모은다. 몇 차례 만남을 가지면서 지역사회의 필요를 나누고, 필요를 채울 방법을 토의하고, 기도하고 계획을 세운다. 그 과정에서 인내는 가장 중요한 덕목이다! 실현 가능성이 있는 계획을 도출해내려면 함께 만나서 생각하고 관계를 맺어가는 시간이 필요하다. 한 교회가 내놓은 프로그램을 다른 교회들에서 발전시키고 확장할 수도 있고, 새로운 인력을 고용하여 적소에 배치하고 아예 새로운 프로젝트를 기획해야 하는 경우도 있다. 때로는 교회 연합에서 간사를 한 사람 뽑아, 각 교회가 지역사회에 다가가는 일을 돕게 할 수 있다.

결론

교회가 자비 사역에서 주춤하게 되는 마지막 이유는, 계속해서 정원을 '비옥하게 하고' '갈아엎어야' 한다는 사실을 잊기 때문이다. 사역이 일단 순조롭게 출발하고 나면, 계속해서 구성원들과 의사소통하고 가르치고 동기부여 해야 한다는 사실을 잊어버리기 쉽다. 9장에 나온 전략들을 계속해서 반복해야 한다. 주일학교의 선택 강의도, 봉사자들을 공개적으로 인정해주는 일도, 강단에서 자비 사역을 강조하는 일도 계속해야 한다. 새로운 봉사자들을 동기부여 해서 모집하는 일은 특히 중요하다. '자비의 친구들'이 새로운 봉사자 교육에 반드시 참여하게 하라. 잊지 마라. 자비 사역은 신앙 수준을 막론하고 어느 그리스도인 이든 함께할 수 있다. 장애인의 변기를 갈아주거나 학교에서 뒤처지는 아이의 공부를 봐주는 일에는 신학 박사 학위가 필요하지 않다. 이것이 바로 자비 사역의 묘미가 아닐까. 모든 그리스도인이 제사장이라는 진리를 자비 사역만큼 잘 보여주는 경우도 없다.

자비 사역과
교회 성장

개요 우리는 복음 전도와 자비 사역을 통합해야 한다. 그리고 자비 사역을 통해 오게 된 새신자들을 교회에 정착시키는 후속 전략을 제공해야 한다.

이제 잠시 숨을 돌려야 할 지점에 도달했다! 많은 그리스도인들이, 자비 사역을 모든 그리스도인과 교회의 필수 의무로 여기는 데 익숙하지 않다. 자비 사역에 대해 고려해본다고 하더라도 성탄절에 음식이나 옷을 무료로 나눠주는 정도의 일밖에 떠올리지 못한다. 이 책은, 그리스도인들이 미미하게만 인식하고 있던 새로운 책임을 부여하고자 한다.

우리는, 주변의 엄청나게 다양한 필요를 발견하고 경제 개혁의 가능성을 이해함으로써 '시야를 확장'하기 시작할 때 압도당하기 쉽다. 분별력 있는 사람이라면 이 시점에서 이렇게 질문할 것이다. "가난한 교회에서 이런 일을 다 하고도 다른 일을 할 만한 시간이나 자원, 정서적 에너지가 남아날까요?" 더 들어가 보면 이런 질문이다. "자비 사역이 복음 전도와 교회 성장을 방해하거나 지연시키지는 않을까요?"

자비 사역과 복음 전도, 제자훈련, 선교, 교제, 이 모든 것을 다 할 수 있는 교회는 없다. 그리고 다른 어떤 사역보다 굳이 자비 사역에만 부담을 느낄 필요는 없다!

그러나 우리가 하는 자비 사역이 하나님나라를 위한 수고임을 잊지 말아야 한다. 자비 사역은 목적이 아니다. 하나님나라 확장이라는 목적을 이루는 수단이다. 자비 사역의 목적은 단순히 많은 사람들에게 먹거리를 주는 것이 아니라, 그들의 삶 전반과 그들이 살아가는 사회 체제에 그리스도의 주되심을 임하게 하는 것이다. 따라서 자비 사역은 복음 전도 사역이나 교회의 은사 활용, 힘이나 돈과 '경쟁 관계'일 수 없다.

정원 가꾸기

이 책에서 지금까지 사용한 은유로 돌아가자면, 우리는 비료를 주어 비옥하게 만들고 갈아엎고 묘목을 심고 물을 준 정원을 '가꾸어야' 한다. 우리는 열매, 곧 그리스도께 돌아온 사람들과 사회 전체의 변혁을 목격해야 한다. 우리의 목표는 하나님나라 확장인데, 그러려면 교회의 모든 사역이 상호 의존하여 전력을 다해 움직여야 한다. 따라서 우리 교회가 '성장하지 않는다면', 자비 사역이나 복음 전도, 교육, 교제, 선교도 동일한 목표를 위한 수단이 아니라 그 자체가 목표가 되어버린 것이다.

이런 사역들을 하면서 '좁은 시야'에 갇히기가 얼마나 쉬운지 모른다. 어떤 경우에는, 교회가 교인 숫자에만 연연한 나머지 자비 사역을 복음 전도라는 목표의 수단으로 전락시켜 버린다. 사람들을 결단에 이르게 하려는 '미끼'로 삼는 것이다(이런 실수에 대한 자세한 내용은 7장을 보라). 반대로, 어떤 사람들은 자비 사역에 대한 좁은 시야를 오히려 키운다. 이들은 가능한 많은 사람에게 가능한 많은 자원을 전달하는 데만 관심이 쏠려서 교회 성장, 곧 회심을 통해 교회를 세우는 일은 무시(하거나 심한 경우 경멸)한다. 자비 사역을 우선시하는 많은 교회들이 성장하지 않고 또 성장에 관심도 없는 것이 사실이다. 그런 경우는 자비 사역이 목적을 위한 수단이 아니라 '목적' 자체가 된 것이다. 하지만 7장에서 보았듯이 하나님나라는 말씀과 행위 모두로 선포되어야 한다. 그래서 하비 칸도 "주권 전도"[1]라는 한 주제 아래 복음 전도와 사회적 관심을 아우른다.

교회에 대한 전체론적 시각

따라서 우리는 사람만 전인적으로 보지 말고, 교회도 전체적으로 보아야 한다. 예배와 교제, 복음 전도와 가르침, 자비 사역이 균형을 이루며 함께 성장해간다는 것을 알아야 한다.

교회에 대한 전체론적 관점을 유지하기가 쉽지는 않다.[2] 하나님이 한 개인의 마음에 교회 생활의 어느 특정한 측면에 대한 부담을 주시는 경우는 매우 흔하다. 예를 들어, 어떤 사람이 교인들의 예배와 기도 생활에 힘이 없다고 느끼며 마음에 걸려한다고 해보자. 다른 사람 눈에는, 교회가 복음의 영향력을 지역사회에 거의 미치지 못하는 점이 거슬릴지도 모른다. 목회자와 교역자들에게 가난한 사람과 노인, 장애인과 난민 사역을 시작해야 한다고 말하는 사람도 있다. 이 교회 목회자는 참 안됐지 않은가!

교회는 살아 있는 존재라서, 다른 모든 생물처럼 대칭을 이루는 동시에 완전한 원형으로 성장해야 한다. 갓난아이는 머리와 상체, 하체를 비롯해 몸 전체가 같이 자라야 한다. 몸의 모든 기관이 성숙하고 자라지 않는다면, 그중 어느 한 기관도 제대로 성장할 수 없다. 마찬가지로, 지역 교회는 모든 측면에서 성장해야 한다. 자비 사역과 복음 전도가 같이 가야 한다는 점은 이미 살펴보았지만, 자비 사역이 교회의 다른 모든 측면과 맞물려 있다는 점도 알아야 한다.

개인 성장과 공동 성장

교회는 개개인의 영적 성숙 안에서 성장한다. 교인들은 은혜와 하나님을 아는 지식에서(벧후 3:18), 그리스도인의 성품과 성숙함에서(갈 5:22-24; 엡 4:11-14) 자라가야 한다. 그리스도인들은 거룩하게 성장하기 위해서(엡 5:18-21), 담대하고 확신 있게 증거하기 위해서(행 4:23-31; 롬 8:1-5) 성령 충만해야 한다. 앞부분에서 그리스도인들이 죄책감 때문에 자비 사역에 뛰어들어서는 안 된다고 반복해서 말했다. 그리스도인들은 하나님과 인격적으로 교제하면서 그분의 은혜와 자비를 날마다 체험함으로써 자비에 대한 성경의 가르침에 노출되어야 한다. 그러면 자비 사역은 자연스럽게 성장하게 된다.

교회는 또한 '공동으로' 성장해야 한다. 이 말은 교회 내의 구조와 교제, 관계가 성숙하는 것을 의미한다. 회중은 단순히 사람들의 모임이 아니라 '코르푸스corpus' 곧 유기적인 관계 체제를 지닌 몸이다. "그에게서 온 몸이 … 각 지체의 분량대로 역사하여 그 몸을 자라게 하며 사랑 안에서 스스로 세우느니라"(엡 4:16). 공동 성장에는 리더십의 성숙(약 5:14; 딤전 3장; 벧전 5:1-5), 공식 및 비공식 제자훈련(마 5:23, 18:15), 영적 은사를 통한 상호 사역(고전 14:4-12), 하나님을 향한 우리의 체험과 섬김에 있어서 공동 책임(히 3:13, 10:24-25; 약 5:16) 등이 포함된다. 그리스도의 몸 안에서 이루어지는 자비 사역은 이 상호 사역, 즉 성도 간 교제의 표현으로서만 제대로 행해질 수 있다. 또한 지역사회를 향한 개인의 자비 사역은 형제자매들의 지원과 도움 없이는 매우 힘들다.

수적 성장과 자비 사역의 성장

교회는 '수적으로도' 성장해야 한다. 여기서 수적 성장이란 복음 전도의 결과로 교인들이 늘어나는 것을 뜻한다. 성경적 복음 전도가 매우 교회 중심적이라는 점은 확실하다. 그 목적은 개인의 '결단'이 아니라, 활발하게 제대로 기능하는 그리스도의 몸을 세우는 것이다. "주께서 [교회에] 구원 받는 사람을 날마다 더하게 하시니라"(행 2:47). 각 사람이 그리스도를 닮아 성장해가면, 잃어버린 자들을 향한 열정도 커지고 따라서 새로운 회심자들이 꾸준히 교회에 들어올 것이다. 우리의 자비 사역이 복음 선포와 불가분의 관계로 엮이는 것이 얼마나 중요한지는 앞에서 이미 상세하게 다룬 바 있다. 자비 사역이 단순히 인도주의적 감상을 표현하기만 해서는 안 된다. 우리가 회개와 믿음(막 1:15)으로 하나님나라에 들어가는 길을 선포하는 동안, 자비 사역은 하나님나라의 능력을 드러내는 신중한 노력이어야 한다.

마지막으로, 각 교회는 다른 사람들을 섬기는 '자비 사역'에서도 성장해야 한다. 우리가 행하는 사랑의 행동과 행위 사역을 통해 하나님나라의 말씀이 사람들 눈에 보이게 된다. 교회는 '디카이오마dikaioma'(옳은 행실, 살전 2:10; 딛 2:12)에서도, '엘레오스eleos'(자비로운 행실, 눅 10:37; 약 2:14-17)에서도, '디아코니아'에서도 성숙해야 한다. 가난한 사람들과 마음이 상한 사람들, 소외된 사람들과 압제당하는 사람들에게 왕의 정의와 위안을 전해줄 성경적 방법을 찾아야 한다. 교회가 그 지역의 필요를 찾아내고, 그리스도가 교인들에게 주신 은사와 자원을 분별할 때 자비 사역은 '성숙해'간다.

함께 성장하기

이렇게 다양한 차원에서 성장하지 않는 교회에, 야심 찬 자비 사역 프로그램을 단순히 '쏟아붓는' 것이 얼마나 근시안적인지 알 수 있다. 자비 사역은 교회의 속도에 맞춰 성장해야 한다. 헌신된 몇몇 사람들에 의한 효과적인 자비 사역 하나가, 교회의 영성과 공동체와 복음의 성장에 큰 자극제가 될 수 있다. 그러나 교인들보다 너무 앞서 달리지 않도록 주의해야 한다! 교인들이 조금 따라잡을 때까지 기다린 다음, 교회 생활에 지속적으로 자극이 될 만한 추가적인 사역을 진행해야 한다.

교회의 다른 사역들이 성장하는 것을 계기로 자비 사역이 성장할 수도 있다. 예를 들어 교회에서 모든 사람을 격려하는 전도 방문 프로그램을 시작했다고 하자. 그런데 그렇게 방문하던 중에 경제적·신체적 필요를 비롯한 기본 필요가 있는 사람들을 알게 되었고 누군가가 다시 찾아가 자비 사역을 할 수도 있지 않은가? 아니면 모든 사람이 영적으로 큰 은혜를 누리고 있는 교회 내 소그룹들을 찾았다 치자. 그 중 가장 성숙한 그룹에게 사역의 일환으로 자비 사역을 실행할 수 있는지 제안해보라. 자비 사역으로 그 그룹의 영적 '추진력'을 활용하고 강화할 수 있다.

사실상 교회의 복음 전도 사역이 활발하게 성장하고 있지 않다면, 자비 사역을 꾸준히 이어가기가 쉽지 않다. 왜 그런가? 첫째, 새로운 그리스도인들은 자비 사역의 타고난 일꾼들이다. 성경 지식이 많지 않아도 얼마든지 자비 사역을 할 수 있다. 열정이 넘치는 초신자들도 바로 사역에 착수해서, 자신의 재능과 능력을 십분 활용할 수 있다. 한편으로 자비 사역은 어렵기도 하다. 자비 사역 봉사자들은 일정 기간 내려놓고 쉬는 시간이 필요하다. 봉사자가 충분해서 교대로 일할 수 있는 상황이 아니라면, 장기간에 걸쳐 자비 사역을 유지하기가 쉽지 않다. 복음 전도가 활발한 교회에서 섬기는 사역도 원활하게 할 수 있다.

자비 사역과 복음 전도의 상호작용

지금까지 자비 사역과 복음 전도가 하나님나라 사역에서 불가분의 관계라고 강조했지만, 이 둘이 실제로 어떻게 상호작용하는지는 본격적으로 다루지 못했다. 자비 사역이 어떻게 회심을 통한 교회 성장을 촉진하는가?

잃어버린 자들에게 타당성 구조를 보여주는 자비 사역

자비 사역은 교회에 대한 긍정적인 이미지를 지역사회에 심어준다. 이게 별 것 아닌 이야기로 들릴 수도 있지만, 많은 교회들이 신문, 라디오, 텔레비전 광고로 자기 교회를 알리는 데 얼마나 큰돈을 쓰고 있는지 모른다. 그보다는 우리의 선행이 "사람 앞에서 하나님께 영광을 돌린다"(마 5:16을 보라).

그러나 이 부분에서 조심해야 한다. 자비 사역이 모든 사람을 만족시키지는 못한다! 도움을 필요로 하는 이들을 경멸하거나 교회는 '복음 선포'에 집중해야 한다고 생각하는 사람들과 우리는 충돌할 수도 있다. 펜실베이니아 주 젠킨타운에 있는 새생명장로교회New Life Presbyterian Church의 잭 밀러목사는, 교회나 공동체의 많은 구성원이 자비 사역을 위협으로 여길지도 모른다고 설명한다. 왜 그럴까? 그에 따르면, 도움이 필요한 사람들은 "대개 별로 호감을 주지 못하고 때로는 스스로 그런 문제를 자초한" 이들이기 때문이다. 우리가 '고상하고' 순수한 가난한 사람을 찾는다면 하늘의 별 따기일 것이다. 밀러는 계속해서 말한다.

우리는 이렇게 생각하면서 좋은 교리를 잊어버린다. … 다른 사람들을 섬기러 갈 때 그 봉사를 이용하려는 우리의 심리를 발견할 것이다. 어쩔 수 없는 일이다. 하지만 교회의 머리이신 분이 우리를 얼마나 심각한 구덩이에서 건져내셨는지, 왕 되신 분이 자기를 희생하면서 어떤 대가를 치르셨는지 기억할 때 우리는 깨달음을 얻고 겸손해져서 그와 같은 구덩이에서 다른 사람들을 끌어내리려고 애쓰게 될 것이다. … 이것이 지역 교회가 자비 사역에 눈먼 주요 이유이다. 우리는 우리 죄가 얼마나 큰지 잊어버린 채, 무의식적으로 우리 주변의 '더러운' 죄인들보다 우월하다고 느낀다. … 이런 식으로 다른 사람들을 판단하는 우리는 가장 큰 죄를 짓고 있는 셈이다.[3]

'자비 사역에 눈먼' 사람들, 특히 지역사회의 기둥 역할을 하는 비그리스도인들은 당신의 자비 사역이 인기가 없다고 생각할지도 모른다. 하지만 일반적으로 당신이 복음을 전하는 사람들에게는 자비 사역이 역동적인 증인이 된다. 그것이 우리 메시지에 '타당성 구조'를 세워주기 때문이다. 전도하는 그리스도인들은 대부분 복음을 지적으로 설득력 있게 전달하여 복음의 신뢰성을 높이는 데만 집중한다. 하지만 사람들은 주로 이성과는 상관없는 이유로 메시지를 믿는다. 꾸준한 사랑의 공동체가 얼마나 뒷받침해주느냐에 따라 믿음이 설득력을 얻는 것 같다.

그리스도인들의 자비 사역은 복음의 타당성을 사회적·심리적으로 든든히 뒷받침해준다.[4] 따라서 초대교회의 경제적 나눔은 사도들의 가르침에 힘을 실어주었고(행 4:32-33), 예수님은 그리스도인들의 눈에 보이는 사랑이 불신자들에게 진리에 대한 확신을 준다고 가르치신다(요 17:21).

그렇다면 자비 사역은 교회가 할 수 있는 최고의 광고이다. 지역사회는 자비 사역을 보고, 이 교회가 자기들의 문제를 말로만이 아니라 행동으로 해결해줄 거라는 확신을 갖는다. 자비 사역은 이 교회가 자비가 넘치는 교회임을 보여준다.

잃어버린 자들과 관계를 맺어주는 자비 사역

자비 사역 혹은 '사람들이 느끼는 필요'를 채우는 사역이 교회 성장을 촉진하는 두 번째 방법은, 다른 사역으로는 불가능한 방식으로 많은 비그리스도인들과 접촉할 수 있다는 것이다. 많은 교회들이 평신도 방문 전도 훈련 프로그램을 도입했다. 하지만 훈련을 시작하자마자 문제가 생긴다. 방문할 대상이 별로 없는 것이다. 교인들이 아는 비그리스도인이 많지 않다. 자비 사역은 이런 상황을 반전시킬 수 있다.

프랭크 틸라파우는 비그리스도인을 네 집단으로 나눈다. 각 집단은 지역 교회와 특별한 관계가 있다. 첫째, '교회에 다니는' 불신자들이다. 이들은 스스로 그리스도인이라고 생각하거나, 최소한 교회 안에서 활동을 하는 비그리스도인들이다. 당신은 이런 사람들에게 어떻게 다가가겠는가? 광고를 하거나, 이들 눈에 띄는 곳에 교회 건물을 세우거나, 새로 이사 와서 교회를 찾고 있는 이들과 접촉한다. 두 번째 집단은 '연결된' 불신자들이다. 이들은 등록 교인이거나 예배에 나오는 손님은 아니지만, 교인들과 이웃 혹은 직장 동료, 친지나 친구 관계로 연결되어 있다. 대개는 인종도 같고 경제 상태도 비슷한 경우가 많다. 이들 집단에는 어떻게 접근할 것인가? 우정 쌓기나 방문 전도, 가정 성경공부나 조찬 기도회 같은 행사를 통해 가능하다. 세 번째 집단은 '장거리' 비그리스도인들로, 다른 나라나 다른 지역에 사는 사람들이다. 이들에게는 어떻게 다가갈 것인가? 선교와 교회 개척이 필요하다.

마지막으로, '연결되지 않은' 불신자들이 있다. 이들은 지역사회 비 그리스도인들의 다수를 차지하는데, 교인들과 아무 연고가 없는 사람들이다. 이들은 어떤 사람들인가? 지역사회에 거주하는 다양한 종류의 집단에서 찾아볼 수 있다. 예를 들면 유학생, 육체노동을 하는 가톨릭 신자, 히스패닉 십 대 미혼모, 고등학교를 중퇴한 흑인 청소년, 외국인 노동자, 패션모델, 예술가, 전문 음악가, 동성애자, 유대인, 백만장자, 매춘부 등이다.

'연결되지 않은' 불신자들에는 교인들과 문화적으로는 비슷하지만 교회에서 소외된 사람들도 포함된다. 러셀 헤일은 교회에 다니지 않는 사람들을 여러 유형으로 구분했는데, 그중에는 '차단된 사람'(이혼 녀나 알코올의존증 환자처럼 교회가 자신을 정죄한다고 느끼는 사람), '지배인'(교회에는 타인에 상관하지 않는 이기적 위선자들만 있다고 생각하는 사람), '행복한 쾌락주의자'(자기 필요에만 온통 정신이 팔린 사람)도 있다.[5] 우리는 이 '연결되지 않은' 사람들에게 어떻게 다가갈 수 있을까? 자비 사역으로 접근할 수 있다. 이들과는 다른 접촉점이 없다. 차단된 사람이나 지배인들의 관심을 끌 수 있는 다른 방법은 없다.

한 발 물러서서 이 네 집단이 교회와 관계 맺는 모습을 관찰하면, 우리가 사용하는 모든 복음 전도의 도구와 수고가 '연결되지 않은' 불신자들을 놓치고 있다는 것을 금방 알아차릴 수 있다. 대부분의 교회에서는 3집단(멀리 사는 장거리 불신자들)과 1집단(교회 다니는 불신자들)을 전도하려고 애쓰고 있다. 대부분의 전통적인 전도 프로그램이 이 두 집단에 초점을 맞춘다. 하지만 지난 몇 년간 '우정' 전도나 '생활' 전도, '오이코스oikos' 관계 전도에 대한 새로운 관심이 급격하게 늘어났다. 평신도 대상의 많은 책과 훈련 프로그램들이, 개인적인 관계망 내에 있는 비그리스도인들을 찾아 복음을 전하라고 권한다. 교회 성장을 위해 복음 전도와 홍보에만 의지하지 말고, 모든 교인이 이웃과 친구와 가족에게 증인이 되라고 권면한다. 이는 매우 긍정적인 발전이다.

이처럼 일부 교회에서 1집단과 3집단을 공략하고, 소수의 교회가 2집단에도 관심을 보이고 있는 실정이다. 하지만 사실상 얼마나 많은 교회가 "예루살렘과 … 사마리아와 땅끝까지"(행 1:8) 가고 있는가? 얼마나 많은 교회들이 4집단, '연결되지 않은' 비그리스도인들에게 다가가고 있는가? 이들이야말로 어느 도시나 지역에서든 교회에 다니지 않는 인구의 다수를 차지하고 있다. 이런 종류의 복음 전도를 도와주는 책과 모델은 얼마나 있는가? 거의 없다시피 하다.

요점은 이것이다. '연결되지 않은' 불신자들에게는 주로 자비 사역으로 다가갈 수 있다. 그런 사역들은, 교회와 이런 사람들의 삶을 연결해주는 사실상 유일한 '다리'이다. 예를 들어, 이혼한 한부모들은 대부분 교회와 거리를 두는 경우가 많다. 그런 사람들에게 어떻게 다가갈 것인가? 이들을 도울 수 있는 이혼 회복 워크숍이나 사교 모임, 상담 프로그램, 자녀 돌봄 등의 서비스를 제안할 수 있다. 유학생들이라면 영어 수업을 매개로 접촉할 수 있다. 고등학교를 중퇴한 청소년들에게는 고졸 검정고시 지도나 성인 교육이 접촉점이 될 수 있다. 약물중독이나 알코올의존증 환자에게는 재활 프로그램이, 외국인 노동자들에게는 정착 사역이 도움이 된다.

잃어버린 자들과의 의사소통을 매개하는 자비 사역

자비 사역이 교회 성장을 촉진하는 세 번째 방법은, 복음을 전하는 아주 효과적인 의사소통 통로가 되는 것이다. 자비 사역은 우리가 복음을 선포할 수 있는 사람을 만나기 위한 단순한 '가교'가 아니다. 자비 사역 자체가 언어와 함께 복음을 전달하는 의사소통 행위이다. 비언어적 매체로 된 시각 자료이자 메시지이다. 언어와 비언어(목소리 톤, 표정, 몸짓) 수단을 모두 동원할 때 가장 효과적으로 의미를 전달할 수 있다. 따라서 우리도 말과 행동을 모두 활용할 때 가장 효과적으로 복음을 전달한다.

효과적인 의사소통의 핵심은 상대방의 관심을 끄는 것이다. 주의 집중은 "수많은 자극 중에서 나머지 자극들은 무시하거나 억누르거나 억제하고, 집중할 수 있는 일부만 선택하는 심리적 과정이다."[6] 이것이 복음 전도에서 우리의 목적이다. 우리는 사람들이 그들의 충성과 집중을 요하는 '수많은' 다른 견해와 세계관, 오락거리, 활동들을 무시하고 복음에 집중하기를 원한다.

연구 결과에 따르면, 사람의 관심을 끄는 요인에는 여러 가지가 있다. 그중에서 넷을 꼽자면 '활력', '현실성', '익숙함', '참신함'이다.[7] 과거에는 전도하는 사람들이 참신함을 내세워 사람들의 주의를 끌었지만, 이제는 그 참신함이 상술로 변질되어버렸다. 하지만 나머지 세 요소는 좀 더 자세히 살펴볼 필요가 있다.

커뮤니케이션 전문가들에 따르면, '활력'은 청중이 "자신의 삶이나 건강, 명성, 재산, 고용 등에 즉시 직접적으로 영향을 미치는 것에 집중한다"는 뜻이다.[8] '익숙함'은 새롭거나 낯선 것을 소개할 때 청중의 관심을 끈다. 예를 들어 농부들이 다니는 교회에서 난해한 신학 교리를 가르칠 때 모내기와 추수 같은 예를 사용하면 쉽게 관심을 끌 수 있다. '현실성' 요소는 상대방의 감각을 더 많이 자극할수록 집중력이 올라 간다는 것이다. 예를 들어 고양이를 설명할 때 말로만 묘사하기보다는 고양이 그림을 보여주면 훨씬 집중력이 높아진다. 물론 진짜 고양이를 들고 있으면 더 큰 관심을 끌 수 있다.

따라서 자비 행위, 곧 사람들이 느끼는 필요를 채워주는 사역은 복음을 전달할 때 절대적으로 중요한 요소라고 할 수 있다. 행위 사역은 관심을 끈다. 자비 사역은 사람들이 느끼는 필요와 연결되어 있기 때문에 '활력' 요소가 있다. 특정 집단 사람들의 필요에 맞추어서 조정하기 때문에 '익숙함'의 요소도 있다. 말만 하는 것이 아니라 행동이 수반되기 때문에 '현실성' 요소도 있다. 지금보다 더 절박하게 교회가 세상의 관심을 끌어야 했던 적도 없다. 사람들은 과거 그 어느 때보다도 더 온갖 이메일과 광고, 여러 주장과 대안의 홍수 속에 살고 있다.

우리의 패러다임은 현대의 의사소통 이론이 아니라 성경의 하나님이시다. 하나님은 이스라엘 백성의 수준에 맞추어 그분의 뜻을 전달하셨다(출 19:18 이하). 직접 말씀하시지 않고 모세를 통해 대언하셨다. 이것이 하나님이 우리에게 말씀하실 수 있는 유일한 방법이었다. 말씀이 육신이 되신 후 우리는 진리를 듣기만 하는 것이 아니라 직접 볼 수 있게 되었다(요 1:14; 벧후 1:16-17). 자비 사역도 이렇게 진리에 '살을 붙여야' 한다.

옆문과 앞문

이미 지적했듯이, 현대의 복음 전도는 '교회에 다니는' 비그리스도인들을 제외한 다른 사람들에게 다가갈 수 있는 방법을 개발하지 못했다. '연결된' 불신자들과, 특히 '연결되지 않은' 비그리스도인들에게는 자비 사역을 통해 다가가야 한다.

구심력과 원심력

대니얼 리브스는 교회에서 시도할 수 있는 아웃리치 구조의 두 가지 기본 유형을 발견했다.[9]

'앞문' 교회에는 구심력이 있어서 비그리스도인들을 끌어당긴다. 앞문 교회의 주안점은 비그리스도인들을 예배에 참석하게 만드는 프로그램과 방법이다. 일단 그들이 교회에 나온 다음에 복음 전도와 후속 작업, 양육 등이 이어질 수 있다.

반대로 '옆문' 교회에는 원심력이 있어서 교인들을 내보낸다. 교인들은 다양한 사역으로 지역사회의 비그리스도인들과 접촉한다. 교회 밖 봉사 활동을 통해 불신자들에게 전도하고 사역하는데, 그 불신자들 중에서 관심자들이 나중에 교회에 와서 복음 전도나 양육, 후속 작업을 받게 된다. 옆문 사역의 특징은 '사람들이 느끼는 필요' 곧 신체적·사회적·교육적·정서적 필요를 지향하고, 말과 행동으로 복음을 전하면서 특정 집단 사람들에게 다가가는 데 집중하는 것이다. 옆문 사역 중에서는 (동성애자 대상 사역처럼) 엄격하게 복음 전도에 집중하면서, 비그리스도인들과 의사소통하고 상담하는 데 열심인 사역이 많다. 또 다른 사역들은 (암 환자 지원, 가난한 사람들을 위한 학습 지도, 위기 임신 상담처럼) 사회적 관심과 복음 전도를 결합하여, 교회 안팎의 많은 그리스도인들이 지원을 받게 한다. 그럼에도 옆문 사역은 교회 밖 사역에 집중한다. 독신 대상 사역은 물론 노인 사역도 이 옆문 사역으로 간주할 수 있다.

사람을 낚는 어부

리브스는, 앞문 교회는 주로 '낚시질'로 예비 교인을 끌어모은다고 말한다. 앞문 사역 방법에는 다음과 같은 것들이 있다.

'눈에 띄는 행사'를 기획하여 표적 집단의 관심을 유도한다(공연, 유명 강사, 유명 설교자 등). 근사한 교회 건물과 눈에 잘 띄는 위치도 중요하다. 교회 쇼핑자들에게는 광고, 전화 설문, 광고 우편물, 방문 설문 등으로 접근할 수 있다.

입소문도 중요하다. '만족한 고객'이 자기 교회에 대해 이야기하고 다닐 때 입소문이 난다. 종합적인 명성은 사람들의 호기심을 자극하여 끌어들인다. 교회 규모가 커질수록 '앞문'(명성)이 발전한다.

전도법 중 하나인 '안드레의 초청'은 앞문 교회 성장의 근간이다. 교회를 처음 방문하는 사람들의 대다수는 교인들이 데려온 친구나 친척들이다. [이런 경우는 우정 전도('빌립')보다는 초청 전도('안드레')라고 할 수 있다. 교회에서는 잘 훈련된 환영 부서나 다른 시스템을 통해 이렇게 교회를 찾은 손님들을 후속 조치하고 전도한다.]

그렇다면 옆문 방법으로는 어떻게 사람을 낚을까? 기본적으로 세 가지 방법이 있다. 리브스는 사람들이 느끼는 필요를 채워주는 것을 옆문 사역의 특징으로 간주한다. 이런 사역은 비그리스도인 표적 집단의 구체적 필요를 채워준다. 교회 밖에서 모이는 지역사회의 큰 모임은 또 다른 옆문 사역이다. 특정 유형의 사람들에게 맞게 설계된 이런 모임들은, 사람들이 느끼는 필요를 직접적으로 채워주지는 않지만 복음을 직접 전달하는 장이 된다. 예를 들면 직장 조찬 모임, 동네 성경 공부, 전도 설교(나 영화)를 곁들인 주민들 잔치, 독신이나 십 대를 위한 수련회 등이 있다. 마지막으로, 우정 전도도 옆문 사역이다. 우정 전도는 (생활 전도 훈련을 받은 평신도들이 일상에서 사람들을 그리스도께 인도할 때처럼) 미리 계획하지 않을 수도 있고, (교회 소그룹에서 비그리스도인 친구들과 이웃, 친척들의 '연결고리'를 찾아보고 기도하는 때처럼) 계획적일 수도 있다.

위험 요소

리브스는 성장하는 교회의 대부분은 앞문 교회라고 말한다.[10] 왜 그런가? 앞문 교회는 지역사회가 급속도로 성장함에 따라 동질적이고 상승 지향적이며 새로운 거주자들이 많은 곳에서 잘된다. 일반적으로, 평신도 입장에서 많은 기술이 필요하지 않기 때문에 앞문 교회의 성장은 점점 더 빨라지는 듯하다. 앞문 교회는 교인들이 배경과 사고, 문화가 비슷한 사람들에게 다가가는 경향이 있어서, 프로그램이 중앙 집중적이고 통제가 용이하다.

하지만 앞문 접근법에 뒤따르는 위험도 크다. 사역자 측면에서 보면, 대개 '슈퍼스타 목회자'를 필요로 한다. 목회자가 매력이 넘치고 활동적이어야 한다는 압박이 크다. 일반적으로 교회가 '마케팅'에 힘쓰고 화려한 이미지를 만들어서 자기 홍보를 해야 한다. 이렇듯 이미지에 지나치게 의존하게 되면 평신도 사역에는 상대적으로 덜 의존한다. 평신도들에게는 수동성, 심지어 피상적인 그리스도인의 헌신을 권하게 되는 것이다. 앞문 교회의 성장을 유심히 관찰해보면 대개 수평 이동한 성도들이 많다. 뿐만 아니라 앞문 교회들은 전통주의를 고수하고 변화를 꺼린다고 리브스는 지적한다.

앞문 교회에 대한 가장 기본적인 비판은, '교회에 다니는' 비그리스도인(1집단)과 '장거리' 비그리스도인(3집단)에게만 집중하는 경향이 있다는 점이다. 그래서 교회 문화와 거리가 먼 지역사회에 깊숙이 관여하지 못한다. 도심에 위치한 앞문 교회 교인들 대부분은, 교회에 오기 위해 시내까지 나오는 교외 거주자들인 경우가 많다. 그럼에도 도심의 다양한 사회와 문화권을 품지는 못하는 실정이다.

대부분의 앞문 교회들은 새로 조성된 주거지에서는 잘되는 편이지만, 시간이 흘러 동네가 자리를 잡고 다양성을 띠기 시작하면서부터는 적응하는 데 애를 먹는다.

문이 여럿인 교회

지금까지는 앞문 교회와 옆문 교회밖에 없는 것처럼 두 교회에 대해서만 이야기했다. 교회에는 앞문 옆문 다 있어서 "문이 여러 개여야" 한다는 점을 강조하기 위해서이다. 대부분의 목회자들은 앞문 교회를 운영할 만큼의 인기와 패기가 부족하다. (그런데도 사람을 휘어잡는 매력으로 단시간에 앞문 교회를 일궈낸 일부 목회자들을 보며 많은 목회자들이 죄책감에 빠진다.) 일반적으로 문이 여럿인 교회는 4집단('연결되지 않은' 비그리스도인)을 포함하여 모든 종류의 그리스도인에게 다가갈 수 있다. 이런 교회들은 평신도들에게 사역의 책임을 더 부여한다. 그래서 앞문 교회들보다는 지역사회에 좀 더 눈을 뜬 경향이 있다. 교외 지역 교회에서 소수의 옆문 사역만 후원하는 것과 달리, 도심 지역 교회들은 옆문 사역에 주안점을 두어야 한다.

그렇다면 옆문 사역의 어려운 점은 무엇인가? 옆문 사역은 굉장히 다양한 사람들에게 접근하기 때문에 교인들의 동질성이 약해진다. 그래서 관리가 쉽지 않다. 각기 다른 관심사와 필요와 가치관을 표현하기 때문에, 교회 내부 구조는 앞문 교회보다 훨씬 더 복잡해질 수밖에 없다. 다양한 유형의 사람들을 흡수하고 통합하기 위해서는 다채로운 소그룹과 강의가 필요하고, 경우에 따라서는 교인들을 분류하여 다른 형태의 예배를 드릴 필요도 있다. 옆문 사역은 대체적으로 조율하기가 더 힘들다. 대개 교회 건물을 벗어나 지역사회에서 이루어지기 때문에 교역자들의 관리를 덜 받게 마련이다. 그 때문에 조정과 감독이 골칫거리일 수 있다. 옆문 사역을 통해 새롭게 그리스도인이 된 사람들은 옛 신념과 문제들을 털어내는 데 시간이 더 오래 걸릴 수도 있다. 양육에도 더 많은 상담과 교정이 필요해서 시간이 많이 소요된다.

이제 교회에서 옆문 사역을 대체로 꺼리고 과거의 앞문 사역 방식을 선호하는 이유가 분명해졌다. 밀러가 썼듯이, 우리는 해결해야 할 번거로운 문제들이 없는 안정적이고 행복하고 잘 적응하는 사람들, 교회 출석과 동시에 교회에서 봉사하고 헌금할 수 있는 사람들을 데려오고 싶어 한다.

말과 행동의 실천

자비 사역이 교회 성장을 돕고 촉진하며, 새로운 사람들에게 그리스도를 소개하기 위해 다가가는 '옆문' 사역이라는 점을 살펴보았다. 그렇다면, 자비 사역과 복음 전도가 함께 효력을 발휘하여 교회 선교의 파트너가 되게 하려면 방법론적으로 어떻게 해야 할까?

사람들 이해하기

당신이 다가가려는 사람들의 '영적 프로필'을 작성하는 것이 전략의 출발점이다. 9장에서 이를 위한 일련의 질문들을 소개한 바 있다. 이들의 신체적·사회적·정서적·인지적·도덕적 필요를 분별한다. 그들의 희망과 가치관, 세계관, 생활 방식을 꼼꼼히 살핀다. 다양한 말씀과 행위 사역을 통해 이 사람들을 전인적으로 대하는 전략을 세운다.

이렇게 아웃리치 구조를 세우는 것은 당신 교회로 들어가는 '길'을 만드는 셈이다. 각 길의 필수 요소는 다음 네 가지이다. '발견' 전략, '행위' 전략, '말씀' 전략, '통합' 전략.[11]

발견 전략 당신이 다가가려는 사람들을 실제로 어떻게 찾고 만날 것인가? 당신이 그들을 섬길 수 있다는 사실을 그들에게 어떻게 알릴 것인가?

'연결되지 않은' 불신자들을 찾으려면 원래 아는 사람들을 활용해야 한다. 교인들은 생물학적(가족과 친척) 관계, 지리적(이웃) 관계, 직업적(동료) 관계, 여가(다른 네트워크를 통해 만난 친구들) 관계 등 기본적인 관계망을 가지고 있다. 이렇게 다양한 관계망들을 통해 다양한 배경과 모임을 만날 수 있다. 예를 들어, 도심 지역에서는 지리적 관계망을 활용하여 도움이 필요한 사람들을 찾을 수 있지만 교외 지역의 경우는 다르다. 이 시점에서 우리는 존 퍼킨스가 말한 '재배치'라는 도전을 진지하게 생각해보아야 한다. 사람들은 할 수 있는 한 인간의 필요에서 멀찍이 떨어져 살기로 선택하기 때문에, 많은 중산층 사람들은 상처받은 사람들을 찾기 위해 힘써야 한다.

'연결되지 않은' 사람들에게 다가가는 방법과 관련해서는, '다리를 놓는' 수많은 아이디어들을 앞에서 언급한 바 있다. 지역사회에서는 사회복지사, 공무원, 사업가, 전문가, 교사 등을 통해 당신이 찾는 사람들과 접촉할 수 있다.

한편, 표적 집단에게 가장 효과적으로 홍보할 수 있는 의사소통 통로를 찾는다. 신문인가? 입소문인가? 관계인가? 다른 기관인가?

행위 전략 사람들이 느끼는 필요를 채워주는 사역이다. 이 책에서 여러 예를 제시했다.

말씀 전략 교회는, 사역의 수혜자들이 말로 전달되는 복음에 노출될 수 있는 수단을 모든 행위 사역에 덧붙여야 한다. 광고나 방문을 통해 '건조하게' 접촉한 사람들보다 자비 사역을 통해 접촉한 사람들이 전반적으로 교회에 더 적극적으로 반응한다. 이미 교인들에게서 긍휼을 보았기 때문이다. 말씀 전략으로는 평신도 전도자의 직접 방문, 전도지 배포, 예배 장소나 기타 장소에서의 복음 선포, 간증을 나누는 전도 식사, 전도 성경 공부와 소그룹 등이 있다.

물론 이때는 매우 조심해야 한다. 추수감사절에 돌리는 음식 바구니에 전도지를 끼워 넣는 것으로는 부족하다! 도움을 받는 쪽에서 '영업 멘트'를 다 들어야만 도움을 받을 수 있다고 생각하면 안 된다. 이와 반대로 (상대를 배려한다는 명목으로) 도움을 받는 사람들에게 정기적으로 복음을 나누려고 의식적·구조적으로 노력하지 않는 것도 옳지 않다.

구제 프로그램과 기존 복음 전도 프로그램의 연결이 필요할 수도 있다. 예를 들어, 도움 받은 사람들을 모두 기록해두었다가 나중에 교회의 전도 방문 팀이 그 사람들을 방문하는 것이다. 개발 프로그램의 경우에는 복음 전도와 훨씬 더 유기적이고 자연스러운 방식으로 엮을 수 있다. 예를 들어 직업 교육을 받는 사람은 기독교 직업관과 복음에 자연스럽게 노출될 수 있다. 어떤 식으로든 모든 행위 전략에는 말씀 전략이 섞여 들어가거나 따라가야 한다.

자비 사역에 복음 제시를 단순히 덧붙이는 것만으로는 충분하지 않다. 상대방의 희망과 가치관, 세계관과 생활 방식을 이해한 내용에 맞게 복음 메시지를 '상황화'해야 한다. 즉 당신이 돕는 사람의 언어와 능력에 맞게 복음을 각색해야 한다.

통합 전략   '통합'은 새신자가 교회의 일원이라고 느낄 수 있도록 관계를 맺고 교회 활동에 적극적으로 참여하게 만든다는 뜻이다. "이 사역으로 교회에 들어오는 새로운 그리스도인들을 어떻게 훈련하고 통합시킬 것인가?"를 생각하지 않고 옆문 사역을 시작하는 경우가 많다. 옆문 사역은 회심자들을 교회에 통합시킬 때 몇 가지 흥미로운 점을 보인다. 우선, 옆문 사역으로 그리스도를 만난 사람들은 이미 교회에 친구들이 있기에 (앞문 사역을 통해 교회에 온 전형적인 손님들과 달리) 교회에 '감사하는' 마음이 있다. 이들은 예배에 오기 전부터 이미 소그룹에 소속되어 있는 경우도 있다. 이것은 새신자가 스스로를 교회의 일원으로 느끼도록 하는 데 큰 도움이 된다. 일반적인 통합 전략에는 교인 가정과 '후원' 맺기, 새신자 교육, 소그룹 참여, 강의나 교제 참여 등이 있다.

옆문 사역에는 앞문 사역에는 없는 통합의 어려움이 있다. 필요를 채워주는 사역을 통해 접촉한 사람들 중 다수는 당신 교회의 교인들과 문화적으로 다르다. 예를 들어 가난한 흑인과 히스패닉계 사람들에게 다가간 자비 사역자들은, 이 새로운 회심자들이 백인 중산층 예배를 지루해하고 설교를 이해하지 못하는 현실을 발견할 것이다. 혹은 약물중독자 대상 사역을 하다가 동성애자나 매춘부를 주님께 인도한 사람들은, 이 새로운 회심자들이 '착실해' 보이는 다른 교인들 틈바구니에서 매우 불편해하는 것을 발견할 것이다. 이럴 때는 어떻게 해야 할까?

두 가지 대안이 있다. 첫 번째 대안은, 교회가 새로운 부류의 사람들을 위한 '공간을 마련해주어야' 한다는 점을 인식하는 것이다. 특별한 소그룹이나 주일 강의, 다른 종류의 모임을 만들어서 이 사람들을 참여하게 할 수 있다. 예를 들어 베어밸리침례교회에서는 '거리의 사람들'(가출한 사람, 알코올의존증 환자, 매춘부, 노숙자 등)을 위해 별도의 예배를 시작했다. 이 예배는 정통 예배 형식과는 달리 딱딱한 형식을 벗어나 현대 음악을 사용하고 자연스러운 감정을 중시한다. 중산층들이 달가워하지 않는 예측 불가능성과 감정 표출이 특징이다. 대부분의 교회는 이런 문제들을 크게 의식하지 않는다. "우리 교회의 문은 누구에게나 열려 있다"고 말하면서도 자신들의 의사소통과 예배, 교육, 교제, 리더십 등의 형식이 아주 협소한 문화 집단에 고정되어 있다는 것을 보지 못한다. 교회가 회중에게 '옆문'으로 가는 길을 열기 시작하면, 다양한 사람들을 위한 구조적·문화적 공간을 만들어야 할 필요성과 맞닥뜨릴 수밖에 없다.

두 번째 대안은, 이 옆문 교회가 새로운 회심자들을 다른 교회, 즉 그들의 공동체로 통합할 수 있는 교회들로 보내는 일을 의식적으로, 꾸준히 하는 것이다. 예를 들어 교회의 미혼모 사역에서 젊은 히스패닉계 여성들의 필요를 채워주려면 어떻게 해야 할까? 첫 번째 통합 방식(예를 들어 스페인어 예배 개설)을 선택하지 않는다면, 그 교회는 이 여성들과 히스패닉계 교회를 연결해주기 위한 '말씀 전략'과 '통합 전략'을 확실히 해야 한다. 교회에서 운영하는 위기 임신 센터에 히스패닉계 목회자를 파트타임 상담가로 고용하는 것도 한 가지 방법이다. 연결 방법이 뭐가 됐든, 비공식적이고 미덥지 않은 방법이 아니라 의도적이고 세심한 계획을 세워야 한다.

교회에서 비그리스도인들의 필요와 표적 집단을 조사하기 시작하면 교인 한 사람이 감당하기 힘든 막대한 정보를 다루게 된다. 사역할 표적 집단을 선택할 때는 굉장히 어렵고 미묘한 균형을 유지해야 한다. 한편으로는, 통합하기 쉬운 집단("우리와 비슷한 사람들")에만 다가가려는 성향에 주의해야 한다. 그런 접근법 배후에는 이기심과 편견(과 게으름!)이 도사리고 있을지도 모른다. 반대로, 당신 교회에 좀 더 수월하게 '적응할' 수 있는 사람들한테 적극적으로 다가가지 않는 것도 현명하지 못한 처사이다. 사람들을 교회로 인도한 다음에 다른 교회에서 훈련받게 하는 것이 사실 더 힘들다.

전략의 연결과 조율

이 모든 다양한 전략은 상대방을 전인적으로 다루기 위해서라는 점을 확실히 해야 한다.

예를 들어 자비 사역의 일환으로 "이혼 회복 워크숍"을 공개적으로 홍보할 수 있다. 하지만 이 사역이 효과가 있어서 최근에 이혼한 싱글맘들이 당신 교회로 몰려온다면 어떻게 되겠는가? 당신은 이들을 맞을 준비가 되었는가?

각 '필요 영역'마다 사역을 갖추어야 한다. 이 여성들은 대부분 쓴뿌리와 우울감을 갖고 있기 때문에, 이혼에 따른 여성의 정서적 문제를 잘 아는 사람과의 상담이 필요할 수 있다. 대부분의 경우 자녀를 양육하지만 돈 버는 기술은 없는 여성들이 많기 때문에 경제적 도움도 주어야 한다. 재교육에 따른 재정적 도움과 함께 이 과도기를 위한 단기 긴급 구호 제도도 필요하다.

싱글맘은 자녀 양육에서도 도움이 필요하다. 다른 가족이 이 가정을 '입양'하여 싱글맘의 부담을 덜어주고 격려해주며, (가능하다면) 아들들에게는 남성 역할 모델이 되어줄 수 있다. 마지막으로 교회 내에 이 여성들을 위한 '융통성 있는 공간'이 필요하다. 이들 중 일부는 부부 모임이나 결혼 경험이 없는 젊은 싱글들 사이에서 불편함을 느낄 수 있다. 반면에 이혼한 사람들만 모아놓은 소그룹을 부담스러워하는 싱글맘도 있을 수 있다. 교회는 교회 구조 전반과 생활에서 이들을 공동체로 품기 위해, 제대로 된 대안을 제공할 준비가 되어 있어야 한다.

쉽지 않은 도전이다! 이 집단의 모든 경제적·정서적·사회적 필요를 채워주기 위해서 '프로젝트 팀'을 구성해야 할지도 모르겠다. 대부분의 교회에는 "올 테면 와보라"는 식의 요새 심리가 있어서 폭발적 증가세에 있는 이혼자들은 크게 소외되어 있다. 하지만 교회가 세심한 영적 프로필에 기초하여 이들에게 말과 행위로 다가간다면 추수 가능성은 막대하다.

결론

가능성을 봐야 한다! 교회 주변에는 전도해야 할 사람들이 넘쳐난다. 각 집단에 다가가기 위해서는 말씀과 행위를 결합한 세심한 전략이 필요하다. 우리는 언제 우리 주님을 따라 자비와 정의의 행위로 복음을 실천할 것인가?

필요
채우기

개요 가난한 가족을 도울 때는 '파산한' 사람이냐 원래 가난한 사람이냐를 판단하여 기대 수준을 조정한다. 모든 문제와 의존 성향을 확인하고, 이를 해결하기 위한 사역 계획을 대략적으로 세운다. 자비는 자비로만 제한하도록 한다.

자비 사역에서 실제로 필요를 채우기 위한 기본 지침을 정하는 문제가 아직 남아 있다. 정확히 어떻게 신체적·경제적·정서적·사회적 필요가 있는 가족을 도와야 하는가?

필요를 채우는 원리

도움이 필요한 가족이나 사람을 도울 때는 몇 가지 기본 '경험 법칙'

을 길잡이로 삼을 수 있다. 다음 각 법칙은 5-7장에서 다룬 성경적 원리에서 비롯된 것들이다.

단순한 가난과 더 심각한 가난을 구분한다

'파산'과 가난은 다르다. 경제적 자립을 유지해온 가족에게 갑작스런 필요가 생길 수 있다. 몸을 다치거나 결혼생활이 깨지거나 자연재해를 겪거나 예상치 못한 실직을 당하거나 등의 원인으로 갑작스레 경제적 어려움을 겪는 경우다. 이와는 반대로 오랫동안 가난에 시달린 사람과 가족들이 있다. 가난이 생활 방식이 된, 대물림하는 가난 '문화'를 지적하는 사람들도 있다. 가난한 사람은 교육을 제대로 받지 못하고, 권위에 대해 의심하거나 냉소하며, '저금'이나 경제 계획 같은 개념(사실상 계획이나 목표 같은 개념이 아예 없다)은 생각지도 못하고 현재에 매몰되어 있기 쉽다. 예를 들면 중독과 범죄처럼 가난과 연관된 습관 패턴이 있다. 이 두 종류의 가난을 구분하는 또 다른 방법은, 앞서 살펴본 가난의 세 가지 원인, 억압과 재난과 개인의 죄를 염두에 두는 것이다. '파산한' 사람은 대개 이 세 요인 중 한 가지 때문에 그런 상황에 처하게 된다. 따라서 그를 돕는 것은 상대적으로 쉽다. 예를 들어보자.

28세인 어느 젊은 여성이 남편과 헤어졌다. 남편은 아내와 세 아이를 부양할 의무가 없는, 멀찍이 떨어진 다른 주로 도망가버렸다. 얼마 전에 수술까지 받은 이 여성은 수술비를 마련하려고 집을 팔았지만 여전히 도움이 필요하다.

하지만 '가난한' 사람은 대개 위의 세 원인이 복잡하게 얽혀 있다. 예를 들어보자.

남편은 37세, 아내는 36세이다. 부부는 둘 다 최저임금을 받으면서 여섯 자녀를 키우고 있다(열아홉 살인 큰딸은 미혼모다. 그녀도 자녀와 함께 이 집에서 살고 있다). 부모는 초등학교 4학년까지밖에 다니지 못했고, 어머니와 큰딸은 약물중독, 아버지는 알코올의존증이다. 얼마 전에는 여섯 자녀 중 한 아이가 중병에 걸렸지만 이 집에는 의료보험이 없다.

이런 사람을 도우려면 시간과 지혜, 자원과 인내심이 훨씬 더 많이 필요하다. 자비 사역을 할 때는 '파산한' 사람과 '가난한' 사람의 차이를 이해하고, 기대 수준을 현실에 맞추어 조정해야 한다.

최소한의 '단서'에서 출발해서 나중에 조건을 추가한다

앞 장에서는 '조건부' 자비 사역이라는 성경의 이슈를 논의했다. 우리는 도움 받는 사람에게 "-하면 도와주겠다"고 조건을 걸어야 하는가? 어떤 교회에서는 성숙한 교인이어야만 도와줄 수 있다고 주장하는 반면, 다른 교회에서는 아무 의무를 요구하지 않고 도와주기도 한다. 이 질문에 대한 최상의 답변은, 모든 자비 사역의 본보기인 하나님의 은혜를 상기하는 것이다.

은혜는, 우리를 무조건적으로 받아주시는 것이 아니라 받을 자격이 없는 자에게 주시는 것이다. 이 균형을 유지하기가 얼마나 힘든지 모른다! 하나님의 은혜는 전제 조건이 없기에, 있는 모습 그대로의 우리를 찾아오신다. 하나님의 은혜는 '받을 자격이 있는' 사람들에게 오지 않고(그런 사람은 없다), 차별이 없다. 처음에는 아무 조건 없이 오지만, 일단 은혜가 우리 삶에 들어온 다음에는 변화를 요구한다. 우리에게 책임을 묻는다. 왜 그런가? 은혜는 하나님의 영광과 우리 자신을 위해 우리의 거룩함과 성장을 요구한다. 은혜는 파괴적인 행위를 가로막고, 죄의 황폐함에서 우리를 보호하며, 우리를 성화시켜 '거룩하고 행복한' 사람으로 만든다. 거룩함과 행복은 불가분의 관계이다.

요약하면, 파괴적인 행위를 막아주는 은혜는 우리에게 과분한 보살핌이다. 은혜는 무조건적인 수용도 아니요, "제대로 못하면 더 이상 사랑하지 않겠다"는 식의 율법주의도 아니다. 오히려 은혜는 우리에게 "네 죄가 우리 사이를 갈라놓을 수 없다"고, 더 나아가 "죄가 너를 망가뜨리도록 내버려두지 않겠다"고 말한다. 은혜는 사랑할 만하지 않은 사람에게 임하지만, 그 은혜를 외면하면 추한 사람이 되고 만다. 은혜는 하나님만의 자유로운 행위인 '칭의'로 시작되지만, 그 사람의 영적 성장 면에서 하나님과 협력하는 과정인 '성화'가 이어진다.[1]

이런 개념은 다른 많은 영역에도 적용할 수 있다. 자녀 양육서들을 보면 마치 사랑과 훈계가 정반대인 것처럼 "사랑과 훈계의 균형을 유지해야 한다"는 이야기가 많이 등장한다. 하지만 은혜를 이해하면 이 잘못된 긴장은 해소된다. 은혜는 적극적 개입을 뜻한다. 자녀가 그럴 만한 '자격'이 없더라도 아이를 파괴적인 행위로부터 보호하되, 대충 머뭇거리면서 하는 것이 아니라 꾸준하게 그리 하는 것이다.

이 원리를 자비 사역에 어떻게 적용할지 확실히 해야 한다. '자유주의' 접근법(어려운 사람을 도와줄 때 아무 조건을 달지 않는다)도, '보수주의' 접근법(자격 있는 사람만 도와준다)도 은혜를 제대로 이해하지 못한 것이다. 우리의 자비 사역은 사람들을 마음껏 도와야 하지만, 그들의 모든 삶을 그리스도의 치유하시는 주권 아래 가져오는 것을 목표로 해야 한다. 자비 사역은 하나님나라를 위한 수고이다.

'은혜' 원리는 어려운 사람을 도울 때 다음 두 가지 유용한 실천으로 나타난다.

삶 전반에 대한 개입을 요구한다. 처음으로 도움을 요청하는 사람이라면, 정당한 필요가 있다는 것만 확인되면 두어 가지 조건이나 '단서'를 달고 돕는다. 월세나 공과금을 내주고, 음식과 거처, 필요한 관계를 제공해준다. 하지만 그 사람이 다시 도움을 청하러 온 경우에는 이렇게 말해야 한다. "우리가 계속해서 당신을 도우려면 우리가 당신 인생에 들어갈 수 있도록 허락해주어야 합니다. 당신이 계속 이런 경제적 곤경에 빠져 있는 다른 이유가 있을지도 모릅니다. 수입과 생활비를 비롯한 다른 문제들도 한번 살펴보고 싶습니다. 당신 인생에 참견하려는 것이 아니라, 장기적 관점에서 정말로 도와드리고 싶어서 그렇습니다. 그러려면 당신 인생 전반을 살펴볼 필요가 있거든요."

이런 관계에 들어가기를 꺼리는 사람이 많을 텐데, 그러면 스스로 상대의 배려를 포기하는 셈이다. 하지만 당신이 들어가도록 허락하는 사람들도 있을 것이다. 그러면 이들의 재정 관리력과 가족 양육 능력 등을 평가해볼 수 있다. 당신은 그들이 직업 훈련과 상담을 받거나 다른 개발 과제를 할 수 있도록 도울 수 있다. 책임이 커질수록 의무도 커진다.

자비로 자비를 제한한다. 두 번째 기본 지침 역시 앞장에서 이미 언급한 것이다. (그래야 한다면) 도와주는 사람에 대한 지원을 언제 끊을 것인가? 잘못된 동기로 지원을 끊는 경우가 많다. 어떤 그리스도인들은 복수심에서 봉사 활동을 그만둔다. 도움을 받는 사람이 무책임하거나 부정직하게 행동했다는 것이다. 때로는 방어적인 태도로 지원을 멈춘다. "더 이상 못하겠어! 이건 참을 수 없다고요." 하지만 우리가 지원을 끊을 수 있는 정당한 동기는 한 가지뿐이다. 도움을 받는 사람이 무책임한 행동을 하는데도 계속해서 도와준다면, 그 사람을 본인의 행동에 따른 결과에서 보호해주는 것이 될 뿐이다. 그럴 때 계속 돕는 것은 사랑도 자비도 아니다. 자비로 자비를 제한하라. 이것이 지원을 끊는 당신의 동기라면, 도움을 받는 쪽은 지원 중단으로 오히려 정신을 차릴 수도 있다. 상대방은 당신이 염려와 긍휼히 여기는 마음, 즉 단호한 긍휼로 지원을 중단한 것을 알아챌 것이다.

어디쯤에서 지원을 중단해야 하는지 정확한 선을 긋는 방법은 없다. 그 사람에게 가족이 있고 지원 중단이 가족한테 상처를 줄 때는 보류해야 한다. 상대방에게 차도가 있었고 회개하고 있다면 참을성 있게 기다려주어야 한다. 각각의 사례를 고려하여 판단해야 한다. 하지만 어떤 경우이든, 일시적으로 지원을 중단해야 할 때는 이렇게 말해준다. "자비 사역을 거둬들이는 것이 아닙니다. 형식만 바뀔 뿐이에요! 의사가 환자를 치료하기 위해 때로는 칼을 대는 것처럼 우리도 당신을 배려하는 마음으로 이렇게 하는 겁니다."

판단하는 자세로 하지 않도록 하나님께 자비를 달라고 기도하라. 우리는 모두 하나님의 자비가 필요한 사람들이니 말이다!

그리스도인과 비그리스도인을 도울 때 우선순위를 세운다

앞 장에서 이 질문도 일부 다루었다. 갈라디아서 6장 10절은 우선 순위의 필요성을 암시한다. 우리는 언약 공동체의 일원인 동료 그리스도인들의 필요를 감당하는 일에 자원과 에너지를 집중해야 한다. 자비 사역은 그리스도인들이 삶을 나누는 '코이노니아koinonia', 곧 교제의 한 형태이자 축복이기 때문이다. 우리는 한 몸이고, 궁극적으로는 우리가 가진 그 어떤 것도 우리 소유라고 주장할 수 없다(행 4:32).

그런가 하면 우리는 "모든 이"를 도와야 한다(갈 6:10). 불신자들을 향한 자비 사역은 복음을 전하는 한 가지 형태이다. 자비 사역은 말로 선포되는 복음과 마찬가지로 세상 사람들에게 차별 없이 전달되어야 한다. 우리는 모르는 사람과 나그네, 심지어 원수까지 도와야 한다(눅 6:32 이하, 10:27-35).

하지만 이런 우선순위 때문에, 복음에 대한 반복되는 거부와 적대감이 우리의 자비 사역에 영향을 미칠 수 있다. 예수님은 왕의 자비 사역으로 기적을 베푸셨는데, 그분이 고치신 사람들에게 회개와 믿음을 요구하셨다는 사실을 우리는 기억해야 한다(막 2:5; 요 5:14). 예수님은 불구인 사람을 고쳐주시고 "다시는 죄를 범하지 말라"고 말씀하셨다. 명심하라. 예수님은 도움을 주는 조건으로 회개를 요구하시지는 않았지만, 이어서 하나님나라를 선포하셨다.

자비 사역은 사람들에게 회개하고 왕을 인정하라고 요구한다. 때로는 그 메시지가 자비 사역에 명시적으로 드러나기도 하지만, 암시적으로는 항상 깔려 있다. 번번이 왕을 거부하는 사람들에게는 결국 자비 사역을 유보해야 한다. 예수님은 나사렛에서는 기적을 (행하기는 하셨지만) 거의 행하시지 않았는데 사람들의 불신 때문이었다(마 13:58).
마찬가지로, 말씀 선포 사역이 무기한으로 늘어나서는 안 된다(마 7:6,
10:14).[2]

이는 복음에 반응하지 않는 수혜자에게는 교회의 지원을 줄여가야
한다는 뜻이다. 복음을 꾸준히 거부하거나 적대감을 표현하는 사람은,
지속적인 경제적·개인적 발전을 위해 그리스도인들과 관계를 이어가
는 것도 대체로 거부할 것이다. 다시 말해, 그런 사람들은 우리가 그
들 삶에 개입하는 것을 허락하지 않을 것이다. 어느 시점에 이르면, 그
들의 거부와 적대감 때문에 우리가 자비로운 마음으로(앞의 내용을 보라)
자비 사역을 그만두어야 할 수도 있다.

지금까지는 기본 원리들을 살펴보았다. 이제부터는 도움이 필요한
가정을 실제로 만나서 어떻게 해야 할지를 간단히 설명하려 한다.

필요를 채우는 실전

필요를 조사한다

우선은 잘 듣는다. 상대방이 자기 이야기를 꺼내놓고 문제와 고통을
나눌 수 있도록 분위기를 조성한다. 그런 다음에는 적극적으로 묻는
다. 이 문제가 얼마나 오래되었는지, 그 사람은 이 문제를 어떻게 해결
하려 했는지, 무엇이 도움이 되었는지, 무엇이 문제를 더 악화시켰는
지, 그 상황에서 어떤 것이 가장 큰 위협이나 압박이 되는지 알아낸다.
다음 질문들을 하라.

이 필요의 근본 원인은 무엇인가? 가난의 근본 원인에는 불의(고용주나 집주인 등의 불공평한 처사), 재난(질병, 사고 등), 죄(흐린 판단력, 게으름, 자제력 부족 등)가 있었다. 이 사람의 원인은 무엇인가?

현재 재정적인 도움이 정확히 어느 정도나 필요한가? 이를 파악하기 위해 전체 수입과 자산을 평가한 다음, 전체 지출과 부채 등을 점검한다.

이 가족의 영적 상황과 교회 참여도는 어떤가?

겉으로 드러나는 문제들 배후에 있는 하부 문제로는 어떤 것들이 있는가?3 도움이 필요한 사람을 처음 만났을 때는, 대개 각종 요금(월세, 전기료)이 밀려 있거나 기초 생필품(음식과 거처, 병원 치료)을 감당하지 못하는 것이 문제인 경우가 많다. 지금 당장 돈이 없는 게 문제인 것이다. 그런데 이런 당면 문제만 보는 것은 굉장히 근시안적이다. 이 문제들은 재정 위기에 선행하는 몇 가지 '하부 문제'로 구분할 수 있는데, 그것들은 곧 재정 부족을 초래하는 생활 방식이다. 다음 하부 문제들 중에 한 가지나 두어 가지 조합이 나타날 수 있다.

의존성을 확인한다

1. **재정적 의존**　　상대방이 실직 상태이거나 일이 부족한 경우이다. '재정적 의존'은 수입이 부족해서 기초 생필품도 구입하지 못하는 상태로 정의할 수 있다. 대부분의 경우, 재정적 의존은 다음에 나오는 하부 문제들 중 한 가지와 연결되어 있다. 그러나 다른 하부 문제가 없는 사람들 중에서도 예상치 못한 재난 때문에 직업을 잃거나 갑작스레 도움이 필요하게 될 수도 있다.

2. 신체적 의존　노화나 만성 질환, 장애 등으로 혼자서 몸을 움직일 수 없는 신체적 의존 상태가 되면 경제적 의존 상태에도 처할 수 있다. 직업 활동을 못하므로 자신의 필요에 충분한 수입을 얻지 못하기 때문이다.

3. 계획 의존　어떤 사람들은 겉으로는 재정적 의존 상태인 듯 보이나, 자세히 들여다보면 예산과 그에 따른 규모 있는 생활, 부채 청산, 저축 등 경제 계획에 심각한 문제가 있음을 알 수 있다. 이 하부 문제에는 다양한 변수가 있는데, 그중에는 비능률적 쇼핑 습관, 비현실적 지출 우선순위, 단순한 자제력 부족 등이 있다. 어떤 경우에는 평소 가족의 경제 계획에는 문제가 없었지만, 예상치 못한 큰 지출 요인이 발생하면서 제한된 재정 관리 능력이 바닥을 드러낼 수도 있다.

4. 정서적 의존　독립적으로 행동하는 능력이 부족한 사람도 있다. 중독, 우울, 분노 조절 장애를 비롯한 심각한 자제력 부족 때문에 지속적으로 경제적 곤란에 처할 수 있다. 정서적 의존의 또 다른 주요 형태는 가족 문제이다. 부부 간의 갈등 해결 면에서나 자녀 양육 면에서 문제가 있다. 많은 경제 문제가 가정 내 심각한 문제들 때문에 발생하거나 악화되곤 한다. 때로는 특정한 '나쁜 습관' 때문에 정서적 의존이 생기는 것이 아니라, 두려움과 자신감 결여 같은 일반적인 태도가 원인이 되기도 한다. 이런 사람은 끊임없이 남들이 자신의 기본 필요를 채워주기를 요구한다.

5. **기술 의존**　　사회에서 일정한 역할을 감당하는 데 필요한 기본 기술을 갖추지 못한 사람들이 있는데, 이런 기술 부족이 경제적으로 심각한 결과를 불러올 수 있다. 그중에서도 가장 중요한 두 가지는, 읽고 쓰는 능력과 시장성이 있는 직업 능력이다. 기본적인 구직 능력과 일반적인 의사소통 능력도 필요하다.

6. **관계 의존**　　대부분의 사람들은 서로 힘이 되어주는 관계가 사회에서 성공적인 역할을 감당하는 데 얼마나 중요한지 잘 모르는 것 같다. 어려운 형편에 처한 사람들 중에는, 책임 있는 행동을 지지해주거나 격려해줄 만한 친척이나 친구가 거의 없는 사람들도 있다. 인정 없거나 도움이 안 되는 가족과 친구들만 있는 사람들은, 돈이나 기술이나 정보 이상의 것이 필요할지도 모른다. 관계가 필요한 것이다.

7. **사회적 의**　　이 말은 부당한 힘의 불균형을 뜻한다. 이런 사람은 피해자가 되어 법적 도움, 더 나아가 정치적 도움과 지원이 필요한 상황일 수도 있다.

이 일곱 가지 문제가 서로 깊은 연관이 있다는 점을 확실히 해야 한다. 한 가지 하부 문제가 또 다른 하부 문제의 직접적 원인이거나 주원인은 아닌지, 여부를 확인하는 것이 가장 중요하다.

사역 계획의 개요를 작성한다
이렇게 면접을 마치고 나면 사역 계획을 작성한다. 그 사람의 책임

소재를 밝혀 구체적으로 문제를 기술하는 것부터 시작한다. 예를 들면 이렇다. "당신은 직장에서 갈등이 생길 때마다 번번이 분노로 문제를 해결하는데, 그 덕에 두 번이나 직장에서 잘렸다." "작년에 월급은 5퍼센트밖에 오르지 않았는데, 월세는 50퍼센트나 올랐다." 하부 문제가 무엇인지 확실히 서술해야 한다. 당신은 이 내용을 당사자와 같이 논의하고 각 세부 사항에 대해 합의에 도달하기를 원할 것이다. 상대방을 존중하는 마음으로 대해야 한다는 것을 잊지 마라. 각각의 문제 아래 목표와 도움의 형태를 적어본다.

1. 각 문제에 대한 목표(들)를 세운다. 목표는 내가 문제를 '해결한' 다음에 상황이 어떻게 되기를 바라는지, 언제 해결되기를 바라는지 구체적으로 서술한 것이다. (이렇게 하면 당신과 도움을 받는 쪽 모두 당신이 어느 방향으로 가는지를 정확히 알 수 있다.) 예를 들면 이렇다. "OOO를 제외하고 9월까지 모든 공과금을 납부하고, 11월까지는 큰 빚을 청산한다."

재정적 의존이 문제라면, 이런 목표를 예로 들 수 있겠다. "9월부터 시작하여 6개월 동안 이 가족이 직업을 통한 수입으로 자립하는 것." '경제 계획' 능력이 부족한 가족이라면 "6개월 동안 연체 없이 모든 요금을 지불하는 것" 같은 목표를 세울 수 있다. 내면의 문제가 있는 가족이라면 이런 목표를 설정할 수 있다. "두 자녀 모두 지각, 상습 결석 등의 문제를 일으키지 않고 한 학기를 무사히 마치는 것."

2. 어떤 형태로 도울 것인가? 각각의 하부 문제마다 다른 종류의 도움이 필요하다. 일반적으로, 재정적 의존이 문제인 사람에게는 목표

달성을 위한 긴급 구제가 필요하다. 가족들이나 친구, 기관 등 다른 어떤 지원이 가능한지 잘 확인해본다. 하지만 취업 적성을 찾고, 직업 재교육을 돕고, 가능하다면 구직 기술을 가르치고, 일자리를 찾도록 도와줄 필요도 있다.

신체적 의존의 경우에는, 이들의 필요를 채우기에 충분한 지속적 수입원을 마련하고, 이들이 자신의 상황을 건강하게 받아들이도록 도와주어야 한다. 정서적 의존의 경우에는, 이들의 의존성에 사랑으로 반응해주고, 구직에 방해가 되는 태도와 습관을 없애고, 다른 문제들에 대해 상담을 받도록 해준다. 경제 계획 능력이 부족한 사람들은 재정 계획과 평가 능력을 개발할 수 있도록 도와주어야 한다. 사회적 의존의 경우에는, 우리가 이들의 법적 변호인이 되어주거나 법적 변호인을 찾아주어야 한다. 정서적 의존의 경우에는, 이들을 격려해줄 관계망과 친구들을 만들어주어야 한다.

우리가 그들을 돕는 동기는 그들로 하여금 하나님의 은혜를 체험하도록 하기 위해서라고 항상 설명해주어야 한다. (정말 그렇게 될 수 있게 해달라고 하나님께 간구하라!) 상대가 그리스도인이 아니거나 상대의 영적 상태를 정확히 알지 못한다면, 돕는 과정의 어느 시점에서 상대방에게 복음을 나누어야 한다. 상대방이 그리스도인이라면 그가 도움을 받는 동안 은혜 가운데 성장할 수 있도록 돕는 계획을 세운다. 그 사람이 자신의 어려움을 성경적 관점에서 보고, 교회 예배와 교제에 참여할 수 있게 돕는다.

이렇게 사역의 모든 목적과 형식을 살펴보는 동안 그 무게에 압도되어 호흡이 가빠질지도 모르겠다. 문제의 우선순위를 정해야 한다.

나머지 문제들보다 더 근본적인 문제는 무엇인가? 근본 원인을 살피는 것이 조사의 출발점이라는 사실을 잊지 마라. 상대방에게 의견을 묻고 함께 결정한다. 목표에 도달하기 위해 가능한 모든 대안을 브레인스토밍한다. 각 대안의 장단점을 나열해본다. 위험하거나 비성경적인 경우가 아니라면, 상대가 원하는 대안을 선택하도록 도와준다.

들어가며: 누가 나의 이웃인가?

1. 빈곤 통계가 당신에게는 새로울 수도 있다. 어떤 면(들)이 가장 의외였는가? 이 통계 수치를 보고 나서 사회의 빈곤에 대한 관점이 어떻게 바뀌었는가?

2. 노숙자 안젤라에게 접근했던 신학생의 경험은 가난한 사람과의 만남이 생각만큼 단순하지 않음을 시사해준다. 이 신학생의 예를 보면서, 이런 복잡한 문제에는 어떤 것들이 있는지 이야기해보라.

3. 당신이나 당신 교회에서 도울 수 있는 가난한 '집단'은 어떤 이들일까? 한 번 설명해보라.

1. 자비를 요구하시는 하나님

1. 우리가 궁핍한 사람들에게 베푸는 자비는 어떤 방식으로 그리스도의 사랑을 반영하는가?

2. 자비를 베풀려면, 그전에 먼저 우리 삶에 어떤 변화가 있어야 하는가? 당신 삶의 어떤 부분에 변화가 필요한지 보이는가? 그 부분을 설명해보라.

3. 자비 사역의 필요성에 대해 근거를 제시하는 성경 구절(구약이나 신약)은 어디인가?

4. 우리가 자비 사역을 선택 사항이라고 생각하는 이유는 무엇일까?

5. 그리스도는 어떤 면에서 우리에게 자비 사역의 본보기가 되시는가?

2. 자비 사역의 성격

1. 타락의 결과로 발생한 네 가지 소외는 어떤 것들인가?

2. 그리스도의 재림은 이 네 가지 소외를 어떻게 바꿔놓을까?

3. 그리스도의 재림과 오늘날 교회의 자비 사역은 무슨 관계가 있는지 이야기 해보라.

4. 사람들이 느끼는 필요와 사람들 내면의 필요는 어떻게 다른가?

5. 어떻게 해서 다른 사람의 신체적 필요를 채우는 것이 영적 행동이 될 수 있 는가?

3. 자비 사역의 동기

1. 자비를 베푸는 성경적 동기는 무엇인가?

2. 자비를 가르치는 설교를 들을 때 우리가 내면에서 갈등하는 이유는 무엇인 가?

3. 우리가 마음껏 자비를 베풀지 못하도록 막는 것에는 어떤 것들이 있는가?

4. 자의식과 자비의 상호작용을 설명해보라.

5. 주는 것이 받는 것보다 낫다는 말씀을 실천하고 있는가? 그렇게 하지 못하 도록 방해하는 요소에는 무엇이 있는가?

4. 나눔과 소유: 균형 잡힌 생활 방식

1. 당신은 론 사이더가 말하는 '단순한 삶'에 대한 성경의 근거를 어떻게 생각 하는가?

2. 뉴턴이 제시한 돈 관리의 세 가지 지침을 놓고 토론해보라. 그 내용은 거룩 한가? 실행 가능성이 있는가?

3. 어떻게 해서 자비 사역이 '정의로운 삶'으로 비쳐질 수 있는지 설명해보라.

4. 재물을 얻는 문제에 대한 당신의 관점을 검토해보라. 재조정이 필요한 부 분이 있는가?

5. 당신의 경험에 비추어볼 때, 얼마만큼 나눌지 결정할 때 적용할 수 있는 좋 은 규칙이 있는가?

5. 교회와 세상: 균형 잡힌 초점

1. 어려운 사람들을 책임져야 할 사회의 기본 단위 세 가지는 무엇인가? 그들이 갖는 책임의 정도는 어떻게 다른가?

2. 비그리스도인들도 도와야 한다고 암시하는 성경의 세 가지 원리는 무엇인가?

3. 그리스도는 이 땅에 계실 때 (구원을 베푸시는 것 이외에) 어떻게 안 믿는 자들에게 자비를 베푸셨는가?

4. 자비 사역은 심판 날에 오실 하나님나라를 어떻게 반영하는가?

5. 예수님이 사마리아인을 이웃의 극단적 예로 사용하신 이유는 무엇일까? 당신에게는 누가 '사마리아인'인가?

6. 당신을 자비 사역에 사용해달라고 하나님께 기도하지 못하도록 방해하는 것이 있는가?

6. 조건과 무조건: 균형 잡힌 판단

1. 처음에는 조건 없이 자비를 베풀어야 한다는 원리의 성경적 근거를 설명해보라.

2. 무조건적 자비는 바꾸어야 한다는 성경적 근거는 무엇인가? 당신은 조건이 붙은 자비를 어떻게 생각하는가?

3. 자비의 가장 중요한 목적은 무엇인가?

4. 우리가 자비에 조건을 달 때 사용할 수 있는 지침은 무엇인지 설명해보자.

5. 성경은 가난의 세 원인으로 무엇을 꼽는가?

6. 하나님에 대한 반항을 부추길 수 있는 자비 사역의 예를 들어보라. 하나님에 대한 믿음을 북돋울 수 있는 자비 사역의 예를 들어보라.

7. 말과 행위: 균형 잡힌 증거

다음 사례와 교회 위원회의 반응을 읽으라. 모든 참석자들은 성경적 이해가 부족하다. 각각의 이의 제기에 대해 하나님 말씀에 근거하여 반박하는 글을 간단하게 써보라.

교회에 다니는 한 가정이 있다. 가족 구성원은 부부와, 아내가 (사별한 전 남편과 사이에서) 낳은 십 대 자녀 둘, 남편이 (이혼한 전 부인과 사이에서) 얻은 또 다른 십 대 자녀 둘이다. 남편 자녀들은 정확히 이전 가족과 절반, 지금 가족과 절반의 생활을 함께 하고 있다. 아내는 어릴 때부터 교회에 다녔지만, 남편은 나중에 그리스도인이 되어 3년 전부터 이 교회에 다니기 시작했다. 둘 다 '믿음 좋은 그리스도인'이라고 보기는 어렵지만, 빠지지 않고 교회에 출석하고 있다.

시력이 매우 나쁜 남편은 제대로 된 직업을 가질 수 없어서 아내의 자녀들이 받는 유족 연금이 있어야만 겨우 가계를 꾸릴 수 있는 형편이었다. 가족들은 유족 연금이 곧 바닥날 것을 알면서도 그에 대비하기는커녕 무분별한 대출까지 받는 바람에 빚이 꽤 쌓였다. 요즘 가족들은 상당한 재정 압박을 받고 있다.

이 가족의 필요를 알게 된 목사는 교회 위원회에 보고했고, 위원들은 마지못해 소액 대출을 승인하면서 이렇게 한마디씩 했다.

1. "이런 가족을 도와주면 교회 재정이 부족해져서 진짜로 도움이 필요한 사람이 생겼을 때 도와주지 못할 겁니다."

2. "하나님의 돈을 아무렇게나 허비해서는 안 되지 않나요."

3. "우리가 이 사람들을 아무 조건 없이 그냥 도와준다면 이게 선례가 되어서 요청하는 사람마다 모두 도와줘야 할지도 모릅니다. 돈을 빌려주는 것으로 해서 이런 요구가 반복되지 않도록 해야 합니다."

4. "이렇게 무책임한 사람들은 도와줘서는 안 된다고 생각합니다. 사람은 자립하는 법을 배워야 합니다. 게다가, 저 사람들은 엉뚱한 데다 돈을 쓸지도 몰라요."

5. "예전에도 다른 교인들에게 돈을 빌려준 적이 있지만, 제대로 갚은 사람이 없습니다. 나는 교회가 이런 성가신 일에 관여해서는 안 된다고 생각합니다."

6. "도움이 필요한 사람을 누가 정할 수 있습니까? 재정적으로 곤란한 사람들이 어디 한둘이던가요. 그런데 왜 저 사람들만 도와줘야 하죠?"

7. "어떤 사람이 자기 실수로 사업에 실패해서 재산이 압류되었다면, 그런 사람도 도와줘야 합니까?"

8. "자녀 부양은 그 사람 문제죠. 나라면 그런 데 돈 쓰지 않겠습니다. 그 사람이 이혼한 것도 성경적이지 않잖아요."

9. "우리가 이런 데 돈을 쓰는 줄 알면 교인들이 헌금을 안 할 겁니다. 그 가족에게 한 푼이라도 더 준다고 하면, 나도 헌금 그만두겠습니다."

10. "그 집에 애완동물은 없겠죠. 개 사료비까지 대주고 싶지는 않네요."

8. 시작하기

1. 자비 사역의 네 가지 통로를 설명해보라.

2. '관심의 원'이란 무엇인가?

3. 당신이 속한 관심의 원에서 당신은 어떤 필요들을 볼 수 있는가? 그 필요들이 잘 충족되고 있는가? 당신이 할 수 있는 다른 일은 없는가?

4. 당신이 주변 사람들의 필요를 채워주지 못하도록 방해하는 것은 무엇인가?

5. 당신은 어떤 종류의 격려자인가?

6. 당신은 어떤 종류의 격려를 할 때 주님의 도움이 가장 절실한가?

9. 자비 사역 준비

1. 자비 사역을 독려하기 위해 당신의 삶과 교회에서 할 수 있는 일은 무엇일까?

2. 자비 사역을 위한 조사를 하는 목표는 무엇인가?

3. 이 장의 내용은 아주 실제적이다. 당신은 다음 일들을 시작할 수 있는 사람들을 찾을 수 있겠는가?

    a. 자비 위원회 설립

    b. 설문 조사 개발

c. 설문 조사 실시

d. 사회단체 방문

e. 그 밖의 개인 방문

f. 조사 결과 요약/평가

10. 교회 동원

1. 모든 그리스도인이 선지자요 제사장이요 왕인 이유를 설명해보라. 이런 진리는 자비 사역에 어떤 영향을 미치는가?

2. 〈도표 3〉을 보고 각 사전 질문에 대해 토론해보라. 당신은 프로그램을 계획할 준비가 된 개인이나 그룹인가? 그렇다면, 〈도표 3〉에 정리된 단계를 하나씩 밟아가라.

11. 시야 확장

1. 긴급 구제가 부적절한 경우는 어떤 때인가? 예를 들어 말해보라.

2. 우리가 자비 사역에서 추구할 수 있는 개입의 여러 차원(개입의 원)을 설명해보라.

3. 이 장에서 언급한 지역 프로젝트 중에서 당신에게 가장 인상적인 사역은 어떤 것이었나?

4. 당신 교회에서 그와 비슷한 지역 프로젝트를 생각해볼 수 있을까?

12. 사역 관리

1. 자비 사역이 주춤하는 이유에는 어떤 것들이 있는가?

2. 이런 문제들을 어떻게 해결할 수 있을까?

3. 우리 교회는 자비 사역을 하면서 어떤 위험에 빠질 가능성이 있는가?

4. 일단 자비 사역을 시작하고 난 후, 교회가 계속해서 땅을 '갈아엎고' '비옥하게' 하려면 어떤 계획이 필요하겠는가?

13. 자비 사역과 교회 성장

1. 우리는 어떻게 자비 사역의 수혜자를 전인적으로 보아야 하는가? 어떻게 교회를 전체적으로 보아야 하는가?

2. 자비 사역을 생각할 때 당신에게는 어떤 종류의 영적 성장이 필요한가? 당신은 당신 교회의 성장을 위해 어떻게 기도할 수 있을까?

3. 자비 사역은 교회의 수적 성장을 어떻게 촉진하는가?

4. '앞문 교회'와 '옆문 교회'를 설명해보라. 당신 교회는 어느 쪽에 속하는가?

5. 도움이 필요한 사람들을 개인적으로 만날 수 있는 방법에는 어떤 것들이 있는가?

14. 필요 채우기

1. 도움을 받는 사람이 일시적으로 '파산'했는지, 원래 '가난한' 사람인지 구별하는 것이 왜 중요한가?

2. 자비 사역에서 "무조건적으로 받아주는 것이 아니라, 받을 자격이 없는 자에게 주는 것"이라는 사실이 왜 중요한가?

3. 다른 사람과 함께 당신의 자비 사역에 대해 논의할 준비가 되어 있는가?

추천 도서

Chester, Tim. *Good News to the Poor: Social Involvement and the Gospel.* Wheaton, IL: Crossway, 2013.

이 책은, 복음 선포를 최우선 순위로 하는 교회에서 복음 전도와 사회적 관심이 서로 어떻게 연관되어 있는지를 토론하는 데 유익하다. 건전한 성경적·신학적 토대 위에서 가난의 복잡한 특성을 잘 묘사하고 있으며, 교회 사역의 신학적 기반부터 실제적 지침에 이르기까지 모든 면을 다루는 최고의 전천후 도서라 할 만하다.

Conn, Harvie. *Evangelism: Doing Justice and Preaching Grace.* Grand Rapids: Zondervan, 1982.

저자는 교회의 사명을 이루는 데 있어 말씀 사역과 행위 사역이 온전히 통합되어야 함을 대중의 눈높이에 맞춰 주장한다. 복음 전도는 자비와 공의의 행동과 연결되어야 하는데, 이 책은 그렇게 할 수 있는 실제적인 본보기를 제시한다. 조금 오래되긴 했지만, 여전히 고전으로 남을 책이다.

Edwards, Jonathan. *Christian Charity: or, the Duty of Charity of the Poor, Explained and Enforced.* In vol. 2 of *The Works of Jonathan Edwards.* Edinburgh: Banner of Truth, 1974, pp. 163-173.

수많은 강력한 성경적 주장들을 제시하여, 가난한 사람들에 대한 관심을 어떻게든 최소화하기 위해 그리스도인들이 만들어내는 흔한 반론과 변명의 여지를 없앤다. 읽기 쉬운 책은 아니지만, 가난의 원인들을 구별하는 지침은 실제적으로 암시하는 바가 많다.

Haugen, Gary. *Good News about Injustice: A Witness of Courage in a Hurting World.* Downers Grove, IL: InterVarsity Press, 1999.

또 다른 고전으로 꼽을 만한 이 책은, 고통 받는 사람들에게 베푸는 정의 사역과 구제보다는 정의의 성경적 특징과 소외된 자들에 대한 변호를 주로 다룬다.

Myers, Bryant. *Walking with the Poor: Principles and Practices of Transformational Development*. 2nd ed. Maryknoll, NY: Orbis, 2011.《가난한 자와 함께하는 선교》(기독교문서선교회).

Corbett, Steve and Brian Fikkert. *When Helping Hurts: How to Alleviate Poverty without Hurting the Poor…and Yourself*. Chicago: Moody, 2012.《헬프: 상처를 주지 않고 도움을 주고받는 성경적인 방법》(국제제자훈련원).

두 책 모두 가난한 사람을 돕는 일에서 중요한 실제적 원리를 제시한다. '구제'나 '정의'보다는 가난한 사람들이 자립하도록 돕는 '개발'에 더 집중한다. 마이어스는 좀 더 학구적인 방안을, 코베트와 피커트는 대중적인 방안을 내놓는다. 이 주제와 관련된 최고의 기독교 도서로 추천한다.

Perkins, John. *With Justice for All*. Ventura, CA: Regal, 1982.

퍼킨스는 재배치, 화해, 재분배라는 사역의 세 원리를 제시한다. 이를 중심으로 기독교 공동체 변혁의 실제적인 모델을 발전시킨다. 말씀과 사역이라는 신학적 원리를 어떻게 삶으로 살아내는지 보여주는 고전이다.

주

들어가며

1. Mev Puleo, *Christian Century* (24 April 1985): p. 408.
2. George Grant, *The Dispossessed: Homelessness in America* (Fort Worth: Dominion Press, 1986), pp. 71-72.
3. Colin Greer, "Something Is Robbing Our Children of Their Future", *Parade Magazine*, 4 March 1995, p. 4.
4. Paul Koegel et al. "The Causes of Homelessness" in *Homelessness in America* (Washington DC: Oryx Press, 1996).
5. Greer, Something Is Robbing Our Children, p. 4.
6. *Why Are People Homeless? NCH Fact Sheet #1.* (Washington DC: National Coalition for the Homeless, 1997), p. 1.
7. David A. Super, Sharon Parrott, Susan Steinmetz, and Cindy Mann, *The New Welfare Law-Summary* (Center on Budget and Policy Priorities, 1996), p. 3.
8. *Why Are People Homeless?*, p. 1.
9. 같은 책.
10. 같은 책, p. 2.
11. 같은 책.
12. Grant, *The Dispossessed*, p. 34.
13. *Why Are People Homeless?*, p. 1.
14. Bob Herbert, "One in Four in America," *New York Times*, 16 December 1996.
15. 같은 글.
16. *New Child Abuse Findings* (Child Welfare League of America, 440 First St., NW, Suite 310, Washington DC, 31 July 1996).
17. *Why Are People Homeless?*, p. 1.
18. Thomas Ferrick and Stephen Shames, "The Invisible Homeless", *Phila-*

delphia Inquirer Magazine, 13 December 1987, p. 16.

19. Bernadette D. Proctor, "Poverty", *Population Profile of the United States*, 1995, U.S. Dept. of Commerce, p. 43.

20. U.S. Bureau of Census, 1995.

21. Super et al., *The New Welfare Law*, p. 1.

22. Katharine Q. Seelye, 'The New U.S.: Grayer and More Hispanic", *New York Times*, 27 March 1997.

23. "Poverty: One View", *ACTS Newsletter* (Tenth Presbyterian Church, Philadelphia, April 1987).

24. Super et al., *The New Welfare Law*, p. 2.

25. U.S. Bureau of Census, 1995.

26. Seelye, "The New U.S.: Grayer and More Hispanic."

27. 같은 글.

28. Gerald Celente, *Trends 2000: How to Prepare for and Profit from the Changes of the Twenty-First Century* (New York: Warner, 1997), p. 159.

29. Jason DeParle, "The New Contract with America's Poor", *New York Times*, 28 July, 1996.

30. Celente, *Trends 2000*, p. 166.

31. "The Working Poor", *Congressional Quarterly Researcher* (5 November 1995), p. 980.

32. Seelye, "The New U.S.: Grayer and More Hispanic."

33. Charles Colson, *America's Prison Crisis* (Washington: Prison Fellowship Ministries, 1987).

34. Celente, *Trends 2000*, p. 287.

35. 같은 책, p. 290.

36. 같은 책, p. 289.

37. Francis Schaeffer, *The Church at the End of the Twentieth Century* (Downers Grove, IL: InterVarsity Press, 1970), p. 37. 《기독교 교회관》 쉐퍼 전집 4-제1권(크리스천다이제스트).

1장 자비를 요구하시는 하나님

1. Nathan Cole, "Spiritual Travels", *William and Mary Quarterly* 7 (1950): p. 591.

2. John Bunyan, *Grace Abounding to the Chief of Sinners*, ed. John P. Gulliver (London: Bradley, 1871), p. 59.《죄인 괴수에게 넘치는 은혜》(규장).

3. *Sermons of M'Cheyne* (Edinburgh: n.p., 1848), p. 482.《로버트 맥체인 설교집 마태복음》(그책의사람들).

4. Derek Kidner, *Genesis: An Introduction and Commentary* (Downers Grove, IL: InterVarsity Press, 1973), p. 161.

2장 자비 사역의 성격

1. 예를 들면, Herman Bavinck, *The Doctrine of God* (Grand Rapids: Eerdmans, 1951), p. 206-207.《개혁교의학 2》 "4부 하나님"(부흥과개혁사).

2. C. S. Lewis, *Mere Christianity* (New York: Macmillan, 1958), p. 56.《순전한 기독교》(홍성사).

3. 같은 책, pp. 56-57.

4. *The Writings of John Bradford*, vol. 1 (n.p.: Parker Society, 1848), pp. 194-195.

5. Lewis, *Mere Christianity*, p. 160.

6. Francis Schaeffer, *True Spirituality* (Carol Stream, IL: Tyndale, 1971), p. 134를 보라.《기독교 영성관》 쉐퍼 전집 3-제2권(크리스천다이제스트).

7. "이미 그러나 아직"이라는 하나님나라 관점에 대한 대표적 설명은 다음을 보라. H. Ridderbos, *The Coming of the Kingdom* (Philadelphia: Presbyterian and Reformed, 1962), pp. 36-60.

8. Edmund Clowney, "Kingdom Evangelism", in *The Pastor-Evangelist*, ed. Roger Greenway (Phillipsburg, NJ: Presbyterian and Reformed, 1987), pp. 15-32.

9. Charles Kraft, *Communication Theory for Christian Witness* (Nashville: Abingdon, 1983), p. 203.《기독교 커뮤니케이션론》(기독교문서선교회).

3장 자비 사역의 동기

1. Michael Wilcock, *Savior of the World: The Message of Luke's Gospel* (Downers Grove, IL: InterVarsity Press, 1979), p. 123. 《누가복음 강해》 (IVP).

2. D. Martyn Lloyd-Jones, *Studies in the Sermon on the Mount* (Grand Rapids: Eerdmans, 1971), p. 50. 《산상설교》(베드로서원).

3. Jonathan Edwards, *Works*, vol. 2 (reprint, Edinburgh: Banner of Truth, 1974), p. 172.

4. *Sermons of M'Cheyne* (Edinburgh: n.p., 1848).

5. B. B. Warfield, *The Person and Work of Christ* (Philadelphia: Presbyterian and Reformed, 1950), p. 574.

6. 같은 책, p. 480.

4장 나눔과 소유: 균형 잡힌 생활 방식

1. Derek Kidner, *Psalms 1-17* (London: InterVarsity Press, 1973), p. 161.

2. Ronald J. Sider, *Rich Christians in an Age of Hunger* (Downers Grove, IL: InterVarsity Press, 1977), pp. 172-188. 《가난한 시대를 사는 부유한 그리스도인》(IVP).

3. Ronald J. Sider, *Living More Simply: Biblical Principles and Practical Models* (Downers Grove, IL: InterVarsity Press, 1980).

4. Basil Miller, *George Mueller: The Man of Faith* (Grand Rapids: Zondervan, 1941), pp. 126-127.

5. J. Wesley Bready, *England: Before and After Wesley* (London: Hodder and Stoughton), p. 238.

6. Miller, *George Mueller: The Man of Faith*.

7. John Newton, *Works* (London: Henry Bohn, 1871), p. 33.

8. 같은 책, p. 34. "불필요한 것을 스스로 허용하지 않도록 하라. 가난한 사람을 도울 수 있는 동전 한 푼이 더 있지 않다면, 양심상 적정 수준보다 동전 한 푼 더 사용하는 것을 생각하지 말아야 한다."

9. 같은 책.

10. 같은 책, p. 33.

11. Sider, *Rich Christians*, p. 172에서 인용됨.

12. David Chilton, *Productive Christians in an Age of Guilt-Manipulators* (Tyler, Tex.: Institute for Christian Economics, 1981), p. 80.

13. William Hendricksen, *New Testament Commentary: Exposition of the Pastoral Epistles* (Grand Rapids: Baker, 1957), p. 199.

14. 같은 책, p. 198. *TDNT*, 1:464-465에서 *arkeo, arketos*에 대한 글도 보라.

15. Jonathan Edwards, *Works*, vol. 2 (reprint, Edinburgh: Banner of Truth, 1974), p. 171.

16. 같은 책.

17. 어떤 사람들은 '자발적 가난'이 고린도전서 13장에서 바울이 언급한 은사라고 가르친다. "13장은 바울이 다른 주제를 다루는 중간에 엉뚱하게 끼워 넣은, 사랑에 대한 별도의 설교가 아니다. 이 책의 주제를 다루는 전체적인 내용의 일부이다. 따라서 여기에 가난과 순교가 포함된 것은, 가난과 순교가 나머지 것들과 동일한 의미에서 은사임을 암시한다"[Donald Bridge and David Phypers, *Spiritual Gifts and the Church* (Downers Grove, IL: InterVarsity Press, 1973), p. 79].

18. Thomas Gouge, "After What Manner Must We Give Alms That They May Be Acceptable to God?" (1 Timothy 6:17-19), *Puritan Sermons (1659-1689) Being the Morning Exercises at Cripplegate*. vol. 1., ed. James Nichols (Wheaton, IL: Richard Owen Roberts, 1981), p. 244, 246.

5장 교회와 세상: 균형 잡힌 초점

1. E. J. Young은 다니엘 4장 27절을 이렇게 논평한다. "이런 의의 실행이 가난한 자들에 대한 자비를 동반한다. 구약성경에서 이 두 미덕은 서로 결부되는 경우가 많다. 참고. 삿 11:4; 시 72:4; 사 41:2.… 토빗서 12:9과 14:11은 의와 자선을 거의 동급으로 취급한다"[*Prophecy of Daniel* (Grand Rapids: Eerdmans, 1949), p. 109].

2. James M. Boice은 갈라디아서 6장 10절을 이렇게 논평한다. "마지막으로 바울은 모든 이에게 선행을 해야 할 의무를 폭넓게 언급하지만, 주로 재정 지원(6절)을 생각하는 듯하다." ["Galatians" in *Expositor's Bible Commentary*, vol. 10, ed. Frank E. Gaebelein (Grand Rapids: Zondervan, 1976), p. 504].

Luther도 동의한다. "교회 사역자들을 후하게 부양하고 공급하며 도움이 필요한 모든 이를 구제하는 것에 대한 권면을 마무리 짓는 부분이다." [*A Commentary on St. Paul's Epistle to the Galatians* (London: James Clarke, 1953), p. 554, 저자 강조).

3. "'특히'라는 뜻의 '말리스타*malista*'는 때로 하위 개념을 추려내기보다는 좀 더 구체적으로 개념을 정의할 때 쓰인다. 그렇다면 디모데전서 4장 10절과 5장 8절, 사도행전 26장 3절에서처럼 '곧'으로 번역할 수도 있다(개역개정 성경은 "특히"로 번역한다-옮긴이). T. C. Skeat, 'Especially the Parchments: A Note on II Timothy 4:3', *Journal of Theological Studies*, Vol. 30, April 1979, pp. 173-177. 하지만 데살로니가 본문의 관점에서 보면, 갈라디아서 6장 10절에는 '특히'라는 번역이 더 나은 듯하다" ["Biblical Guidelines for Mercy Ministry in the PCA" in *Minutes of the Fifteenth General Assembly of the Presbyterian Church in America* (1987), p. 507]를 보라.

4. F. F. Bruce는 히브리서 13장 2절의 "나그네"(새번역)가 일반적 의미의 나그네는 물론이고 그리스도인 형제인 나그네를 가리켰다고 생각한다. [*Commentary on the Epistle to the Hebrews* (Grand Rapids: Eerdmans, 1964), p. 389].

5. Jonathan Edwards, *Works*, vol. 2 (reprint, Edinburgh: Banner of Truth, 1974), p. 171.

6. B. B. Warfield, *Counterfeit Miracles* (reprint, Edinburgh: Banner of Truth, 1973), p. 3.

7. Ray Sutton은 예수님께 자기 딸에게 들어온 귀신을 내쫓아달라고 부탁했던 가나안 여인의 이야기를 쓴다. 그는 "자녀의 떡을 취하여 개들에게 던짐이 마땅하지 아니하니라"(마 15:26)라는 예수님 말씀과 "주여, 옳소이다마는 개들도 제 주인의 상에서 떨어지는 부스러기를 먹나이다"(27절)라는 여인의 대답을 지적한다. Sutton은 이렇게 결론을 내린다. "예수님은 처음에는 여인의 청을 들어줄 생각이 아니셨다. 그녀는 하나님나라 밖에 있는 가나안 여인이었기 때문이다. 예수님은 가나안 여인이 '상 밑으로 들어가기' 전에는 그에게 손을 내밀지 않으셨을 것이다.…여인의 대답은 그녀가 이 원리를 이해했음을 보여주며, 실제로 자신이 그분의 상 '밑에' 있는 개라고 말하고 있다. 성경의 '가난한 사람들'(예를 들어 '땅에서 나그네 된 자')은…언약 안에 있거나 언약을

의지했다"["The Theology of the Poor", *Geneva Papers*, no. 37 (March 1985): pp. 1-2].

좀 더 자연스러운 해석은, 가나안 여인의 대답을 그리스도를 믿는 믿음과 겸손의 표현으로 보는 것이다. 이 사건은 하나님이 가난한 그리스도인들만 도와주신다는 사실을 보여주는가? 예수님이 먹이신 5천 명이 떡을 받기 전에 모두 믿음을 고백했던가? 수많은 이방인들이 그분께 나아와서 고침을 받은 마태복음 4장 24절과 누가복음 6장 17-18절도 보라.

8. 어떤 사람들은 몸의 질병과 필요를 다루신 그리스도의 사역을, 사람들의 물리적 필요를 다루는 교회의 사역과 동등하게 생각할 수 없다면서 반대한다. 이들은 그리스도의 기적이 그분의 신성과 메시지를 입증했다고 지적한다. 정말로 그랬다.

   베드로는 사도행전 2장 22절에서 "하나님께서 나사렛 예수로 큰 권능과 기사와 표적을 너희 가운데서 베푸사 너희 앞에서 그를 증언하셨느니라"라고 말한다. 마찬가지로 바울을 비롯한 다른 사도들의 메시지에도 "표적들과 기사들과 능력"이 나타나 그 진실성을 입증했다(히 2:4; 갈 3:5). 그 때문에 Warfield는 이런 결론을 내린다. "기적은 이렇다 할 이유도 없이 성경 이곳저곳에 일정치 않게 나타나는 것이 아니다. 기적은 계시의 시기에, 공인된 메신저를 통해 하나님이 백성에게 말씀하시는 동안에만 나타나 그분의 자비로운 목적을 선포한다"(*Counterfeit Miracles, pp. 25-26*). Warfield가 기적의 중단에 대해 너무 융통성 없는 결론을 내렸다고 하더라도, 예수님의 기적이 주로 하나님의 아들로서 그분이 "승인하신" 것이었음은 확실하다.

   하지만 그리스도의 기적을 그분의 능력과 위격의 증거로 묘사하는 것만으로는 부족하다. Herman Ridderbos는 이렇게 쓴다. "기적을 행하시는 예수님의 온전한 능력 가운데 하나님나라가 실현되고, 그것이 그 임재의 증거다.… 예수님은 말씀과 행위로 하나님나라를 가르치셨다.… 예수님의 기적들이 창조 세계의 회복과 포괄적이고 구속적인 하나님나라의 의미를 눈에 보이게 하는 한, 그것들은 하나님나라 도래라는 개념에서 유기적이고 '자연스러운' 자리를 차지한다." [*The Coming of the Kingdom* (Philadelphia: Presbyterian and Reformed, 1962), p. 65; pp. 65-70를 참고하라].《하나님나라》(솔로몬).

9. 이 해석에 대한 더 자세한 내용은 다음을 보라. John R. W. Stott, *Christian Mission in the Modern World* (Downers Grove, IL: InterVarsity Press, 1975), pp. 22-25.《현대 기독교 선교》(성광문화사).

10. John Murray, *Collected Writings*, vol. 2 (Edinburgh: Banner of Truth, 1977), p. 338.

11. Murray는 사도들의 다스리는 자격을 그리스도의 '보내시는' 명령에서 찾는다. (마 16:18, 19; 요 20:21-23; 요 14-17장 전체). (*Collected Writings*, 2:341을 보라.)

12. G. W. H. Lampe, "*Diakonia* in the Early Church", in *Service in Christ*, ed. J. I. McCord (Grand Rapids: Eerdmans, 1960), p. 50.

13. 같은 책.

14. 같은 책, p. 52.

15. Stewart J. Brown, *Thomas Chalmers and the Godly Commonwealth in Scotland* (New York: Oxford University Press, 1982), p. 70.

16. John S. Lorimer, *The Eldership of the Church of Scotland, as it was-is-and may be again: also the Office of Deacons* (Glasgow: William Collins, 1834), pp. 25-26.

17. John G. Lorimer, "Model of A Home Missionary Enterprise, of pastors, missionaries, elders, deacons, week-day and sabbath school teachers, in connection and growing out of a parochial church" in *The Eldership of the Church of Scotland*, pp. 32-34.

18. Thomas Chalmers, "The Influence of Bible Societies on the Temporal Necessities of the Poor", in *Works*, vol. 3 (Bridgeport: M. Sherman, 1829), p. 67 이하. 이 말이 오늘날 우리에게 오히려 '급진적으로' 들리지만, Chalmers는 사실상 전혀 새로울 것이 없는 제안을 한 것이다. 오히려 그는 종교개혁 시대의 원리와 제도를 적용하고 있었다. Lorimer는 이렇게 말했다. "이것은 새로운 제도가 아니라 스코틀랜드의 오래된 교구 제도를 새로운 사회 상태에 적용하되, 그 사회의 요구를 추가한 것에 불과하다." (*The Eldership of the Church of Scotland*, p. 32). Chalmers는 세상에 대한 '전체론적' 사역의 선구자였다.

왜 장로교인들은 사역의 이런 전체적 개념을 새로운 세상에 실천하지 않았을까? 1892년 (미국) 장로교 총회 회의록을 보면 잘 이해가 된다. "스코틀랜드 정부는 현명하게도 가난한 사람들에 대한 돌봄을 교회 직분자들에게 맡긴다. 하지만 이 협정은 교회와 국가의 관계에 대한 미국의 이론과 현 교파 분열 상태에서는 실현 불가능해 보인다"(p. 167). 다시 말해, 스코틀랜드 교회에는 정부의 공식 인정과 사회의 전반적인 후원이 있었다. 그것이 바로 교회였다. 그러나 미국의 장로교회들은 국가의 크기와 자신들의 상대적인 왜소함에 압도당했다. 거기서는 '교구' 제도를 적용할 수 없었다. 하지만 똑같은 총회(1892년)에서 이런 의견도 나온다. "그 사이, 우리는 가난한 사람들에게 교회가 아니라 국가가 그들의 사회복지사라고 가르쳤다. 그러나 이제는 집사 직분자들을 이런 무관심에서 끌어내어, 기독교에서 가장 오래되고 의미 있는 역할로서 적절한 존엄을 회복할 때가 무르익었다.… 지방 감독관이 절대 집사를 대체할 수 없다.… 교회는 노동자의 친구임을 스스로 증명해야 한다. 교회는 집사를 통해 공산주의자에게 대답하고 공산주의자를 정복할 수 있고 마땅히 그리해야 한다."

6장 조건과 무조건: 균형 잡힌 판단

1. "가난한 사람들을 돕는 이론 중에서 그들을 구별하지 않는 이론은 기독교적이라고 말할 수 없다. 지금 사회복지사들이 경멸하는, 자격 있는 가난한 사람과 자격 없는 가난한 사람을 구별하는 것 같은 구태의연함은 성경의 주제를 반영한 것이다" [Herbert Schlossberg, *Idols for Destruction: Christian Faith and Its Confrontation With American Society* (Nashville: Thomas Nelson, 1983), p. 314].

2. *And He Had Compassion on Them: The Christian and World Hunger* (Grand Rapids: CRC Board of Publications, 1979), pp. 38-40를 보라.

3. '차별적' 관점의 예는 David Chilton, *Productive Christians in an Age of Guilt Manipulators* (Tyler, Tex.: ICE, 1981), 특히 pp. 73-110를 보라. "예수님은 가난한 사람들에 대한 하나님의 관심에는 차별이 없다고 선언하신다. 하나님이 돌보시는 대상은 추상적이고 일반적이고 보편적인 의미에서의 '가난한 사람들'이 아니다. 여기서 그들은 부자들과 같은 처지에 있다. 그리스도를 거부하면, 그리스도께 거부당한 사람들이 되는 것이다. 이들은 혜택을 원했지만, 예수님이 차별적으로 복지 계획을 실천한 것을 발견하는 즉시 그분을 살해할 준비가 되어 있었다(p. 107). '비차별적' 관점의 예는 Ron Sider, *Rich Christians in an Age of Hunger* (Downers Grove, IL: InterVarsity Press, 1977), 특히 3장을 보라. 거의 모든 곳에서 Sider는 '비차별적' 관점을 전제한

다. 예를 들면, '미국과 러시아는 자국 내에 천연자원이 풍부하다. 그들에게 자국민의 이익만을 위해 마음대로 이 자원을 사용할 수 있는 절대적인 권리가 있는가? 성경에 따르면 절대 아니다!…우리는 모든 사람이 정당하게 생계를 유지할 권리가, 미국이 자국을 위해 천연자원을 사용할 권리를 대체한다고 결론을 내려야 한다"(pp. 209-210).

4. 이 본문을, 단순히 복수하지 말라고 가르치는 말씀으로 해석하길 원하는 사람들이 있을 것이다. 하지만 마태복음 5장 45절의 평행 본문과 비교해보면 하나님의 일반 은총을 통해 모든 사람에게 베푸시는 그분의 자비 사역에 근거한 행위 사역도 언급하는 것임을 알 수 있다.

5. Leon Morris, *The First and Second Epistle to the Thessalonians* (Grand Rapids: Eerdmans, 1959), p. 255.

6. Donald Guthrie, *The Pastoral Epistles* (Grand Rapids: Eerdmans, 1972), p. 101.

7. Schlossberg, *Idols for Destruction*, p. 315.

8. Ray Sutton은 이렇게 쓴다. "교회는 교회에 찾아오는 모든 가난한 술주정뱅이와 약물중독자들에게 베풀어야 할 의무가 있는가? 아니다. 의지할 가족이나 친구가 없다는 것은 끊임없이 주변 사람들의 신뢰를 깨뜨렸다는 표시이다. 반복해서 죄를 저지르는 사람인 것이다. 회개하지 않는 사람이다! 조사도 없이 그런 사람에게 무조건 베푸는 것은 하나님의 돈을 낭비하는 짓이다.… 그리스도는 율법의 요구 사항을 충족하셔야 했고, 결국 하나님 아버지의 진노를 온전히 견디셨다. 대가를 치르셨다. 구원은 무조건적이지 않았다. 더군다나 모든 사람을 향한 그분의 구원과 제안을 원하는 사람은 회개하고 믿어야 한다. 이런 것들이 조건이 아니란 말인가? 그렇다면 '무조건적' 복지를 실천하는 것은 복음을 거부하는 것이다!" "The Theology of the Poor", *Geneva Papers*, no. 37 (March 1985): p. 4].

안타깝지만, 이런 말들은 신학적으로도 목회적으로도 핵심을 벗어난 것이다. 물론 우리가 구원을 받아들이는 것이 그리스도께는 조건이었지만, 개혁주의 그리스도인 Sutton은 구원하는 은혜를 받아들이는 것은 전적으로 조건이 없다는 점을 인정해야 한다. 거듭남은 전적으로 은혜로만 가능하다. 사람이 거기에 기여할 수 있는 것은 아무것도 없다. 하나님이 경건하지 아니한 자를 의롭게 하신다(롬 4:5). 이에 더해, 가족이나 친구가 없는 사람은 모두 "끊임없이 주변 사람들의 신뢰를 깨뜨렸다"라고 결론짓는 것은 불공평하다.

9. "사람이 성화 과정에 참여한다는 말의 의미는, 인간이 그 일에서 독립적인 행위자가 되어 성화의 일부는 하나님의 일이고 나머지 일부는 인간의 일이라는 그런 뜻이 아니다. 그보다는 하나님이 이성적 존재인 인간을 수단으로-인간에게 기도와 성령과의 지적인 협력을 요구하셔서-그 일에 일부 영향을 미치신다는 뜻이다.··· [성화는] 인간이 하나님의 뜻대로 주신 수단을 활용해서 성화를 이루어가려고 노력할 수 있다는 면에서(그것이 의무이기도 하다) 거듭남과는 다르다." [Louis Berkhof, *Systematic Theology* (Grand Rapids: Eerdmans, 1972), p. 534]. 《벌코프 조직신학》(크리스천다이제스트).

10. Derek Kidner, *Psalms 1-72* (London: Inter-Varsity Press, 1973), p. 161.

11. Jonathan Edwards, *Works*, vol. 2 (reprint, Edinburgh: Banner of Truth, 1974), p. 170.

12. 같은 책, p. 172.

13. 같은 책.

14. 같은 책.

15. John Murray는 하나님의 율법 아래서는 노예주라도 정당한 급여를 지급해야 했다고 결론을 맺는다. "이는 종들도 제공하는 서비스에 비례하여 자신들의 노동에 대한 적절한 보상을 받아야 한다는 뜻이다. '노동자는 대가를 받을 자격이 있다'는 원리는 [종살이에서] 유보되지 않는다. 이 때문에 신약성경이 이해하는 종살이는, '종살이'라는 단어가 우리에게 암시하는 것과는 전혀 다른 관점이다" [*Principles of Conduct* (Grand Rapids: Eerdmans, 1957), p. 99].

16. 자유주의자들은 가난한 사람들을 대부분 억압당하는 사람, 곧 불의의 피해자로 보는 경향이 있다. 따라서 자유주의자들의 사회 프로그램에서 주요 구성 요소는 법률 제정이다.

어느 사회복지 입문 교과서를 쓴 저자의 순진한 말을 예로 들어 생각해보자. "정치적으로는 실행 가능성이 없겠지만, 부자들에게 더 많은 세금을 거두어 가난한 사람들에게 재분배함으로써 모든 사람을 공식 빈곤선 위로 끌어올리면 우리 사회에서 가난을 완전히 없앨 수 있다" [Charles Zastrow, *Introduction to Social Welfare Institutions* (Homewood, IL: Dorsey Press, 1978), p. 42].

17. 반대로 보수주의자들은 가난한 사람들을 "노력이 부족한 사람"으로 보는 경

향이 있다. 이들은 정부의 복지 정책 때문에 사람들이 일하기를 회피하면서 가난이 증가했다고 믿는다. 따라서 보수주의자들의 빈곤 계획에서 주요 구성 요소는 노동 프로그램이다.

그럼에도 George Grant는 가난한 사람들을 돕는 법에 대한 *Bringing in the Sheaves*에서 이런 접근법을 채택할 때 일의 범위를 제한한다. "빈곤 구제에 대해 성경이 보여주는 청사진은 무엇인가? 일이다. 사실, 그렇게 간단하지만은 않지만, 거의 그렇다"(p. 74). 그는 "그렇게 간단하지만은 않다"는 사실을 인정하면서도 일부 노동력 교환을 제외하면 아무런 도움도 주지 않는 프로그램을 강조한다(예를 들면 pp. 185-189를 보라). 그는 학교 급식, 노인 영양 관리 프로그램, 식사 배달 서비스 등 정부의 "무료 지원" 프로그램을 좋아하지 않는다(p. 185). 이런 접근법은, 개인의 죄와 게으름을 제외한 빈곤의 다른 원인들에 대한 고려가 부족한 것이다. 여러 원인들이 서로 얽혀 있을 때가 많다는 사실을 인정하지 않는 것이다. [George Grant, *Bringing in the Sheaves* (Atlanta: American Vision Press, 1985)].

18. "The Theology of Diaconal Involvement", Report of the General Assembly Advisory Committee on Diaconal Ministry, in *Minutes of the 45th General Assembly of the Orthodox Presbyterian Church*, p. 20를 보라.

7장 말과 행위: 균형 잡힌 증거

1. David Brown, *The Four Gospels: A Commentary, Critical, Experimental, and Practical* (reprint, Edinburgh: Banner of Truth, 1969), p. 267.

2. G. W. H. Lampe, "*Diakonia* in the Early Church", in *Service in Christ*, ed. J. I. McCord (Grand Rapids: Eerdmans, 1960), p. 50.

3. C. P. Wagner, *Church Growth and the Whole Gospel* (New York: Harper & Row, 1981), pp. 101-104.

4. Wagner, *Church Growth and the Whole Gospel*, pp. 102-103에서 인용됨.

5. John R. W. Stott, *Christian Mission in the Modern World* (Downers Grove, IL: InterVarsity Press, 1975), p. 27.

6. 확실히 John Stott는 사회적 관심을 복음 전도와 단절시켜 구상하지는 않지만, 그의 말은 그런 가능성을 열어둔다. Peter Wagner의 스펙트럼에 따르면 Stott는 'C'에 위치할 만한 인물이다. 말씀과 행위가 동등한 파트너라고 암시하기

때문이다. 하지만 이쯤에서 Wagner가 제시한 스펙트럼의 한계가 드러난다. Stott는 자비 사역이 복음 전도라는 목적의 수단이라고 말하는 사람들(스펙트럼의 'B')처럼 '이원론'을 세웠다! 즉 그는 말씀과 행위를 떼려야 뗄 수 없는 상호의존적인 관계로 보지 않는다. 오히려 각각을 목적으로 본다. 그런데 Stott는 *Christian Mission in the Modern World* (p. 35를 보라. "하지만 나는 로잔 언약에 나온 '희생적인 섬김이라는 교회의 사명에서 복음 전도가 가장 중요하다'는 말에 동의해야 한다고 생각한다")에서 갈등의 조짐을 드러낸다.

7. Herman Ridderbos, *The Coming of the Kingdom* (Philadelphia: Presbyterian and Reformed, 1962), p. 189.《하나님나라》(솔로몬)

8. Tetsunao Yamamori, "Toward the Symbiotic Ministry: God's Mandate for the Church Today", *Missiology, An International Review* 5, no. 3 (July 1977): p. 267, p.271.

9. 같은 글, p. 268.

10. 같은 글, pp. 271-272.

11. Wagner, *Church Growth and the Whole Gospel*, p. 37.

12. Harvie M. Conn, "Taiwan: Church Growth, Ethnicity, and Politics", in *Exploring Church Growth*, ed. Wilbert Shenk (Grand Rapids: Eerdmans, 1983), pp. 60-76.

13. 바울이 고린도후서 4장 16-18절에서 "겉사람은 낡아지나" "속사람은 새로워진다"라고 말할 때의 의미는 '물리적'인 것보다 '영적'인 것이 더 우선이라는 뜻이 아니다. Phillip E. Hughes, *Commentary on the Second Epistle to the Corinthians* (Grand Rapids: Eerdmans, 1962)을 보라. "그러나 '겉사람'을 단순히 물질적 의미로만 이해해서는 안 된다. 겉사람은 물질적·정신적, 직관적·실천적 능력과 힘을 포함하여 인간이 만든 모든 것을 가리키기 때문이다. 실제로 이 표현의 의미는 바울 존재의 외적으로 드러난 측면, 곧 다른 사람들 눈에 보이는 겉사람의 측면에서 가장 단순하면서도 적절하게 발견되는 것이 확실하다. 사람들은 그의 겉사람을 본다." (p. 153).

14. Harvie M. Conn, *Evangelism: Doing Justice and Preaching Grace* (Grand Rapids: Zondervan, 1982), p. 64.

15. Yamamori, "Toward the Symbiotic Ministry", p. 272.

8장 시작하기

1. David Chilton, *Productive Christians in an Age of Guilt Manipulators* (Tyler, Tex.: ICE, 1981), p. 94, pp. 187-201를 보라.

2. "Giving Freely: N.J. Family Opens Up Home to the Needy", *Philadelphia Inquirer*, 27 August 1985.

3. "A Clash of Culture and Hunger: Rule May Block Lunches 'to Go' for Refugee Children", *Philadelphia Inquirer*, 16 March 1986.

4. Gary Collins, *How to Be a People Helper* (Santa Ana, CA: Vision House, 1977); Paul Welter, *How to Help a Friend* (Wheaton, IL: Tyndale, 1978); Alan Loy McGinnis, *The Friendship Factor* (Minneapolis: Augsburg, 1979)를 보라.

5. Larry Crabb and Dan B. Allender, *Encouragement: The Key to Caring* (Grand Rapids: Zondervan, 1984).《격려를 통한 영적 성장》(복있는사람).

6. 같은 책, pp. 27-37.

7. 같은 책, pp. 71-77.

8. 같은 책, pp. 77-81, 103-109, 125-128.

9. 같은 책, pp. 124-125.

9장 자비 사역 준비

1. Bernard Thompson, *Good Samaritan Faith* (Glendale, CA: Regal, 1984), p. 70.

2. '네트워킹'과 관련하여 큰 도움이 되는 책으로는 Ray Bakke, *The Urban Christian* (Downers Grove, IL: InterVarsity Press, 1987)이 있다. 6장 "지역사회 속으로"를 보라. 도심 지역을 집중적으로 다루지만, 대부분의 조언은 어느 지역사회에도 직접 적용이 가능하다.

3. Craig W. Ellison, "Addressing the Felt Needs of Urban Dwellers", *Urban Mission* 4, no. 4 (March 1987): pp. 35-36.

4. 자세한 안내를 원하면 Edward Dayton and David Fraser, *Planning Strategies for World Evangelization* (Grand Rapids: Eerdmans, 1981)을 보라. 특히 12장과 13장은 각 집단에 속한 사람들의 필요와 행동을 설명할 때 도움이 된다.

10장 교회 동원

1. George Grant, *Bringing in the Sheaves* (Atlanta: American Vision Press, 1985), p. 191.

2. Bernard Thompson, *Good Samaritan Faith* (Ventura, CA: Regal, 1984), pp. 114-117.

3. R. B. Kuiper, "The Universal Office", in *The Glorious Body of Christ* (Edinburgh: Banner of Truth, 1983), pp. 126-131를 보라.

4. J. I. Packer, *Keep in Step with the Spirit* (Old Tappan, NJ: Revell, 1984), p. 84.

5. 같은 책, p. 85.

6. C. Peter Wagner, *Your Spiritual Gifts Can Help Your Church Grow* (Glendale, CA: Regal, 1979), pp. 46-49, 249-257.

7. Gene A. Getz, *Building Up One Another* (Wheaton, IL: Victor, 1976), pp. 9-16.

8. Kennon L. Calahan, *Twelve Keys to an Effective Church* (New York: Harper & Row, 1983), pp. 6-8에 나오는 다섯 질문에 근거한다.

9. Dan Baumann, *All Originality Makes a Dull Church* (Santa Ana, CA: Vision House, 1976), pp. 81-85를 보라.

10. 최근 어느 개혁주의 목회자는 교회 성장 운동을 비판하면서 이렇게 말한다. "복음 선포의 은사와 부르심을 받은 사람들이…교인들에게 교회의 복음 선포 사역을 인지하고 후원하라고 하기보다는 무조건 전도해야 한다고 재촉하고 있다." [R. Daniel Knox, "Evangelism, Church-Growth, and the Church", *Journey* (March-April 1987): p. 13].

11. 여기 소개한 접근법은 John Guetter, *Program Planning and Evaluation for Deacons* (Grand Rapids: CRWRC, 1981)의 내용을 손본 것이다. 탁월하고 독특한 집사 훈련 자료의 일부로, Christian Reformed World Relief Committee, 2850 Kalamazoo, SE, Grand Rapids, MI 49506에서 얻을 수 있다. Bernard Thompson은 *Good Samaritan Faith*, pp. 106-108에서 POLE(계획Plan, 구성Organize, 선례Lead, 평가Evaluate)에 기초한 간단한 프로그램-계획 방법을 소개한다.

11장 시야 확장

1. Raymond J. Bakke, "The Challenge of World Urbanization to Mission Strategy: Perspective on Demographic Realities", *Urban Mission* (September 1986): p. 10.

2. John Murray, "Corporate Responsibility", in *Collected Writings*, vol. 1 (Edinburgh: Banner of Truth, 1976), p. 275. Murray는 성경이 한편으로는 "이런 공동체들에 속한 사람들의 철저한 개별적·개인적 책임과 구별되는 책임을 지닌 공동체가 있다"고 가르친다고 말한다. 반면에 "공동체는 해당 공동체를 구성하거나 거기 속한 개인과 별개로 존재하지 않는다. … 공동의 신용이나 죄는 공동체를 구성하는 개인과 별개로 존재한다고 여길 수 없다"고 말하며, "어떤 경우에도 공동체의 책임은 개인에게 이양되어야 하며, 개인의 책임을 덜어주는 방식이 아니라 철저하게 개인 책임과 구별되는 방식으로 개인화되어야 한다"(p. 273)고 결론을 내린다. Murray는 (이 장에서) 공동 책임이라는 개념을 부당한 사회 체제가 아니라 교회 교단에 적용한다.

3. Harvie Conn, *Evangelism: Doing Justice and Preaching Grace* (Grand Rapids: Zondervan, 1982), p. 50.

4. John Perkins, *With Justice for All* (Ventura, CA: Regal, 1982), p. 168.

5. Peter L. Berger and Richard J. Neuhaus, *To Empower People: The Role of Mediating Structures in Public Policy* (Washington: American Enterprise Institute for Public Policy Research, 1977), p. 5.

6. Perkins, *With Justice for All*, p. 167.

7. Isaac Watts가 지은 찬송가 "Joy to the World"에서 가져옴. "기쁘다 구주 오셨네"(새찬송가 115장)

8. Craig Ellison, *Urban Mission* (March 1987): p. 39.

9. Priscilla Blair, "Poverty: One View", *ACTS Newsletter* (Tenth Presbyterian Church, Philadelphia, April 1987).

10. Perkins, *With Justice for All*, pp. 146-166.

11. John Roach, *Social Reform in England 1780-1880* (New York: St. Martin's, 1978), pp. 50-53.

12. Ellison이 같은 기본 부류를 다르게 배열한 내용과 비교해보라. *Urban Mission* (March 1987): p. 35.

13. Ann Detierre and Mary Szto, "Missionary Lawyering", *Christian Legal Society Quarterly* (Fall 1987).

14. "Helping Poor Families Buy Homes", *World Vision USA* 3, no. 1 (March-April 1988): p. 6. 이 사역에 대한 정보를 원하는 사람들은 다음 주소로 연락하라. Neighborhood Christian Centers, 735 North Parkway, Memphis, TN 38105.

15. "Citywide Employment Network Launched by Bible Study Group", *World Vision USA* 3, no. 1 (March-April 1988): p. 6. 이 사역에 대한 정보를 더 원하는 사람들은 다음 주소로 연락하라. Christian Employment Cooperative, 465 Boulevard SE, Suite 210, Atlanta, GA 30312.

16. "Melting Steel Hearts", *Christianity Today* (4 October 1985): p. 33.

17. "Stopping the March of Unemployment in California", *World Vision USA* (December 1986): 8-9. Foothills Jobs에 대한 정보를 원하는 사람들은 다음 주소로 연락하라. 261 East Colorado Blvd., Pasadena, CA 91101.

18. "Job Placement or Job Creation? Let the Community Decide", *World Vision USA* (December 1986): p. 3.

19. Peter Elsom and David Porter, *Four Million Reasons to Care: How Your Church Can Help the Unemployed* (Kent, England: MARC Europe, 1985).

20. Perkins, *With Justice for All*, p. 169.

21. "Banker Invests in God's People", *Leadership 88 Letter* 1, no. 4.

22. Mary Nelson, "Lessons Learned From For-Profit Enterprise", *World Vision USA* 3, no. 1 (March-April 1988): p. 5.

23. 이 질문들을 자세히 다룬 매우 유용한 자료 *World Vision USA* (March-April 1988)를 보라.

24. James A. Cogswell, *The Church and the Rural Poor* (Atlanta: John Knox, 1975), p. 84.

25. Perkins, *With Justice for All*, pp. 170-177.

26. Nelson, "Lessons Learned from For-Profit Enterprise."

27. "People Power Winning Battles as War on Poverty Goes Local", *Insight*, Washington Times (15 June 1987): p. 21.

28. Murray, *Collected Writings*, 1:257.

29. Harvie Conn, "Taiwan: Church Growth, Ethnicity, and Politics", *Exploring Church Growth*, ed. Wilbert Shenk (Grand Rapids: Eerdmans, 1983), p. 72.

30. 이 교회는 G. Willis Bennett, *Guidelines for Effective Urban Ministry* (Nashville: Broadman, 1983)에서 다룬다.

31. Jim Sleeper, "Boodling, Bigotry, and Cosmopolitanism: The Transformation of a Civic Culture", *Dissent* (Fall 1987): pp. 418-419.

32. C. John Miller, *Outgrowing the Ingrown Church* (Grand Rapids: Zondervan, 1986)를 보라.

12장 사역 관리

1. June A. Williams, *Strategy of Service* (Grand Rapids: Zondervan, 1984).

2. William O'Hare, "The Eight Myths of Poverty," *American Demographics* (May 1986). 가난하지만 건강한 성인 1,950만 명 중에서 910만 명은 일을 했고, 140만 명은 구직 중이지만 일자리를 찾지 못했고, 230만 명은 아직 고등학교 재학 중인 학생들이었고, 210만 명은 은퇴한 노인이었으며, 410만 명은 집에서 아이를 키우는 한부모들이었다. 신체 건강하면서도 (뚜렷한 이유 없이) 일하지 않는 가난한 인구는 100만 명이 안 된다.

3. John Guetter, *Leading the Congregation in Diaconal Outreach and Effective Diaconal Outreach: Skills for Supervision* (Grand Rapids: Christian Reformed World Relief Committee, 1981)의 내용을 가져다가 수정했다.

4. *Deacon Digest* (Grand Rapids: Christian Reformed World Relief Committee), March 1987.

13장 자비 사역과 교회 성장

1. Harvie Conn, *Evangelism: Doing Justice and Preaching Grace* (Grand Rapids: Zondervan, 1982), p. 50.

2. 이 부분은 다음 책에 실린 Orlando Costas의 시각에 빚지고 있다. "A Wholistic Concept of Church Growth", in *Exploring Church Growth*, ed. Wilbert Shenk (Grand Rapids: Eerdmans, 1983), pp. 95-107.

3. C. John Miller, *Outgrowing the Ingrown Church* (Grand Rapids: Zonder-

van, 1986), p. 156.

4. Os Guinness, *The Gravedigger File* (Downers Grove, IL: Inter
Press, 1983), pp. 33-36를 보라. Peter Berger and Thomas Luckma
Social Construction of Reality (Harmondsworth, UK: Penguin, 1967)
174 이하도 보라.

5. J. Russell Hale, *Who are the Unchurched? An Exploratory Study* (Wasl
ington: Glenmary Research Center, 1977).

6. Floyd L. Ruch and Philip G. Zimbardo, *Psychology and Life*, 8th ed.
(Glenview, IL: Scott, Foresman, 1971), p. 267.

7. Douglas Ehninger, Alan H. Monroe, Bruce E. Gronbeck, *Principles and
Types of Speech Communication* (Glenview, IL: Scott, Foresman, 1978),
pp. 132-135.

8. 같은 책, p. 135.

9. R. Daniel Reeves and Don Jenson, *Always Advancing: Modern Strategies
for Church Growth* (San Bernardino, CA: Here's Life, 1984), pp. 67-88.

10. 같은 책, p. 72.

11. C. Peter Wagner는 이 전략 중 세 가지를 "곁을 내주는 전도", "선포하는
전도", "설득하는 전도"라고 말했다. 그는 이 셋을 구분하는 경향이 있는데,
나는 마지막 유형의 복음 전도에 "설득"이라는 용어를 붙이는 데는 동의하
지 않는다. 그럼에도 이것은 꽤 유용한 분류이다. 그의 책 *Body Evangelism*
(Pasadena, CA: Fuller Evangelistic Association, 1976)을 보라.

14장 필요 채우기

1. 이 내용은 David Powlison의 미출간 설교 Christian Counseling and Edu-
cational Foundation, Laverock, Pennsylvania에서 대부분 가져왔다.

2. "Biblical Guidelines for Mercy Ministry in the PCA", in *Minutes of the
Fifteenth General Assembly* [General Assembly of the Presbyterian
Church in America (1987)], p. 506 이하를 보라.

3. 이 내용은 아주 유용한 훈련 가이드 자료인 다음 글에서 가져왔다. John
Guetter, *Service to Families: Problem-Solving Skills in Diaconal Outreach*
(Kalamazoo, Mich.: Christian Reformed World Relief Committee, 1981).

여리고 가는 길 비탈지고 안전하지 않은 인생길

팀 켈러 지음 | 이지혜 옮김

2017년 7월 9일 초판 1쇄 발행
2025년 1월 15일 초판 3쇄 발행

펴낸이 김도완
등록 제406-2017-000014호(2017년 2월 1일)
전화 031-955-3183
전자우편 viator@homoviator.co.kr

펴낸곳 비아토르
주소 경기도 파주시 문발로 197 102호(우편번호 10881)
팩스 031-955-3187

편집 김현정
제작 제이오

디자인 이지은
인쇄 민언프린텍   **제본** 정문바인텍

ISBN 979-11-88255-03-0 03230   **저작권자** ⓒ 팀 켈러, 2017

이 도서의 국립중앙도서관 출판예정도서목록(CIP)은 서지정보유통지원시스템 홈페이지(http://seoji.nl.go.kr)와
국가자료공동목록시스템(http://www.nl.go.kr/kolisnet)에서 이용하실 수 있습니다.(CIP제어번호: CIP2017016010)